Dato
Turaschwili

Das andere Amsterdam

Weidle Verlag

Aus dem Georgischen von Katja Wolters

Mit vielem Dank an Guga Mamulaschwili
– Freund und Mäzen –
für seine Liebe und seine Unterstützung.

»Der Herrgott schuf die Welt,
die Holländer schufen – die Niederlande.«
Volksmund

1 Der kleine Platz, auf den ich vom Fenster meiner Wohnung aus schaue, heißt Spui, und diese wunderschöne Wohnung hat mir die Niederländische Stiftung für Literatur zur Verfügung gestellt. Zum Arbeiten oder einfach zur Entspannung laden die Niederländer einen ausländischen Schriftsteller, dessen Buch schon auf holländisch erschienen ist, in dieses Haus ein, doch ich fühle mich gar nicht fremd – zur Zeit des Zweiten Weltkriegs hat mein Großvater hier (irgendwo in der Umgebung von Amsterdam) gekämpft. Zu der niederländischen Vergangenheit meines Großvaters muß ich einige Details noch genau klären, und wer weiß, vielleicht bin ich genau deswegen jetzt in Amsterdam. Es mag auch sein, daß ich jene Georgierin ausfindig machen möchte, die mir im vergangenen Jahr Briefe geschrieben hat, und ich weiß, daß auch sie hier in den Niederlanden, auf einer Insel, am Strand, wohnt. Ein Buch über die Niederlande schreiben wollte ich schon immer, weil dieses Land Georgien so gar nicht ähnlich ist, seine Andersartigkeit zog mich bereits seit meiner Kindheit auf magische Weise an. Den ersten Unterschied (zwischen Georgiern und Holländern) habe ich schon als Kind entdeckt, und überhaupt waren die Holländer die ersten Ausländer, die ich zu Gesicht bekam. Nachdem ich schon in zartem Alter von meinen Eltern im Tifliser Palast der Pioniere angemeldet worden war, traf ich sie im zweiten Stock, vor dem Eingang zum Spiegelsaal des oben erwähnten Palastes, und als ich sie sah, blieb mir vor Verblüffung der Mund offenstehen. Mit genauso weit aufgesperrten Mündern bestaunten einer meiner Altersgenossen und noch einige andere sowjetische Kinder die Gruppe der Holländer, und man hörte das leise gehauchte Wort »Ausländer«.

Als ich meinen Mund endlich wieder zubekam und zu klären versuchte, mit was für einer Erscheinung wir es zu tun hatten, stellte ich fest, daß sich unter jenen »Außerirdischen« nicht nur Holländer, sondern auch Belgier befanden, doch für mich klang Holland um einiges magischer. Ein isolierter sowjetischer Bürger konnte damals in den 70er Jahren bestenfalls (und auch das nur per Zufall) irgendwo in der Gegend des Schildkrötensees einem Touristen aus Bulgarien oder Rumänien begegnen, aber in Tiflis einen waschechten Holländer zu sehen war genauso undenkbar wie seinen fliegenden Landsmann zu erblicken. Zwar nicht dem Fliegenden Holländer, aber einem holländischen Flieger war mein Großvater Melenty Maschulia durchaus begegnet, in einem Wald, der an sein Lager in der Nähe der französischen Stadt Périgueux grenzte. Das war anscheinend ein Kriegsgefangenenlager, in dem es nicht besonders streng zuging, da man den sowjetischen Kriegsgefangenen sogar zum Arbeiten in den benachbarten Wald schickte. Das war (mit aller Wahrscheinlichkeit) Ende 1943 oder Anfang 1944, man kann den auf meinem Fensterbrett ausgebreiteten alten Briefen leider kein genaueres Datum entnehmen. In der Astronomie (genauso wie in allen anderen wissenschaftlichen Fächern) kenne ich mich schlecht aus, aber ich hoffe mir richtig gemerkt zu haben, daß etwas wie Périgueux die Sonnennähe eines Planeten ausdrückt.

Ich pflege mich ans Fenster zu setzen und während des Schreibens auf den kleinen Platz Spui zu schauen, weil ich nichts Neues, Wichtiges verpassen möchte – Amsterdam ist ständig in Bewegung, in der wahrsten westlichen, östlichen oder gar tiflisischen Bedeutung des Wortes. Einen großen Unterschied gibt es jedoch. Ich persönlich habe in

Tiflis niemals einen jungen Mann und eine junge Frau sich auf eine Weise fortbewegen sehen, die hier nicht selten vorkommt: ein auf den mit Kopfstein gepflasterten Straßen nebeneinander radfahrendes und dabei Händchen haltendes Pärchen. Es gibt keinen schöneren Anblick als verliebte Menschen, und wer weiß, vielleicht bin ich hier, um zu erfahren, ob mein Großvater Melenty Maschulia sich damals wirklich in eine Holländerin verliebt hat, wofür er von meiner Großmutter öffentlich verflucht wurde. Mit eigenen Ohren habe ich diese Verfluchung zwar nicht gehört, aber dafür kann ich mich ganz genau an jenen 9. Mai erinnern, als meine Großmutter meinem Großvater, der feierlich herausgeputzt und mit ordengeschmückter Brust zum Wake-Park ging, diese seltsame Frage nachrief: ob die im Wake-Park versammelten Veteranen wohl wüßten, daß er in Holland nicht gegen Hitler gekämpft, sondern sich die ganze Zeit über in Amsterdam auf dem Dachboden irgendeiner Schlampe versteckt habe. Damals war ich fünf, und jener 9. Mai stellte sich als letzter im Leben meines Großvaters heraus, der, bevor er nach Georgien zurückgekehrt war, elf Jahre in Sibirien (als politischer Gefangener) verbracht hatte, und wie man später sah, hatte ihn der Fluch meiner Großmutter auf dem Weg nach Moskau erreicht. Genau genommen in Moskau und noch genauer im Moskauer Kreml, wo die Sowjetregierung meinen Großvater und Tausende anderer ehemaliger Kriegsgefangener ins Straflager nach Sibirien schickte, und der 1941 einberufene Melenty Maschulia kehrte nicht früher als 1956 nach Hause zurück, elf Jahre nach Kriegsende. Meine Großmutter konnte sich offensichtlich nicht recht vorstellen, daß Stalin so ein erbarmungsloser Mensch gewesen war, und deswegen neigte sie dazu, eher an die Geschichte mit dem Dachboden zu glauben, auf dem sich ihrer Meinung nach mein Großvater jahrelang erfolgreich versteckt hatte. Solange ich nicht mit Hilfe der hierzulande bestehenden Archive der Wahrheit auf die Spur komme, werde ich mich jedes Mal, wenn ich radfahrende Pärchen sehe, an die Version meiner Großmutter erinnern, und vermag mir vorzustellen, mit welch unglaublicher Leichtigkeit der bis über beide Ohren verliebte Melenty Maschulia auf einem geliehenen Fahrrad über das Kopfsteinpflaster der Amsterdamer Straßen radelt. Es ist auch gut möglich, daß mein Großvater sein eigenes, (wahrscheinlich) den Deutschen im Partisanenkampf entwendetes Rad hatte, da die Holländer zur Zeit der Okkupation keine Fahrräder besaßen. Das war das erste, was die Deutschen bei der Besetzung Hollands getan hatten: die allgemeine Beschlagnahme der Fahrräder. Sie rissen sich so viele Millionen Fahrräder unter den Nagel, wie es damals Holländer gab. Von meinen Fenstern aus sehe ich auch Millionen von Holländern, die auf ihren Rädern so schnell über den Platz flitzen, daß ich kaum einen Blick auf sie erhaschen kann. Eingehend betrachten kann ich nur diejenigen, die unter meinen Fenstern sitzen.

Bei jedem Wetter sitzt hier auf diesem Platz mindestens ein Mensch und liest, bei schönem Wetter sind es viele, und weil das gegenüberliegende Gebäude zur Amsterdamer Universität gehört, lassen sich auch die Studenten auf einer Bank auf der Spui nieder. Übrigens fanden genau auf diesem Platz in den 60er Jahren des vergangenen Jahrhunderts die Demonstrationen gegen das bürgerliche Establishment und für mehr Liberalisierung statt. Der Anführer der damaligen Studentenbewegung war Roel van Duijn. Bestimmt sagten damals die Eltern ihren studierenden Kindern, sie sollten nicht auf diesen Duijn hören, doch in welchem Land hören Kinder schon auf ihre Eltern? In Holland war das noch unwahrscheinlicher, weil genau in diesem Land Annie M. G. Schmidt zur Welt gekommen war.

Annie M. G. Schmidt schrieb Geschichten, die für ein sowjetisches Kind völlig unglaublich waren. Zum Beispiel sagte sie (die Autorin) ihren kleinen Lesern, sie sollten, wenn sie (jetzt und in der Zukunft) großen Erfolg haben wollten, nicht auf ihre Eltern hören. Mein Großvater hatte eine solche »Erzieherin« selbstverständlich nicht. Er konnte sie gar nicht haben, denn in dem Jahr, in dem er geboren wurde, führten die Bolschewiken einen gewaltsamen Umsturz durch, den sie später die *Große Sozialistische Oktoberrevolution* nannten ...

2 Wir kamen aus Sololaki (lange vor meinem Aufenthalt in Amsterdam). Wir waren jung und hatten es nicht eilig. An jenem Abend quatschten wir über alles, was uns gerade in den Sinn kam. Plötzlich sagte Giorgi Nakaschidze:

»Ich wäre so gern in Amsterdam!«

Die Schießereien in Tiflis hatten damals noch nicht begonnen, wir waren eher angetrunken als betrunken, deswegen kann ich mich auch genau erinnern, was ich damals dachte. Amsterdam war tatsächlich die Traumstadt unserer Generation, auch wenn wir noch nicht wußten, was Krieg war, und noch nicht versuchten ins Ausland zu fliehen, in jede beliebige Richtung, in die vom Tifliser Flughafen ein Flug abging. Später waren die Flugzeuge dermaßen überfüllt, daß man nicht nur keinen Sitzplatz, sondern auch keinen Stehplatz bekam, aber die Leute versuchten trotzdem die Treppe hochzusteigen – das Wichtigste war, an Bord zu kommen. Danach wurde es schwierig, einen, der das geschafft hatte, wieder hinauszubefördern. Die Passagiere des vollgestopften Flugzeugs wurden zuerst von einer Flugbegleiterin angesprochen, die sie mit vor Angst zitternder Stimme warnte, daß ein dermaßen überfülltes Luftschiff es nicht schaffen würde zu starten, und wenn doch, würde es bestimmt bald darauf abstürzen. Sie bat die Überflüssigen, das Flugzeug zu verlassen. Ja, genau so sagte sie es – die Überflüssigen sollten aussteigen, und ja, sie bezeichnete das Flugzeug als Luftschiff. Aber welcher Passagier würde freiwillig nach Hause zurückkehren, wo Kälte, Dunkelheit und aus Soja hergestellte Buletten auf ihn warteten (die auch noch nach Petroleum stanken)?

Außerdem waren die georgischen Passagiere bereits betrunken, weil man damals üblicherweise schon beim Warten auf den Check-in zu trinken begann. Um ihre Flugangst zu überwinden und unalkoholisiert fliegen zu können, hätten die Georgier die nächsten zwanzig Jahre gebraucht. Waren die Flugbegleiterinnen ignoriert worden, so trat der Flugkapitän höchstpersönlich mit derselben, zwar etwas strengeren, aber ebenfalls vergeblichen Ansprache vor die verzweifelten Passagiere, die unbedingt nach Amsterdam gelangen wollten. Ab und zu gab es auch Flüge nach Wien, London und Frankfurt, aber unser (der letzten Generation von Bürgern des sowjetischen Georgien) Traumziel blieb Amsterdam, als Symbol der westlichen Welt.

Ich kann mich ebenfalls an jenen Abend erinnern, als Jaschka (Dato Jaschwili um genau zu sein) mir alles sehr gestenreich erklärte, das ganze Geheimnis des Amsterdamer Segens. Er tat das mit Händen und auch mit Füßen. Wir gingen irgendwohin, und Jaschka wollte keine Pause mehr machen, bevor uns die Polizei anhalten würde. Die Passanten auf der Straße anzuhalten, damit hatte man in Tiflis nach dem Bürgerkrieg begonnen, als außer den Polizisten auch jeder Gauner eine Waffe an seinem Gürtel trug, und wenn man eine Waffe hat, möchte man früher oder später (ab und zu mal) auf jemanden zielen, und dann möchte man (mindestens einmal) abdrücken. Als Anton Tschechow diesen Satz* schrieb, gab es in der Requisitenkammer eines Theaters eben nur Gewehre, und er meinte (selbstverständlich) weder ein AKM Sturmgewehr noch die etwas bescheideneren Schußwaffen, die in Georgien gleich nach dem Beginn des Krieges auftauchten. Offenbar sollte man keinen Krieg wollen, denn wenn man den Krieg will, werden sich die Waffen schon finden, und das in beliebigen Mengen. Bekanntlich hat der Krieg seine eigenen Regeln. Manch ein Gauner kann, im Gegensatz zu anderen Verbrechern (seit dem ersten Jahrhundert nach Christus), sogar in den Himmel kommen, und es war damals tragischer als jede Tragödie von Tschechow, daß unsere bewaffneten Gauner (auf jeden Fall manche von ihnen) Tschechow gelesen hatten.

Jaschka mochte Tschechows Theaterstücke nicht, und überhaupt hatten die Georgier schon immer Shakespeare bevorzugt, weil es einem wirklich nicht leichtfällt, die ganze Zeit zuzuschauen, wie übermäßig gelassene Charak-

* Anton Tschechow: »Man kann kein Gewehr auf die Bühne stellen, wenn niemand die Absicht hat, einen Schuß damit abzugeben.«

tere sich endlos friedlich auf der Bühne unterhalten, besonders wenn man selbst ein Anhänger des aktiven Handelns sowohl auf als auch abseits der Bühne ist und ohne Lärm überhaupt nicht leben kann. Sogar damals, nach dem Bürgerkrieg in Tiflis, als alles erstarrt und ausgestorben war, standen die Theatertüren offen, und auf den frostigen Bühnen spielten die Schauspieler wie eh und je, selbst wenn im Saal nur ein einziger von Hunger geplagter Zuschauer saß. Die Schauspieler hatten auch Hunger, wie fast alle im damaligen Georgien, aber sie ließen sich nichts anmerken, solange nicht einer von ihnen direkt auf der Bühne starb (wie sich später herausstellte – vor Hunger). Hungrig kann man Tschechow spielen, aber Shakespeare ist völlig ausgeschlossen. Und wenn ein Schauspieler auf der Bühne vor Hunger stirbt, ist es nicht verwunderlich, daß seine Zuschauer über die Flucht aus ihrer Heimat zu grübeln beginnen und sie später auch ergreifen, ohne sich umzusehen (im wahrsten Sinne des Wortes). Die beim Hinflug überfüllten Flugzeuge kehrten leer zurück. Nicht nur ihre Passagiere blieben im Ausland, sondern auch die Flugbegleiterinnen, und die Flugzeuge kehrten wirklich leer zurück (nur mit betrübt-bekümmerten Piloten an Bord). Anscheinend träumten außer den Piloten alle davon, im Ausland zu bleiben. Das Wort »bleiben« fand genau zu dieser Zeit Eingang in unseren kargen ausländischen Wortschatz, und jeder Bürger unseres Landes wußte ganz genau, was es bedeutete, aber man mußte dort (wenn man ein fremdes Land erreicht hatte) zufriedenstellend erklären können, warum man in seiner geliebten Heimat nicht mehr leben konnte. Nach dem Krieg hatte es keinen Sinn mehr, eben wegen des Krieges um Asyl zu bitten – das wurde auf der

Stelle abgelehnt. Es war nicht einfach nachzuweisen, daß man ein politischer Flüchtling war, weil dafür ein echter Nachweis verlangt wurde. Deswegen war es logisch, eine solche Begründung haben zu wollen, wie sie Jaschka und ich an jenem Abend präsentiert bekamen, als Bekannte von uns ihren Wagen, den letzten Grund zu sowjetischem Stolz namens »Dewjatka« (09er)*, anhielten und, als sie wieder wegfuhren (sehr bald darauf), völlig vergaßen, daß wir auf der Rückbank saßen und alles mitbekamen. Oder aber, was auch möglich ist, es war ihnen schon alles scheißegal.

Das Gespräch hatte derjenige angefangen, der am Steuer saß, und ohne seinen Gesprächspartner anzusehen, stellte er ihm eine Frage, aber zuvor erinnerte er ihn daran, daß sie von Kindesbeinen an befreundet waren. »Kein Thema, Alter, raus mit der Sprache«, meinte der andere. Also begann sein Freund:

»Wenn ich nach Holland abzische und mich dort als Schwuler um Asyl bewerbe, glaubst du, das wird hier jemand mitbekommen?«

»Nö, Mann, auf keinen Fall.«

»Wenn du dich aber doch verplapperst, werde ich dich mit dem Messer aufspießen ...«

»So vertraust du mir? Fick dich, Mann!«

»Und wenn sie mir dort in Holland nicht vertrauen und mich überprüfen lassen?«

»Das ist schon möglich, daß sie jemanden auf dich ansetzen, um dich zu prüfen.«

»Wenn mich ein Typ am Schwanz packt, werde ich ihn auf der Stelle schlachten.«

* Kosename für die sowjetische Automarke Lada Samara, Modell 09.

»Und wenn du trotzdem einen Steifen kriegst?«

»Wie soll das gehen, Alter?«

»Keine Ahnung. Sagen wir mal, es gefällt dir doch, und du kriegst einen Steifen. So prüfen sie dich.«

»Hast du einen Knall, Alter? Was redest du für einen Scheiß!«

»Also ich kenne schon manche, die in Holland um Asyl gebeten haben, und man hat sie nicht überprüft. Sie sagten, daß sie schwul seien, und die Holländer haben keinen Streß gemacht.«

»Keine Ahnung. Ich habe kein Glück. Wie ich das Leben kenne, werden sie mich doch prüfen wollen.«

»Also mußt du üben, Bro.«

»Wie soll ich üben?«

»Du mußt dich angrabschen lassen, solange du noch hier bist.«

Derjenige, der am Steuer saß, bremste plötzlich so abrupt, daß wir mit der Stirn auf die Vordersitze knallten.

»Steig aus, ich muß dich mit dem Messer aufspießen!« sagte er zu seinem Freund von Kindesbeinen an und stieg seinerseits aus.

3 Jaschka träumte ebenfalls von Amsterdam, aber damals, Anfang der 90er, landete er zunächst in Berlin. Er sagte, er wolle den Berliner Himmel mit eigenen Augen sehen, und sollte Wim Wenders ihm in seinem neuesten Film eine Hauptrolle geben wollen, wäre er schon dort und müßte nicht aus weiter Ferne anreisen. Jeden, der über sich lachen kann, betrachte ich als Freund, aber Jaschka habe ich schon immer besonders gern gemocht. Das letzte, was er erblickte, war der Amsterdamer Himmel. Vielleicht sah dieser damals so aus, wie ich ihn vom Dach meines mitten in Amsterdam an der Spui stehenden Hauses sehen kann, oder, genauer gesagt, ich sehe zu ihm hinauf, da mein Schlafzimmer ein Dachfenster hat.

Das Schlafzimmer liegt im zweiten Stock der Wohnung. Vom Flur führt eine Treppe hinauf. Ich lege mich aufs Bett, sehe in den Himmel, beobachte die Wolken, die wie im Zeitraffer vorbeiziehen. Deshalb kann man in dieser Stadt nie erraten, wie man sich anziehen soll. Man sollte sein ganzes Hab und Gut bei sich tragen. Weil es so etwas wie eine Wettervorhersage in Amsterdam nicht gibt, nehme ich beim Ausgehen eben alles mit. Für alle Fälle habe ich sogar meine Mütze immer in der Tasche. Genauer gesagt, eine Mütze habe ich auf dem Kopf, und eine zweite trage ich in der Tasche (für den Fall der Fälle). Die Niederländer selbst meinen, sie hätten lange keinen so milden Winter gehabt, aber für mich ist es hier immer noch zu kalt, und ich wünsche mir so viel Wärme, daß ich in den Norden des Landes reisen kann, um jene Georgierin zu besuchen, die auf der Insel Texel lebt. Es ist ein Jahr her, daß ich ihre erste E-Mail bekam, und ich habe sie sofort beantwortet. Später schrieb sie mir so oft, daß ich nicht alle ihre Briefe gespeichert habe. Ihr zurückzuschreiben schaffte ich gerade noch (manchmal mit ziemlicher Verspätung), aber anscheinend war ich mit der Antwort doch zu spät, und nun ist sie beleidigt. Sie ist so beleidigt, daß ich in den letzten drei Monaten nichts mehr von ihr bekommen habe. Noch aus Tiflis schrieb ich ihr, es tue mir leid. Vergeblich – sie schweigt immer noch. Zweimal schrieb ich ihr, ich wolle von ihr nur eine Bestätigung, daß es ihr gutgehe, wobei ich wirklich dachte, daß ihr etwas geschehen sein könnte.

Für die Niederländer ist es ein milder Winter, jedoch für mich ist es immer noch sehr kalt. Es windet und regnet oft, und zwar so oft, daß ich mich noch nicht zu der Reise nach Texel entschließen kann. Ihre Briefe lese ich immer wieder. Wenn es regnet, gehe ich ins Schlafzimmer, lege mich aufs Bett und lese dort. Wenn es nicht regnet, lese ich im Wohnzimmer, aus dessen Fenster ich auf die Spui schauen und Menschen sehen kann – alle Menschen, die auf diesem Platz unterwegs sind. Im Schlafzimmer kann ich nur Regentropfen sehen, die leise auf mein durchsichtiges Dach fallen. Manchmal regnet es stark und laut, aber das ist ein recht seltenes Ereignis, denn hier in Amsterdam nieselt es eher, als daß es regnet. Ich glaube, daß ich das am meisten mag – das Gefühl, im Regen zu sein, ohne naß zu werden –, und ich verliebe mich nach und nach in den Amsterdamer Himmel, genauso, wie ich mich in jene Georgierin verliebt habe, die auf der Insel Texel lebt. Nun wohnen Georgier schon überall (auf der Welt), und es ist nichts Sonderbares dabei, daß eine Georgierin auf Texel gelandet ist. Doch Texel ist für die Georgier keine x-beliebige Insel. Zur Zeit des Zweiten Weltkriegs lebten auf dieser Insel etwa achthundert Georgier. Vielleicht waren es sogar noch mehr. Ich werde alles genau herausfinden. Alles, was ich schon jetzt genau weiß, ist die Geschichte eines Georgiers, der es nicht fertiggebracht hat, diese Insel zu erreichen. Das war mein Großvater Melenty Maschulia. 1945, als auf Texel ein Aufstand begann, hat er mit fünf anderen Georgiern versucht, auf diese Insel zu gelangen, aber es ist ihnen nicht geglückt. Das habe ich schon als Kind gewußt, und schon als Kind habe ich mich für die Geschichte Texels interessiert. Bereits am ersten Tag meines Aufenthalts in Amsterdam habe ich in der erstbesten Buchhandlung ein Buch über den georgischen Aufstand auf Texel gekauft. Die erstbeste Buchhandlung befand sich im Erdgeschoß meines Hauses (an der Spui), und solange es regnet, lese ich in diesem Buch und in den Briefen der auf der niederländischen Insel lebenden Georgierin.

Wie ich auf diese Insel gekommen bin, und warum ich Dich angeschrieben habe? Im Prinzip bin ich hier zufällig gelandet, damals, als ich in den Niederlanden angekommen bin, und ich dachte, daß ich nur für eine kurze Zeit hier bleiben würde, aber wie man sieht, bin ich noch heute hier. Dennoch glaube ich nicht, daß ich für immer hierbleiben werde. Und Dich habe ich angeschrieben, weil ich Dich, noch in Tiflis, in einem Literaturcafé gesehen hatte, wie Du jemandem zuhörtest, und als ich beschloß, daß ich jemandem über mein Leben erzählen müsse, habe ich an Dich gedacht. Um genau zu sein, ich habe an dieses Bild gedacht, das ich in jenem Literaturcafé sah – Du hattest damals Deinem Gegenüber so aufmerksam zugehört, daß ich dachte, mir würdest Du ebenfalls zuhören. Ich wollte über mein Leben nicht deswegen erzählen, weil ich es satt habe zu schweigen. Ich wollte sagen, daß ich aus Georgien wegen des Lärms geflohen bin, hier aber ist das Gegenteil der Fall: Ich ertrage die Ruhe nicht mehr. Weil Du mich darum bittest, meine Erzählung mit meiner Kindheit zu beginnen, werde ich Dir diesen Wunsch erfüllen, allerdings nur teilweise, und ich werde Dir nur von dem berichten, was ich ohnehin nie vergessen werde. Zum Beispiel wie mir, als ich fünf Jahre alt war, ein Nachbarsjunge, der mir gefiel, mir einmal beim gemeinsamen Spiel im Hof die Hose herunterzog. So stand ich mitten im Hof mit heruntergezogener Hose.

Alle um mich herum lachten sich kaputt. So unglücklich wie damals bin ich nie mehr gewesen. So beschämt habe ich mich in meinem Leben nur zweimal gefühlt. (Was beim zweiten Mal passiert war, werde ich Dir bei anderer Gelegenheit erzählen).

Ich kann mich sehr gut daran erinnern, wie Nachbarskinder ihren toten Welpen beerdigten und mir nicht erlaubten dabeizusein. Als die Beerdigung vorbei war und alle nach Hause gingen (auf jeden Fall glaubte ich, sie seien nach Hause gegangen), ging ich selbst zu jener Stelle und begann das frisch zugeschüttete Grab wieder aufzugraben. Plötzlich war ich von einer ganzen Kinderschar umzingelt. Ich flüchtete, da sie mich schlagen wollten. Meine Tante hat mich gerettet. Anscheinend hat Forrest Gump sich genauso gefühlt, als er von »üblen Kerlen« aus seinem Viertel verfolgt wurde.

In der zehnten Klasse habe ich schlagartig zugenommen. Alles wegen einer Vitaminkur, die ich nach überstandener Hepatitis machen mußte. Mein größter Erfolg war, als ich im Laufe des ersten Studienjahrs 42 Kilo abnahm. Als ich dick war, machte ich niemandem schöne Augen. Ich war überzeugt, daß ohnehin keiner eine Dicke gemocht hätte.

Du hast wohl nie erfahren, wie großartig es sich anfühlt, wenn man abnimmt. Deshalb wirst Du auch nicht verstehen können, warum ich jetzt genau das Gegenteil empfand: Nun dachte ich, ich würde so gut aussehen, daß mich jeder mag.

Als Kind spielte ich Klavier.

Was meine Kindheit betrifft, kann ich mich noch daran erinnern, daß die Gräber junger Menschen großes Interesse in mir hervorriefen. Es hatte etwas Mystisches – ich stand vor einem solchen Grab und dachte nach, versuchte herauszufinden, woran jener junge Mensch gestorben sein könnte. Schon seltsam, aber diese Vorliebe (oder wie man es nennen will) habe ich heute noch.

Jetzt bin ich 27 und habe das Gefühl, mit einer gewissen Verspätung ein Tagebuch meiner Kindheit zu schreiben. Dieses Tagebuch bist Du. Spontan fällt mir noch eine Geschichte aus meinen Kinderjahren ein: Als man mich aufs Land brachte, wo ich meine Sommerferien verbringen sollte und auf dem Balkon unseres Nachbarn ein Vogelnest entdeckte. Jenes Nest war leider so klein, daß die darin sitzenden Vogeljungen sich nicht vollständig entwickeln konnten. Darauf bin ich natürlich erst als Erwachsene gekommen. Ich weiß immer noch nicht mit Gewißheit, woran es lag (vielleicht an dem viel zu engen Nest), aber die Vogeljungen sahen irgendwie unterentwickelt, verkrüppelt aus. Die Nachbarn sagten uns, die Eltern hätten sie herausgeholt, um ihnen das Fliegen beizubringen. Damals schien mir, daß ihre Eltern sich sehr viel Mühe gaben, doch alles umsonst. Mehrere Tage lang holten sie ihre drei Jungen aus dem Nest und versuchten, ihnen das Fliegen beizubringen, doch sie haben ihr Ziel nicht erreicht. Als sie sicher waren, daß die Kleinen nie fliegen würden, haben sie sie getötet. Anscheinend waren sie zu dem Schluß gekommen, daß das Leben eines Vogels, der nicht fliegen kann, keinen Sinn hat ...

Jeden Morgen, gleich nach dem Aufwachen, sehe ich auf dem Dach des gegenüberliegenden Gebäudes eine große Möwe, die bis Mittag so sitzen bleibt, dann aber plötzlich verschwindet. Wahrscheinlich fliegt sie zum Meer. Rechts sehe ich eine junge Frau, die sich am Fenster stehend die Haare kämmt, links fährt eine Straßenbahn, und zum x-ten

Mal verfolgt mein Blick sie und die darin sitzenden verschlafenen Menschen. Vielleicht stehe ich hier nur deshalb so früh auf, weil ich Angst habe, etwas in dieser Stadt zu verpassen, und vielleicht auch deshalb, weil die junge Frau, die sich am Fenster stehend die Haare kämmt, sehr schön ist. Ich meine sogar, daß die niederländischen Frauen im allgemeinen sehr schön sind. Auch Orly, die erste Niederländerin, die ich am Amsterdamer Flughafen sah, kam mir sehr schön vor. Ich wußte zwar, daß in Schiphol jemand auf mich warten würde, aber daß mein Aufenthalt in den Niederlanden so schön beginnen würde, habe ich nicht gewußt. Orly lächelte mich an, schüttelte mir die Hand und sagte:

»Goedemorgen!«

Damals wußte ich noch nicht, daß das ein harmloser niederländischer Morgengruß ist und keine erotische Andeutung, wofür ich es fälschlicherweise hielt, deshalb wunderte ich mich über so einen mutigen Anfang der Bekanntschaft und erinnerte mich an einen berühmten Satz meiner Großmutter (über unanständige Niederländerinnen). Als wir auf der Spui ankamen, zeigte mir Orly zuerst die Fenster meiner Wohnung, dann holte sie beim Angestellten der Buchhandlung im Erdgeschoß des Hauses den Wohnungsschlüssel, sagte, ihre Kinder würden auf sie warten, und verabschiedete sich.

Ich schleppte meine tonnenschwere Tasche auf einer Wendeltreppe in den dritten Stock, verschnaufte kurz, schloß die Wohnungstür auf und begann mein niederländisches Abenteuer.

4 Ich kam in den Niederlanden mit einer wirklich schweren Tasche an, vielleicht sogar der schwersten, die ich jemals auf einer Auslandsreise dabeihatte. Jedes Mal, wenn ich auf die Tasche blickte, mußte ich an meinen Vater denken, weil mein Vater mit genauso schweren Taschen nach Moskau reiste, als er dort ein Aufbaustudium absolvierte. Damals war ich noch klein, aber ich habe die Rückkehr meines Vaters aus Moskau immer (sogar im Schlaf) genau gespürt. Am nächsten Morgen fand man wie üblich Geschenke vor (am beeindruckendsten war eine Eisenbahn mit bereits auf dem Fußboden verlegten Schienen). Aus Moskau brachte mein Vater Geschenke für seine Kinder, nach Moskau nahm er (meistens) georgischen Wein und Brandy mit. Einmal gab ihm meine Mutter sogar ein Spanferkel mit, wie es sich gehörte, mit einem Radieschen im Maul. Später, als ich etwas älter war, dachte ich, daß mein Vater all dies dort in Moskau als Bestechung benutzte, was mich, als einen allzu antisowjetisch eingestellten Heranwachsenden, mächtig ärgerte. Doch als ich selbst mein Studium in London fortsetzte und immer wieder georgischen Wein aus Tiflis mitnahm (für meine Professoren), verstand ich, daß auch mein Vater ihn als Geschenk brauchte, bloß in Moskau und nicht in London oder Amsterdam. Ob es als Bestechung oder als Geschenk gedacht war, darüber habe ich an jenem Tag nicht mehr nachgedacht, als ich im Flugzeug Richtung London eine Georgierin mit einem Spanferkel sah. Um genau zu sein, ich sah es verpackt und erriet, daß auf dem Tablett, das jene Frau stolz durch das Flugzeug trug, eben ein Spanferkel lag. Wie sich später herausstellte, irrte ich mich nicht, denn im Londoner Flughafen Heathrow bat die Dame ausgerechnet mich um Hilfe, weil ein Zollbeamter das nun offen daliegende Spanferkel mit einem sehr kritischen Blick beäugte. Meine Landsmännin erklärte mir, daß ihr Sohn in London studiere (mit aller Wahrscheinlichkeit BWL) und dieses Spanferkel eben für ihn (für die Silvesterfeier) bestimmt sei. Es war Ende Dezember, und ich habe die Wahrheit ihrer Worte keineswegs angezweifelt, trotzdem beschloß ich, zuerst dem Zollbeamten zu helfen. Ich versuchte, das mit seltsam gespreizten Beinen auf dem Bauch liegende Ferkel mit den Augen eines Engländers zu betrachten. Im Unterschied zu ihm hatte ich solch ein Ferkel so oft gesehen, wie ich die Neujahrstafel in meiner Heimat miterlebt hatte. Doch ich mußte diese Erfahrung für eine kurze Zeit vergessen. Natürlich konnte ich mir das, was dem britischen Zollbeamten durch den Kopf ging, keineswegs vorstellen, deshalb erklärte ich ihm einige Charakterzüge der Sitten und Bräuche unserer Neujahrsfeier. Er hörte mir aufmerksam zu, und als ich mit meiner Erzählung fertig war, fragte er:

»Are you sure?«

»Aber selbstverständlich doch«, erwiderte ich und begann diesmal, die stolze Georgierin zu verteidigen, die mich dankbar anlächelte, als ich vom Spanferkel und einem Studenten sprach, der Hunger litt und seine Mutter und die von ihr zubereiteten Speisen vermißte. Eine Zeitlang schwieg der Zollbeamte, dann sagte er nur ein einziges Wort:

»Unbelievable …«

Auch im Amsterdamer Flughafen fiel mir jener Zollbeamte ein, weil ich bei jeder Einreise ins Ausland an seinen verwunderten Blick denken muß. In die Niederlande reiste ich mit einer schweren Tasche ein, aber ich hatte keine

Schmuggelware (und auch nichts sehr Privates) dabei. Etwas aufgeregt war ich trotzdem, da ich vielen in Amsterdam eine Flasche georgischen Wein mitbringen wollte und nicht wußte, wie viele erlaubt waren. Vielleicht wußte ich es auch (oder hatte absichtlich nicht versucht, die genaue Zahl zu erfahren). Später mußte ich die Weinflaschen (samt den Büchern) mühsam die Wendeltreppe hochschleppen. Was mir in Amsterdam gleich gefiel, war die frische Luft. Ich stellte die Tasche ab und ging sofort wieder hinaus. Ich blieb auf der Spui stehen und atmete so tief ein, daß ich mit dem Duft des Meeres auch den Duft von Heringen wahrnahm. Der Duft der Heringe brachte meine alten Sorgen zurück. Ich dachte an Kobuleti, wo ich vor einigen Jahren am Strand an einer traumhaft reichgedeckten Tafel saß, aber von Fisch war (leider) keine Spur (auf derselben Tafel). Der erste auf der Spui verspeiste Hering erinnerte mich noch an eine andere alte Geschichte. Das war in Kwariati. Auch dort saßen wir in einem Strandcafé, in dem ich meinen Lieblingsfisch Meerbarbe bestellte, den die Georgier früher auch Sultan nannten und der auf Englisch bis heute »sultan fish« heißt. Wer weiß, vielleicht sind wir es gewesen, die einen ausländischen Namen ins Georgische übersetzt haben, aber in diesem Fall hat das keine große Bedeutung. Was man hier unbedingt noch erwähnen sollte, ist die Tatsache, daß eine in der Gegend von Istanbul gefangene Meerbarbe viel größer ist als ihre georgische Verwandte, jedoch eine Meerbarbe aus den nordischen Gewässern ist im Vergleich zu einer georgischen sogar riesig.

Kurz und gut, wir haben einen Sultanfisch bestellt und bekamen (selbstverständlich mit Verspätung) eine riesige Meerbarbe. Als ich mich wegen ihrer Größe verwundert zeigte, erklärte uns der Kellner (nicht ohne Stolz), sie hätten diesen Fisch aus Norwegen geliefert bekommen. Was damals mit mir geschah, war schon öfter (zuvor) mit mir geschehen, und meine Frau ist immer bereit, mich rechtzeitig zu stoppen und damit meinen hysterischen Anfall zu verhindern, aber diesmal war es zu spät. Ich war schon in Fahrt und sprach meine Landsleute mit verzweifelter Stimme an: »Geliebte Brüder und Schwestern, wir, die Söhne und Töchter dieses Landes, leben seit uralten Zeiten am Ufer des Schwarzen Meeres. Wie viele Jahrhunderte müssen noch vergehen, damit wir endlich begreifen, daß es besser ist, einen Fisch hier, in unseren Gewässern, zu fangen, als ihn aus Norwegen liefern zu lassen?«

Während meine Frau Maka sich bei den erstaunten und erschrockenen Urlaubern für mein Verhalten entschuldigte, versuchte ich ihnen noch eine rhetorische Frage zu stellen, weil ich mich ganz ehrlich darüber wunderte: Warum besitzen wir keine Fischkultur, wenn wir doch in einem Land mit Meerzugang leben?!

Der Großteil der Kochkultur aller Völker, die genauso wie wir am Meer leben, basiert auf Fischgerichten. Diese sind dermaßen vielfältig, daß man leicht an eine grenzenlose Kreativität der Menschheit glaubt. Wir allerdings haben eine völlig unkreative Art des Umgangs mit Fisch. Hier pflegt man ihn einfach in die Pfanne zu werfen und in Öl gebraten zu servieren. Doch in Wirklichkeit bezieht sich meine Sorge mehr auf ein Mentalitätsproblem als auf ein gastronomisches, denn wenn man jahrhundertelang versucht, eine Beziehung mit dem Meer zu vermeiden, hat man es mit einer anderen Erscheinung zu tun als mit einer einfachen Hydrophobie.

Hydrophobie bedeutet zwar Furcht vor dem Wasser, und Patriarch Ilia II. hat in einer Predigt den Bewohnern seines Landes direkt empfohlen, sich öfter zu waschen, aber das oben Gesagte eindeutig zu erklären ist trotzdem schwierig. Das liegt eher in der Kompetenz von Wissenschaftlern, die viel klüger sind als unsereins.

Allerdings ist es auch eine Tatsache, daß unser Land (zuletzt) vor etwa dreißig Jahrhunderten eine Marine besaß, damals, als wir die nach Griechenland zurücksegelnden Argonauten auf den Meeresstraßen verfolgten, um Jason zu bestrafen und Medea in ihre Heimat zurückzubringen. Man kann dafür mehrere Gründe aufzählen. Vielleicht mieden wir das Meer auch nur deswegen, weil das Land uns schon alles bot, wofür zum Beispiel die Niederländer alle Meere durchsegelten und fast die halbe Welt eroberten.

Wie man sieht, sind wir doch ein Volk des Landes und lieben auch nichts inniger als das Land. Und die einzige Gelegenheit, bei der uns alles (auch Management und Logistik) großartig gelingt, ist der Leichenschmaus, weil wir genau an diesem Tag zur Erde zurückkehren, und wegen dieser Erde, wegen dieses Landes sind wir (genau an diesem Tag) die Besten, und sei es auch nur einmal im Leben ...

5 Das Neujahrsfest mag ich nicht mehr, aber in der Kindheit mochte ich es, wie alle anderen auch, weil ich, wie alle anderen auch, dachte, ein Fest sei im Anmarsch. Doch später, als erwachsener Mensch, entdeckte ich, daß es kein Fest, sondern neue Sorgen, Gastritis und Sodbrennen waren, die sich mit dem Jahresanfang zu mir gesellten. Auf georgisch nennen wir Sodbrennen eher saures Aufstoßen, und die Gründe, die es verursachen, sind jedem Georgier wohlbekannt. Und wenn wir das neue Jahr mit tödlichen Speisen begrüßen, sind diese die Verheißung eines vergnüglichen Todes. Was kann vergnüglicher sein als Satsivi, solange man noch am Leben ist? Obschon eben dieses schmackhafte Gericht äußerst lebensgefährlich sein kann, wenn man es nicht richtig genießt (zum Beispiel zu oft und kurz nacheinander), und wenn man danach noch Gosinaki als Nachtisch zu sich nimmt, dann ist ein Warnschuß vorprogrammiert. Die Gefahr besteht allerdings auch nach einmaligem Genuß von Satsivi, weil wir Anfang Januar mit freiwillig in unseren Mägen plazierten Atombomben herumlaufen, was wir gern verdrängen. Es stimmt schon, daß ich persönlich Anfang Januar (wenn ich nur die menschenleeren Straßen von Tiflis sehe) mehr an eine Neutronenbombe denke, aber dieses Detail ändert hier nicht viel. Eine Neutronenbombe hat genau die gleiche Wirkung, die in Tiflis schon am ersten Tag des neuen Jahres zu beobachten ist. Wenn die Menschen von der Straße verschwinden und man statt ihrer übernächtigten Gesichter nur ihre Häuser und Autos zu sehen bekommt. Manchmal kann man dem einen oder anderen schon begegnen, aber die Totenstille in Tiflis in den ersten Januartagen ist viel wirklicher und glaubwürdiger als das von Danny Boyle ausgedachte stille und menschenleere London. Vielleicht wollte man (es könnten indische Händler gewesen sein) jenen ersten Truthahn, der unterwegs in Georgien auftauchte, nach London bringen, jedenfalls wurde dieser seltsame Vogel von den Georgiern indisches Huhn genannt, aber da die Truthähne aus der Türkei nach London verfrachtet wurden, wurden sie von den Briten nach diesem Land benannt. Es wäre auch möglich, daß den Truthahn nicht die Inder, sondern eben türkische Händler auf die britischen Inseln gebracht haben. Das wäre ein Grund dafür, warum die Etymologie seines Namens mit der Türkei in Verbindung steht und nicht mit Indien, wo der Vogel ursprünglich beheimatet war. Dafür, daß Indien die wahre Heimat des Truthahns ist, spricht auch die Tatsache, daß ein Satsivi-ähnliches Gericht (seit Jahrhunderten) eben in Indien und nicht in der Türkei zubereitet wird. Trotz allem erreicht Satsivi seinen richtigen kulinarischen Höhepunkt erst in Georgien, und wahrscheinlich auch deswegen können wir Georgier uns ein Neujahrsfest ohne Satsivi gar nicht vorstellen. Vielleicht dachte das auch mein Großvater, als er Ende Dezember 1944 an der niederländischen Grenze angelangt war. Genauer gesagt war das keine Grenze, sondern ein Wald, weil es damals zwischen Belgien und Holland keine richtige Grenze gab. Im allgemeinen gab es auch zwischen den anderen von Deutschland besetzten Ländern keine richtigen Grenzen. Was einen holländischen Wald ausmacht, kann nur Rodney Bolt (als Experte für die Landschaft der Niederlande) genau wissen. Ich weiß nur soviel (aus einem Brief meines Großvaters), daß Melenty Maschulia das neue Jahr 1945 mit einem Hering feierte. Es könnte sein, daß ihn irgendein holländischer Partisan oder gar ein ihm wohlwollender Bauer zum Essen dieses wunderbaren Fisches eingeladen und ihm damit eine große Freude gemacht hat. Natürlich hätte er das neue Jahr (als waschechter Mingrelier) lieber mit Satsivi und Hirsebrei gefeiert, aber dort und damals, wie Sie schon wissen, hatte er keine andere Wahl. Außerdem kann ihm (das bezweifle ich nicht) auch der Hering gut geschmeckt haben, sogar noch besser als mir, ihm, der aus Frankreich zu Fuß durch Wälder und Wiesen gewandert und fast verhungert war. Den magischen Fisch, den die Holländer »Haring« nennen, hat er bestimmt mit einer Menge Zwiebeln verspeist. Von einem so zubereiteten Hering meinen die Mingrelier, so wie der Rest der Georgier, daß er Tote auferwecken könne. Dasselbe habe ich auch gedacht, als ich an jenem Tag in Amsterdam meinen ersten Hering probiert hatte und danach nur noch das eine wollte: noch einen Hering. Ich gab dem Verkäufer ein Zeichen, daß er auch diesmal ordentlich viel Zwiebeln daraufstreuen sollte. Als ich auf der Spui drei Heringe nacheinander verputzte, dachte ich dabei jedes Mal an meinen Großvater und war mir ziemlich sicher, daß Melenty Maschulia seinerzeit dasselbe getan hatte, und wenn dort (irgendwo im Süden Hollands) genug Zwiebeln vorhanden waren, wird er, in seiner bescheidenen Art, um eine größere Menge davon gebeten haben. Obschon die Holländer auch von sich aus mit Zwiebeln nicht geizen, weil sie davon überzeugt sind, daß Hering mit Zwiebeln wesentlich besser schmeckt und ein gesünderes Essen auf der ganzen Welt nicht aufgetrieben werden kann. Sie glauben sogar ihre sprichwörtliche Gesundheit eben diesem Fisch zu verdanken, deshalb können sie mit dem Essen von Hering nie früh genug anfangen. Gesunde Menschen gibt es überall auf der Welt, aber eine Frau, die kräftiger ist als eine Holländerin, findet man nicht so schnell. Seitdem ich hier bin, habe ich des öfteren ein fast unglaubliches Bild gesehen: Eine auf dem Fahrrad sitzende Mutter zieht einen Anhänger mit mehreren Kindern hinter sich her und macht das mit einer beneidenswerten Leichtigkeit. Nach Akaki Schanidze kann das Wort »mehrere« zwei oder mehr bedeuten, und einer Frau mit zwei Kindern im Anhänger kann man in Amsterdam häufig begegnen. Was mich wundert, ist, daß hier auch eine Mutter mit drei Kindern, die sie in einem Fahrradanhänger herumfährt, kein seltener Fall ist. Solche gutgelaunten gesunden Frauen sehe ich aus der Ferne (von meinem Fenster aus) auf der Spui, und ich bewundere sie so sehr, daß ich, wenn ich draußen bin, bei ihrem Anblick stehenbleibe und unverschämt ihre Beine anglotze. Bewunderung kennt keine Zurückhaltung. Danach gehe ich kurzentschlossen zu der erstbesten Bude, wo ich einen Hering kaufen kann, weil diese Frauen meinen, ihre starken Beine seien den vielen Heringen zu verdanken, die sie leidenschaftlich gerne essen. Dieser Fisch ist in den Niederlanden auch eines der billigsten Nahrungsmittel, und ein wohlbekanntes holländisches Sprichwort preist ebendiesen an: »Wenn der Hering kommt ins Land, wird der Doktor unbekannt.«

Ob es dieses Sprichwort wirklich gibt, kann ich nicht mit Sicherheit sagen, aber daß es die Wahrheit sagt, kann ich beweisen. Während meines ganzen Aufenthalts in Amsterdam bin ich (zu meiner großen Verwunderung) kein einziges Mal krank geworden. Vielleicht neben den Heringen auch wegen des besonders milden Winters. Doch damals, als mein Großvater in Amsterdam ankam, war der Winter so bitterkalt, daß er sogar die weniger kälteempfindlichen Engländer verschreckte, und zwar so sehr, daß sie den Versuch einer Befreiung Hollands von der deutschen Besatzung beinahe auf den Frühling verschoben hätten. Die Kanadier waren allen voraus und hatten die Nazis schon im Herbst 1944 teilweise aus Südholland vertrieben. Vielleicht war das meinem Großvater bekannt, weswegen er, nachdem er aus Frankreich geflohen war, Richtung Holland ging. Doch sollte er davon nichts gewußt haben, so hatte er einen anderen Grund, warum er das tat, und diesen Grund möchte ich gern herausfinden. Bevor ich mich mit dieser Aufgabe ins Archiv begebe, versuche ich mit Hilfe von Logik dahinterzukommen. Logik ist nicht unbedingt unsere Stärke, dafür besitzen wir Georgier seit dem 19. Jahrhundert das *Handbuch der Logik,* geschrieben von Solomon Dodaschwili. Eine auf dem Küchentisch ausgebreitete Karte Europas soll mir bei meinem Vorhaben ebenfalls helfen. Es ist logisch, daß mein Großvater nicht nach Südwesten gegangen ist, weil Spanien damals unter Francos Diktatur stand, wovon sich ein Sowjetbürger nichts Gutes versprach. Von den spanischen Faschisten natürlich, wobei zwischen Iberern und Georgiern (besonders Mingreliern) eine gewisse Verwandtschaft besteht. Es ist auch verständlich, weil im Süden das Meer lag und mein Großvater sich an die Ereignisse vom Mai 1944 erinnern konnte, als der deutsche Generalfeldmarschall Erich von Manstein den auf der Halbinsel Kertsch belagerten Georgiern nur die Flucht aufs Meer gelassen hatte. Die Mehrheit der georgischen Kriegssoldaten war dabei umgekommen. Die in den zehn Tagen gefallenen hunderttausend Soldaten waren eine wahre Tragödie für ein so kleines Volk, das etwa drei Millionen zählt. Die Überlebenden gerieten in Gefangenschaft. Ein Teil der Georgier ist bis heute davon überzeugt, daß das damalige sowjetische Regime die bewaffneten (und für sie gefährlichen) Georgier mit Absicht geopfert hat. Um sich für diese Untat zu rächen, bildeten die ehemaligen Kriegsgefangenen mit deutschen Soldaten zusammen antisowjetische Divisionen. Was man allerdings genau weiß (bezüglich der Tragödie auf der Halbinsel Kertsch), ist, daß viele Georgier, die versucht hatten aus der Belagerung ins Meer zu fliehen, dort ertrunken sind, weil sie, wie sich herausstellte, nicht schwimmen konnten. Es ist schon seltsam, daß Menschen, die in einem am Meer gelegenen Land geboren und aufgewachsen waren, nicht schwimmen konnten (es gibt heute noch viele, die es nicht können). Mein Großvater Melenty Maschulia hätte vielleicht den Fluß Abaschistskali (oder gar den Fluß Techura) schwimmend überqueren können, aber nicht das Asowsche Meer und schon gar nicht das Schwarze Meer. Nun liegt Kertsch, wo seine Kriegsgefangenschaft begonnen hatte, genau zwischen diesen beiden Meeren, und in Périgueux, wo seine Kriegsgefangenschaft zu Ende ging, hat mein Großvater bestimmt an die Kertscher Bucht gedacht und ist nicht Richtung Süden geflohen. Osten und Nordwesten wären für ihn ohnehin nicht in Frage gekommen. Es blieb nur eine Richtung: Norden. Und so war Melenty gen Norden aufgebrochen. Die Tatsache, daß er in Holland die kanadische Armee vermutete, hat ihn bestimmt dazu ermutigt.

6 Weißt Du noch, ich habe Dir schon einmal geschrieben, warum ich ausgerechnet Dich ausgewählt habe: Ich habe in einem Literaturcafé gesehen, wie Du jemandem zuhörtest, und schloß daraus, daß Du, wenn Du in der Lage bist, so aufmerksam zuzuhören, auch mir Dein Ohr leihen würdest. Obwohl, als ich Dich zum ersten Mal angeschrieben habe, wollte ich Dich fragen, ob Du jener jungen Frau vielleicht aus einem anderen Grund so gespannt zugehört hast, aber ich habe es mir anders überlegt und Dir über meine Kindheit berichtet. Für heute hatte ich vor, Dir über meine Schuljahre zu schreiben, aber auch Du hast Dich (in Deinem Antwortschreiben), wie die meisten Männer es tun würden, mehr für mein Sexualleben interessiert als für meine wichtigste Liebesgeschichte. Wobei, ich schrieb Dir bereits, daß Du mein verspätetes Tagebuch bist, und wie Du Dich bestimmt noch erinnerst, wurden die von Schülerinnen geführten Tagebücher »Tagebücher der Liebe« genannt. Aber wenn Du es so eilig hast zu erfahren, ob ich hier auf der Insel jemanden habe, werde ich Dich nicht länger auf die Folter spannen und sage Dir direkt, daß ich Single bin, obwohl ich guten Sex zu schätzen weiß und auch liebend gerne einen holländischen Boyfriend gehabt hätte, wenn er so einfach zu finden wäre, wie die jungen Georgier (taktlos) zu spotten pflegen. In Wirklichkeit sind alle Probleme der Georgierinnen genau denen zu »verdanken«. Ehrlich gesagt hatte ich heute vor, Dir über völlig andere Dinge zu schreiben. Zum Beispiel wollte ich Dir erzählen, wie meine Großmutter mich in einem Sommer zu sich aufs Land mitnahm und wie ich dort von den Jungs verspottet wurde, ich, als Mädchen und dazu noch aus der Stadt, könne nicht mit einem Schießgewehr umgehen. Diese gleichaltrigen Jungs spotteten über mich, aber selbst versuchten sie oft vergeblich (obwohl sie genau zielten), mit einer Doppelflinte einen auf einem Baumwipfel sitzenden schwarzen Vogel zu treffen. Ich zielte nicht. Ich schoß, und gleich darauf fiel der Vogel zu Boden. Plötzlich waren alle schockiert, ich allerdings verstand noch nicht, was geschehen war. Ehrlich gesagt, ich begriff erst später, was ich getan hatte, aber dort zu diesem Zeitpunkt war es mir eine Freude, ihre verdutzten Gesichter zu sehen. Es ist schon sehr lange her, aber bis heute, wenn mir etwas Böses widerfährt, muß ich an den Vogel denken und glaube, daß ich seinetwegen bestraft werde. Ich entferne mich für einen Moment, da ich Wasser für Tee aufsetzen möchte.

Na, ich bin schon wieder da. Heute habe ich Dir schon wieder über Vögel berichtet. Nein, mit Hitchcock habe ich nichts gemein. Es ist nur ein Zufall, daß ich Dir auch im vorigen Brief von Vögeln erzählt habe. Dabei interessierte Dich etwas völlig anderes. Zwar hast Du mich nicht direkt danach gefragt, aber ich spürte es schon, daß Du mehr über mein Sexualleben erfahren möchtest. Der Hauptunterschied zwischen Frauen und Männern besteht (glaube ich) darin, daß wir Frauen stets nach der Liebe suchen und ihr (Männer) euch eher für Sex interessiert und ihn mehr braucht als die Liebe. Nun muß ich wieder aufstehen, um mir den Tee einzuschenken. Möchtest Du auch eine Tasse?

Ich bin wieder da. Ich muß mich bei Dir entschuldigen, weil ich Dich belogen habe. Ich schrieb Dir, daß ich 27 bin. In Wirklichkeit bin ich 30. Ich weiß nicht, warum ich das getan habe. So etwas habe ich noch nie getan, weder bei Georgiern noch bei Ausländern. Genau an jenem Tag fragte mich ein Holländer, wie alt ich sei, und ich habe ihm ehrlich geantwortet. Übrigens sind die Georgier auf dieser Insel wohlbekannt, weil in der Zeit des Zweiten Weltkrieges etwa 800 georgische Männer hier gelebt haben. Allerdings bin ich die erste Georgierin, die auf Texel lebt. Obwohl ... ich brauche Dir das gar nicht zu erzählen. Dir ist bestimmt einiges über Texel bekannt. Wenn ich mich recht erinnere, gab es in meiner Kindheit einen Film über den Aufstand auf Texel. Vielleicht hast Du ihn auch gesehen. Diesen Film, glaube ich, gibt es nicht mehr, oder er wird im georgischen Fernsehen nicht mehr gezeigt. Er wurde in der sowjetischen Zeit gedreht, deshalb auch erzählt er nur soviel, wie damals möglich war. Jedoch, wie Roger Waters sagen würde, haben alle Geschichten auch eine völlig andere Seite. Und wenn sogar der Mond über eine dunkle Seite verfügt, ist es ja nicht verwunderlich, daß auch die Geschichte von Texel einen den Georgiern bis heute unbekannten Fleck hat, der aus verständlichen Gründen in der Zeit des Aufstands entstanden ist. Niemand weiß, wie man sich damals selbst verhalten hätte. Deshalb haben die Einheimischen unterschiedliche Meinungen über die Georgier, auch wenn die Mehrheit eine große Dankbarkeit unseren Landsleuten gegenüber zeigt und ihre Gräber bis heute fleißig pflegt. Es stimmt zwar, daß die Georgier im Unterschied zu anderen Völkern die Generation ihrer Großväter nicht als Vorfahren bezeichnen, aber ich halte sie für meine Vorfahren, besuche am Ostermontag ihre Gräber und bringe Blumen hin. Jedem Blumen bringen kann ich nicht. Es gibt zu viele, und der Friedhof ist auch sehr groß. Und Tulpen wachsen in Holland auch nicht überall. Neulich erfuhr ich, daß die Tulpe ursprünglich aus der Türkei stammt. Mein Zimmervermieter ist Tulpenzüchter, was bedeutet, daß er sich neben der Pflege der Blumen auch in ihrer Geschichte gut auskennt. Er sagte mir, die ersten Tulpen seien im 16. oder 17. Jahrhundert aus dem Osmanischen Reich nach Holland gebracht worden. Er hat mir sogar ein genaues Jahr genannt, an das ich mich leider nicht erinnere, in welchem ein großes osmanisches Schiff einen holländischen Hafen erreicht habe, von dem die ersten Tulpen abgeladen wurden. Das Wichtigste sei, meinte er, was für einen Gebrauch man davon mache. Heutzutage glaubt doch keiner mehr, daß Holland nicht die Heimat der Tulpen sei, auch wenn sich damals bestimmt niemand hätte vorstellen können, daß in diesem Land so etwas gedeihen würde. Ja, mir fällt es heute noch schwer zu glauben, daß man auf der Insel, auf der es so oft regnet und windet, Tulpen anbaut und sie weltweit verkauft. Sorry, ich habe

Dir schon wieder über Sachen berichtet, die Du womöglich gar nicht interessant findest, aber direkt zum Thema Sex überzugehen und mich mit Dir darüber zu unterhalten wäre mir schwergefallen. Es gibt nichts, weswegen ich mich schämen müßte, denn ich habe hier keinen Sex gehabt, und zwar aus mehreren Gründen. Den Männern gefalle ich hier genauso, wie es in Georgien der Fall war, aber ich kann mich nicht entschließen. Wie ich schon sagte, nehmt ihr Männer die Sache mit dem Sex auf die leichte Schulter. Für uns Frauen ist die körperliche Nähe etwas viel Wichtigeres. Und wenn nicht für alle Frauen so zumindest für mich. Ich weiß, daß es auch Frauen gibt, die keine Liebe brauchen, um Sex zu rechtfertigen, aber ich bin nun mal anders und halte die sexuelle Annäherung für ein gewaltiges Ereignis im Leben einer Frau. »Ein gewaltiges Ereignis.« Weißt Du, wo ich diesen Ausdruck aufgeschnappt habe? Damals lebte ich noch in Tiflis, und noch glaubte ich an die demokratische Zukunft Georgiens. Eines Tages schloß ich mich einer Demonstration an, die auf dem Rustaweli-Boulevard stattfand, und bemerkte, daß ich ganz zufällig neben Akaki Asatiani stand. Er (so großgewachsen und stattlich) sah sich um, registrierte die Menge der dort versammelten Menschen (es gab richtig viele von uns) und meinte zufrieden, das sei doch ein gewaltiges Ereignis. Ich habe keine Ahnung, was er jetzt macht und ob er noch in Georgien lebt, aber damals war er mir am sympathischsten von allen georgischen Politikern. Zum Teil deswegen, weil ich ihn ständig mit Büchern in der Hand sah, vor den Verlagshäusern in der Kostava-Straße. Wo war ich stehengeblieben? Ja. Ich meinte, daß ich Sex für ein gewaltiges Ereignis im Leben einer Frau halte. Siehst Du, wie ich abgewichen bin von der Insel, deren Bewohnern ich auch deswegen gefalle, weil ich mit meinen schwarzen Haaren so anders bin als ihre blonden Frauen. Als schwarz gelten meine Haare nur hier, denn in Tiflis würde man sie für braun halten, manchmal sogar für dunkelblond, wenn ich mich lange in der Sonne aufgehalten habe. Weißt Du, wie sehr ich hier die Sonne vermisse? Was ich eigentlich sagen wollte: Auch in so einem kleinen Städtchen hier auf der Insel hat mir der eine oder andere unbekannte Mann einen sanften, aber eindringlichen Blick zugeworfen. Da kam mir eine georgische Redewendung in den Sinn (jemanden mit dem Blick verfolgen). Ein solches Verhalten haben sogar ausgesprochen unnahbare Frauen gern. Ich habe gegen eine solche Aufmerksamkeit nichts einzuwenden, auch wenn ich weiß, daß ich sie nur deshalb bekomme, weil ich mich von den einheimischen Frauen so deutlich unterscheide. Ich weiß auch, worum Du mich nach Erhalt dieses Briefes bitten wirst. Wenn ich Dir mein Foto sende, wirst Du mir sofort sagen, daß Dich das Interesse an einer so schönen Frau überhaupt nicht wundert. By the way, ich selbst denke nicht, daß ich schön bin, aber darum geht es hier nicht. Ich wollte sagen, daß ich in Georgien so schnell so vieles über die Männerwelt erfahren habe, daß ich deswegen überall nur Probleme sehe. Zum Beispiel kreuzte mein Vermieter schon am zweiten Tag nach meinem Einzug bei mir auf, brachte einen Tulpenstrauß mit und lud mich zum Abendessen ins Restaurant ein. Ich nahm die Blumen zwar entgegen (brachte sie später auf den Friedhof), aber die Einladung nahm ich nicht an. Nicht weil ich befürchtete, daß er sofort versuchen würde, mich zu intimer Nähe zu überreden (siehst Du, was für einen Wortschatz ich Dir zu bieten habe? Diesmal habe ich das Wort »Sex« nicht mehr gebraucht), worauf ich keine Lust hatte. Ich ging auf jene Einladung von

Vincent nur deswegen nicht ein, weil ich damals noch nicht wußte, was eine solche Einladung bedeutet und wie man sich dabei verhalten sollte. Ich dachte, daß die beim Abendessen anfallenden Kosten getrennt beglichen würden, und wollte diese für mich unbehagliche Situation vermeiden. Damals wußte ich auch nicht, daß ein auf der Insel Texel lebender Holländer ebenfalls ein Europäer ist, der üblicherweise nicht nur seine, sondern auch deine Rechte kennt, sie genauso wie die eigenen beachtet und sich, zum Beispiel, nie wie Lewan Tschilaschwili benehmen wird, der, gleich nachdem wir uns kennengelernt hatten, sagte, das Leben sei viel zu kurz, weswegen wir keine Zeit verlieren sollten, und gleich darauf schlug er mir vor, mit ihm ins Bett zu steigen. Als er merkte, daß ich nicht nur verdutzt, sondern eher bestürzt war, versuchte er mich (seiner Meinung nach) zu trösten, daß es nur Spaß gewesen sei und dieser Satz nicht zu ihm, sondern zu einer Romanfigur Guram Dotschanaschwilis gehöre. Ich ließ nicht locker und fragte, welche genau er gemeint habe. Er sagte, er habe das nicht mehr im Kopf, aber daß es aus dem Roman *Das erste Gewand* sei. Kannst Du Dir das vorstellen? Erstens hat dieser Idiot Tschilaschwili seine eigene Unverschämtheit Dotschanaschwili zugeschrieben, zweitens hat er gelogen, daß er *Das erste Gewand* gelesen habe. Das Schlimmste daran war allerdings, daß ich später (im Grunde genommen sehr bald) den Idioten Lewan Tschilaschwili geheiratet habe. Erst dann, als ich schon seine Frau war, entdeckte ich, daß er nicht einmal *Pinocchio* gelesen hatte, von *Das erste Gewand* ganz zu schweigen, dafür hatte er mehrmals den Kinderfilm über Pinocchio gesehen, aus dem er ununterbrochen ein Lied summte. Im Endeffekt war ich diejenige, die noch dümmer war als er, weil ich ihn geheiratet habe. Mag sein, daß ich damals noch zu jung und unerfahren war und deshalb auf meine Eltern gehört habe. Ja, damals wußte ich noch nicht, daß der oft gehörte Spruch meiner Mutter (»Erst wenn ich dich unter der Haube sehe, werde ich meine Ruhe haben«) mein Todesurteil sein würde. Wenn nicht dem Tod, so glichen meine Nächte doch dem Zustand der im Sarg liegenden Uma Thurman, wenn mein Körper (ohne jegliches Vorspiel) von einem Menschen gestürmt wurde, den ich meinen Mann nannte. Warum ich ihn weiterhin einen Menschen und nicht ein Tier nenne, schreibe ich Dir morgen.

Jetzt muß ich ins Bett.

7 Mein Großvater hatte wie die Mehrheit der Mingrelier einen Doppelnamen, aber im Unterschied zu den anderen Mingreliern waren bei ihm beide Namen in seinen Dokumenten eingetragen (Melenty sowie Meliton). Natürlich hätte er sich nicht vorstellen können, daß dieser kleine Unterschied seinen in bürokratischen Ländern lebenden Nachfahren so viele Probleme bescheren würde. Als ich entdeckte, daß das Vorhandensein mehrerer Namen bei den mingrelischen Männern (manche von ihnen tragen sogar drei Namen) einer Tradition entsprach, war mein Großvater schon lange verstorben. Deshalb mußte ich mich mit einer kompetenten Erklärung meiner Großmutter begnügen, der zufolge man den Kindern mehrere Namen (laut Akaki Schanidze sind mehrere zwei oder mehr) zum Schutz vor Feinden gegeben habe. Genauer gesagt (wie sie hinzufügte) hätten sie beabsichtigt, damit ihre Feinde irrezuführen, und daher sei in Mingrelien diese Tradition entstanden. Es stand mir (Grünschnabel und Provokateur, wenn auch ihr Enkelkind) nicht zu, meine geliebte Großmutter noch weiter auszuquetschen, und so mußte ich die Version der Geschichte, die sie mir bot, wortlos akzeptieren. Die Tatsache, daß mein Großvater zwei Namen trug, führte nicht seine (und im allgemeinen Mingreliens) Feinde in die Irre, sondern die ihm wohlgesinnten Erforscher seiner Biographie: als ersten den holländischen Schriftsteller und Historiker Remco Reiding. Als ich ihn am Rembrandtplatz zum ersten Mal traf (natürlich um ihn um Hilfe zu bitten), fragte dieser (in jeder Hinsicht) große Mann, wie mein Großvater in Wirklichkeit geheißen habe, und öffnete gemächlich seinen magischen Computer. Ich dagegen begann zu zappeln. Remco entging meine Ungeduld nicht, und er bedeutete mir mit einer Geste, daß er ihn gleich ausfindig machen werde. Ich durfte sogar in seinen magischen Computer spähen. Genauer gesagt, ich habe es mir selbst erlaubt, und er hat es zugelassen. Sein Computer war insofern magisch, als er alle Informationen über Holland im Zweiten Weltkrieg enthielt. Der Zweite Weltkrieg begann für Holland am 10. Mai 1940, als die Armee des faschistischen Deutschland seine Grenze angriff, obschon Holland offiziell ein neutraler Staat war.

»Von wegen neutral!« hatte dieser Größenwahnsinnige, Adolf Hitler, gemeint und befohlen, jeden beliebigen Holländer aus der Welt zu schaffen, der es wagen würde, Widerstand zu leisten. Sehr viele allerdings haben es gewagt und sind bei der Verteidigung ihrer Heimat gefallen (und zwar nicht nur in Rotterdam). Auch später, bis zum Mai 1945, bis Holland von den deutschen Besatzern endgültig befreit war, fünf Jahre lang, sogar unter den Bedingungen der vollständigen Okkupation und Annexion, gab es in diesem Land Menschen, die nicht aufhörten, gegen den Feind zu kämpfen. Auch wenn es in denselben Niederlanden (aus verständlichen Gründen) zahlreiche Fälle von Kollaboration gab. Außerdem fielen unzählige in Holland lebende Juden der grausamen Politik der Nationalsozialisten zum Opfer. Gegenüber den friedlichen Holländern verfolgten die Deutschen eine mildere Politik, auch wenn die Holländer selbst das ganz anders sehen, weil man damals ihre geliebten Fahrräder beschlagnahmte. Die benachbarten Deutschen müssen gewußt haben, was den Holländern lieb und teuer war. Deswegen führten sie in den Niederlanden die allgemeine Fahrrad-Beschlagnahme durch. So viele niederländische Staatsbürger es damals gab (ich nehme an, etwa zehn Millionen), so viele Zweiräder haben sie eingezogen, um die Holländer endgültig mürbe zu machen. Genau mit der gleichen Absicht haben die Feinde unsere liebevoll gepflegten Weinberge zerstört. Es klingt zwar seltsam, aber es scheint, daß für die Holländer das Fahrrad die gleiche Bedeutung hatte wie für uns die Weinberge. Sie können diesen Schlag, den sie von den Deutschen einstekken mußten, immer noch nicht vergessen. Heute noch gibt es in den Niederlanden den einen oder anderen, der einem Deutschen, der eine Auskunft haben möchte, sofort die damalige Übeltat aufs Brot schmiert und sagt, er solle ihm zuerst das Fahrrad seiner Oma zurückbringen, und dann könne man miteinander sprechen.

Genau so, nämlich Oma-Fahrrad, nennt sich das Zweirad, das jeder beliebige Holländer besitzt (manche besitzen sogar zwei). Deshalb gibt es mehr als 17 Millionen davon. Sie (die Hollandräder) werden Oma-Fahrräder genannt, weil sie nicht nur ein altertümliches Aussehen haben, sondern meistens auch wirklich alt sind. Wenn Sie in den Niederlanden jemanden mit einem nagelneuen Rad sehen, können Sie annehmen, daß es ein Ausländer ist. Wird ihm das Rad gestohlen, wundert sich ein wahrer Holländer nicht, denn in den Niederlanden ist das eine genauso übliche Straftat, wie es das Stehlen eines Pferdes im alten Mingrelien war. Als wir über Sitten und Bräuche sprachen, fragte mich Remco Reiding nicht, was Mingrelien sei, und die Informationen über meinen Großvater hatte er in seinem magischen Computer auch sehr schnell gefunden. Was er nicht verstehen konnte, war, warum ein und derselbe Mensch in den verschiedenen Dokumenten verschiedene Namen eingetragen hatte. Aus Respekt für ihn gab ich mir Mühe, ihm das Ganze möglichst ausführlich zu erklären. Jeder Beamte ist vor allem ein Mensch, und ein Mensch (wie Sie bestimmt wissen) macht liebend gern Fehler, besonders dann, wenn die Namen so ähnlich sind wie Meliton und Melenty.

Am Anfang ließ Remco Reiding es zu, daß ich in seinen Computer hineinspähte, aber dann positionierte er sich so, daß ich nichts mehr sehen konnte. Er warnte mich von Anfang an, daß es nach seinen Informationen in Holland im Jahre 1944 zwei Maschulias gegeben habe, von denen der eine Meliton und der andere Melenty geheißen habe. Und was ich, der arglistige Enkel meines so ehrlichen Großvaters, damals dachte, war nichts anderes als Heimtücke: Sollte Meliton ungünstige biographische Züge aufweisen (bezüglich seines Wirkens in Holland), würde ich Remco sagen, daß mein Großvater Melenty hieß, und umgekehrt. Doch Remco sagte mir nichts. Er fragte mich nach dem Namen des Vaters meines Großvaters, und als ich ihm nicht sofort antwortete, lächelte er und sagte: Soviel er wisse, stoße man in Georgien bei jeder Feier auf die Vorfahren an. Beschämt ließ ich den Kopf hängen und murmelte, ich wisse den Namen schon, aber erst wolle ich meine Mutter anrufen und sie die Richtigkeit des Namens bestätigen lassen. Was hätte ich sonst sagen können? Daß ich tatsächlich literweise Wein auf meine Vorfahren getrunken habe und ein elender Betrüger bin? Unser Leben ist genau das, was um eine georgische Tafel herum stattfindet. Nein. Anstatt die Wahrheit zu sagen, begann ich mich zu rechtfertigen, daß sich, seitdem wir ein Teil des russischen Imperiums geworden sind, unsere Sitten und Bräuche geändert haben, und nun setzen wir unsere Träume nicht im Leben, sondern nur beim Tafeln in die Tat um.

»I have been in Georgia«, sagte Reiding plötzlich und fügte hinzu: »many times.«

Ich begann nervös zu hüsteln. Remco erbarmte sich meiner und meinte:

»So nice country ... and people.«

Darauf wollte ich ihm etwas Schmeichelhaftes über seine Heimat sagen, doch es fiel mir nichts ein außer einem guten Witz, den ich gleich nach meiner Ankunft in den Niederlanden gehört und mir eingeprägt hatte: Ein gastfreundlicher Holländer sieht, wie ein Tourist aus einem der Amsterdamer Kanäle mit der hohlen Hand Wasser schöpft und trinkt. Mit der anderen Hand hält er sich am Brückengeländer fest. Der gutmutige Holländer versucht den Touristen zu retten und ruft ihm zu, daß das kein Trinkwasser sei. Er versucht es ihm auch mit Hilfe von Gesten verständlich zu machen.

»Was?« ruft der durstige Tourist zum edelmütigen Amsterdamer zurück. Dieser allerdings begreift, daß der Tourist ein Deutscher ist, und gibt ihm schnurstracks den dementsprechenden Rat: Er solle das Wasser mit beiden Händen schöpfen.

Remco Reiding lächelte nicht einmal. Er meinte, das sei bloß ein Witz. Natürlich sagte ich ihm nicht, in jedem Witz stecke immer ein Körnchen Wahrheit. Statt dessen sagte ich, daß ich mir Witze, im Unterschied zu wahren Geschichten, schlecht merken könne. Es wäre wirklich nicht nötig gewesen, manche Geschichten, die ich als Kind zufällig mitgehört hatte, in Erinnerung zu behalten, aber sie verfolgen mich bis heute. Dafür sind alle Witze, die ich mehrmals gehört und mir einzuprägen versucht habe, spurlos aus meinem Gedächtnis verschwunden. Vielleicht liegt das an einem Rechner, der sich in meinem Gehirn installiert hat und so programmiert ist, daß er alle (sogar die lustigsten) Witze sofort löscht. Aber da jede Regel eine Ausnahme hat, gibt es doch einen Witz, den ich nie vergessen werde. Ich habe diesen einzigartigen Witz Herrn Reiding damals (beim Treffen am Rembrandtplatz) nicht erzählt. Ich sah zum Fenster hinaus. Es regnete wie in Batumi (jedoch mit einem Unterschied: Hier regnete es leise), und Herr Wachtang Glonti würde sagen, »Amsterdam ist selbst ein Regen ...«

Zwischen dem Regen und uns befand sich nur eine Fensterscheibe, die uns vor seinen leisen Tropfen schützte. Plötzlich unterbrach Remco das Schweigen und fragte diesmal nach meinem anderen Großvater, wo er gekämpft habe. Ich versuchte nicht, ihm zu erklären, daß man in West- und Ostgeorgien die Großväter auf unterschiedliche Weise benennt, sondern begann ihm die Geschichte meines zweiten Großvaters zu erzählen.

8 Der achte Tag meines Aufenthalts in Amsterdam hat sich als echt georgisch herausgestellt.

Schon am Morgen, kaum hatte ich den Rechner eingeschaltet, fand ich in meiner elektronischen Post eine Antwort von Armas Achwlediani auf meine Frage vom Vortag.

Weil ich etwas über die nicht ganz so harmlose Abstammung einheimischen Neids erfahren hatte, bedankte ich mich bei Herrn Armas und stellte ihm noch eine Frage. Die Antwort darauf kam so schnell, daß ich mir in der Zwischenzeit nicht einmal eine Tasse Tee kochen konnte:

»Jede nützliche Tat verlang Mut und Initiative, die unserem Volk fehlen. Dieser Mangel macht uns zur Melkkuh für die anderen und läßt uns unseren Reichtum zugunsten fremden Wohls aufgeben. Ein gefestigter Charakter, starker Wille – das ist es, woran es uns Georgiern mangelt, und unser Erziehungssystem muß auf die Erarbeitung dieser zwei Eigenschaften ausgerichtet sein. Wir müssen stets daran denken, daß wir nicht deswegen Sklaven und Versager sind, weil wir bettelarm sind, sondern daß wir bettelarm sind, weil wir Sklaven und Versager sind, und wenn wir etwas brauchen, so ist das vor allem ein aktiver Charakter.«

– Dimitri Usnadse

Ich machte mir den Tee, und erst danach sandte ich einen Dank und noch eine Frage nach Straßburg. Die Antwort bekam ich auch diesmal blitzschnell, und es war (auch diesmal) Dimitri Usnadse, der mir den Grund für unsere Niederlage erklärte:

»Einem Georgier mangelt es am beharrlichen Streben nach dem Erreichen eines gesetzten Zieles, das von keinen Hürden und Schwierigkeiten zunichte gemacht werden kann, an Fleiß und Fähigkeit zum unermüdlichen Schaffen, an dem Willen, kleine Aufgaben mit gleicher Ernsthaftigkeit wie die großen zu erfüllen. Das georgische Volk besitzt diese Eigenschaften nicht. Sein Herz und sein Wille sind harmonisch miteinander verbunden. Entflammt das Herz, so zeigt sich der Wille. Doch das Herz hört bald auf hoch zu schlagen, und somit verlangsamt sich auch der Puls des Willens. Ein Mensch mit Ausdauer ist unter uns selten. Kleine Aufgaben bringen unsere Herzen nicht zum Entflammen, und ohne das rührt sich unser Wille nicht. Große Aufgaben bringen uns zwar auf Hochtouren, aber das Herz kühlt sich zu früh ab, bevor die Aufgabe vollbracht ist. Mit dem Herzen wird auch der Wille schwächer, und die begonnene Unternehmung wird plötzlich abgebrochen. Das ist der Grund dafür, warum wir unsere Existenzgrundlage verschwenden und im Kampf mit dem Gegner stets verlieren.«

Weil mein achter Tag (in Amsterdam) mit Dimitri Usnadse begonnen hatte, wechselte ich von der *Theorie der Einstellung* sofort zu ihrer Praxis (sprich: von einem georgischen Tagesablauf zu einem europäischen) und schrieb gleich nach dem Frühstück alles auf, was ich in den Niederlanden zu erledigen hatte. Das ergab eine lange Liste. Das Erste und Wichtigste, was ich brauchte, war Musik. In meiner Amsterdamer Wohnung fand ich insgesamt drei CDs, alle drei mit Jazz. So fragte ich meine niederländischen Verleger, wo ich einen Laden mit Musik nach meinem Geschmack finden würde. Sie sagten, es gebe einen solchen Laden in der Nähe ihres Büros. Den Weg zu meinem niederländischen Verlag legte ich fast jeden Tag zu Fuß zurück und fand das sehr angenehm. Im Cossee-Verlag arbeiten ausgesprochen nette Leute. »Eva und Christoph!« rufe ich noch von der Straße aus. Als ich das zum ersten Mal tat, schauten sie verwundert aus dem Fenster, aber schon beim zweiten Mal winkten sie und ihre Kollegen und Kolleginnen mir lächelnd aus dem (gleichen) Fenster zu. Ich mußte ihnen nicht einmal erklären, wie wir diese Eigenschaft, die Menschen zu rufen, nach und nach verloren haben. In Tiflis und überhaupt in Georgien (bis zur allgemeinen »Mobilisierung«, sprich, bis das Mobiltelefon ein unzertrennlicher und unverzichtbarer Teil unseres Lebens wurde) hörte man auf den Straßen, nicht selten auch in tiefer Nacht, Stimmen, die Namen riefen, die dann nach und nach verstummten und verschwanden. Menschen standen vor den Häusern und riefen laut ihre Mütter, Väter, Großmütter, Freunde, Frauen, Männer, Geliebten, und ein x-beliebiger aufmerksamer Nachbar wußte, was im ganzen Haus im Gange war (tagsüber und – noch interessanter – in der Nacht).

»Wir sind keine Menschen mehr«, hatte noch vor meiner Abreise nach Amsterdam der Philosoph Waja Durmischidse zu mir gesagt, »wir sind zu Telefonnummern geworden, und genau auf eine solche Nummer bekomme ich eine Kurznachricht, in welchem Objekt der Gemeinschaftsverpflegung meine georgischen Kollegen auf mich warten. Sogar wenn sie (meine Kollegen) mich abholen kommen, rufen sie mich (zu meinem Leidwesen) nicht vom Hof aus, sondern sie rufen mich an oder senden mir eine Kurznachricht. Deshalb ist die Gefahr groß, daß ich meinen eigenen Namen für immer vergesse. Gott sei Dank, daß in Georgien noch einige von meinen Wissenschaftlerkollegen übriggeblieben sind, die ihre wichtigsten philosophischen Traktate weiterhin beim Tafeln vortragen und mich dabei bei meinem Namen nennen, in solchen Momenten denke ich, daß ich nach wie vor ein Mensch bin und nicht einfach eine in den Mobiltelefonen der anderen gespeicherte Nummer.«

Unterwegs zum Verlag ging ich erst am Rembrandtplatz vorbei, dann überquerte ich einige Amsterdamer Kanäle, und am Verlagsgebäude angelangt rief ich meine netten Verleger Eva und Christoph von unten, sie grüßten mich lächelnd aus dem Fenster und zeigten auf das Musikgeschäft, wo ich sehr günstig *The Essential Bob Dylan,* das 5. Violinkonzert von Mozart und *Die Königin Margot* von Goran Bregović erstand. Bei den CDs aus zweiter Hand fand ich noch einige für mich interessante und brauchbare Aufnahmen. Ich hatte genug Musik zusammen, um jedem Pseudojazz aus dem Weg gehen zu können, so verließ ich das Geschäft und ging direkt zum Rembrandtplatz.

Dort, in unmittelbarer Nähe des Rembrandtplatzes, befindet sich der Lieblingscoffeeshop der Georgier, in dem genau das gleiche Marihuana zu kaufen ist wie in Hunderten von anderen Coffeeshops, aber die Georgier gehen eben lieber in den einen, und der Grund dafür bleibt unbekannt. Die Georgier meinen, daß man guten Stoff zum Kiffen auch am Dam-Platz kaufen könne, genauer gesagt in seiner Nähe. Die Popularität dieses Coffeeshops unter den Georgiern ist wesentlich einfacher zu erklären. Ein vom Amsterdamer Hauptbahnhof kommender, nach Kiffen lechzender Georgier kann diesen Coffeeshop, einer der ersten Coffeeshops überhaupt, einfach nicht verpassen. Doch da ich den Grund für die Popularität nicht herausfinden konnte, ging ich (am achten Tag meines Aufenthalts) dorthin und direkt auf seinen Besitzer zu. Mit »einer der ersten« meine ich die Tatsache, daß dieser Coffeeshop in Amsterdam gleich nach der Legalisierung von Cannabis im Königreich der Niederlande eröffnet wurde. Der Inhaber sprach (bevor er meine Frage beantwortete) über die Vorteile, welche die Legalisierung in Amsterdam und im allgemeinen in Holland habe. Redselig wie er war, sprach er viel und lange mit mir. Aus seiner Erzählung schloß ich, daß er mehr Vorteile von der Legalisierung hatte als seine Kundschaft. Bevor er meine Hauptfrage beantwortete, bot er mir (um es mit seinen eigenen Worten zu sagen) dieses »heilige Kraut« mit einem herzlichen Lächeln an. Ich sagte ihm, daß ich nicht rauche, worauf er erst einen Hustenanfall bekam, dann aber, als er sich erholt hatte, meinte, er habe einen nicht grasrauchenden Georgier noch nie zuvor zu Gesicht bekommen. Ich kam sofort zur Sache und fragte nach dem, was ich von ihm erfahren wollte. Mich interessierte brennend, warum das leidgeprüfte georgische Volk ausgerechnet in sein Geschäft kam, wenn es das Gras in jedem beliebigen Coffeeshop kaufen konnte. Ich weiß nicht, ob er das von Georgiern eingenommene Geld zusammenrechnete oder aus einem anderen Grund schwieg, aber Tatsache ist, daß er eine Zeitlang kein Wort sagte, mich dann aber mit einer rhetorischen Gegenfrage überraschte: Was hätten die Georgier überhaupt in Amsterdam verloren, wenn bei uns in Gali so ein gesegnetes Gras wachse. Natürlich kam das Wort »gesegnet« in seiner Äußerung nicht vor und hat sich erst später in meine Übersetzung eingeschlichen. Für mich blieb die Anziehungskraft seines Coffeeshops für meine Landsleute weiterhin ungeklärt. Über Gali und die Gallier haben wir nicht mehr gesprochen, und es hätte auch keinen Sinn gehabt, denn wenn die letzteren früher überall (in Europa) ihre Siedlungen hatten, wäre es doch nicht verwunderlich, wenn ein Teil von ihnen nach Mingrelien, ins Gebiet Samursakano, gekommen und für immer dort geblieben wäre. Es war ohnehin klar, daß der Wirt sich nicht länger mit mir unterhalten wollte und, auch ohne die Gründe dafür zu kennen, damit zufrieden war, daß ein Teil des georgischen Budgets fröhlich in seiner Tasche landete. Ich erriet, daß er Italiener und nicht Holländer war, denn die italienischen Lieder, die er summte, wären für jeden Holländer (egal in welcher Not) unter seiner Würde. Doch sein Englisch war so gut, daß ich am Anfang keinen Verdacht geschöpft hatte, er könnte südländischer (und konkret italienischer) Abstammung sein. Äußerlich war er einem Italiener auch nicht ähnlich, aber er zwinkerte mir irgendwie seltsam zu, und als Antwort auf meine nächste Frage (woher er etwas über Gali wisse) zog er aus einer Schublade unter dem Ladentisch eine absolut einzigartige Landkarte. Auf dieser Karte waren die Länder (und ihre jeweilige Pflanzenwelt) eingetragen, in denen die Exemplare der Drogenflora gedeihen und sich zur Freude ihrer Verbraucher in Qualität und Ertragsreichtum unterscheiden.

Weil meine Nachforschung in eine Sackgasse geraten war, was wir beide deutlich spürten, verabschiedete ich mich von dem Coffeeshop-Inhaber und ging (bereits mit einer Perseveration belastet) auf den Amsterdamer Blumenmarkt, wobei ich die ganze Zeit das italienische Lied summte, das der Wirt beim Abschied geträllert hatte. Ebenso trällernd sah ich mir den Blumenmarkt an, dachte nach und kam zu dem Schluß, daß die Georgier jenen bestimmten Coffeeshop aus dem gleichen Grund gewählt haben könnten, wie ein Club oder ein Restaurant plötzlich so populär wird, daß man dort keinen Platz mehr bekommt, bis dieselben Georgier ein anderes Lokal wählen. Bestimmt hatte damals der erste Georgier, der in jenem Coffeeshop gekifft hatte, ihn einem anderen empfohlen. Der zweite sagte es dem dritten weiter, der dritte dem vierten, der vierte dem fünften und so ging es in alle Ewigkeit.

9 Wie versprochen werde ich versuchen Dir zu erklären, warum mir jedes Mal das Wort »Tier« in den Sinn kam, wenn mein Exmann (meistens nachts) von mir die Erfüllung der ehelichen Pflicht verlangte. Als eine solche Pflicht sah er nur den Sex und nichts anderes. Genauer gesagt, ich dachte, daß es Sex sei, was ich mit ihm hatte. In Wirklichkeit war es eine einzige Qual, denn häufig konnte mein Mann bis zum nächsten Morgen keine Erfüllung finden. Ich entschuldige mich für meine unverblümte Art, aber ich denke, daß es keinen gibt, der mir so nahesteht wie Du, auch wenn wir uns noch nie gesehen haben. Übrigens habe ich sehr lange nicht erkannt, daß ich einen Drogenabhängigen zum Mann hatte, weil ich schon als Schulkind öfter heimlich von Erwachsenen gehört hatte, daß Drogenabhängige gar keine Erektion haben können. Deshalb dachte ich, daß er einfach nur kiffe. Woher sollte ich wissen, daß er zusätzlich alles schluckte (wie ich später erfuhr) und spritzte, was ihm in die Finger kam. Darüber, daß ihn sein eigener Vater dazu ermutigt hatte, Drogen zu nehmen, werde ich Dir später schreiben. Jetzt wollte ich Dir nur so viel sagen, daß ich, solange ich seine Frau war, nichts, was man als Sex bezeichnet, gehabt habe, und auch nach der Trennung von ihm wußte ich darüber nur das, was ich in Büchern gelesen hatte. Obwohl, manches gesehen habe ich auch in einigen Pornofilmen, die ich mit meinen Freundinnen (und manchmal auch allein) geschaut habe. Und ich konnte mich daran erinnern, daß man, bevor man zum eigentlichen Geschlechtsverkehr überging (sogar in deutschen Pornos), miteinander Zärtlichkeiten austauschte. Warum mich diese Zärtlichkeiten ausgerechnet bei den Deutschen wunderten? Weil in den sowjetischen Filmen, die ich seit meiner Kindheit schaute, die deutschen Männer kühl und unnahbar waren. Vielleicht waren es keine deutschen, sondern nur deutschsprachige Pornofilme, aber was ich damit zu sagen versuche, ist, daß mein Mann sich nicht so verhielt, wie ich es aus Büchern und Filmen kannte. Das Wort »Tier« fiel mir auch deshalb ein, weil ich es entweder in den Filmen aufgeschnappt hatte oder aber von Erwachsenen, die öfter davon sprachen, daß jemand seine tierischen Bedürfnisse befriedigt habe. Obschon die armen Tiere (die meisten) im Unterschied zum Menschen nur einmal im Jahr ihre Bedürfnisse befriedigen wollen und nicht zu jeder Zeit und bei jedem Wetter. Übrigens meinte eine meiner Freundinnen (und ich glaube, sie sieht es weiterhin so), die Georgierinnen würden Pornos nur schauen, um zu erfahren, ob der Mann seine Partnerin (am Ende) geheiratet oder verlassen hat. Der erste, der um meine Hand anhielt, war mein Klassenkamerad Aleko Dangadse, und den konnte ich wirklich nicht heiraten, weil er schon in der vierten Klasse der Grundschule an meine Klassenkameraden Schokolade verkauft hatte, und zwar nicht sonderlich günstig. Später, als die Schule abgeschlossen war und ich seinen Heiratsantrag abgelehnt hatte, las ich irgendwo, daß der reichste Mann auf dem afrikanischen Kontinent, Mr. Aleko Dangote, in seiner Schulzeit Bonbons an seine Mitschüler verkauft habe und das der Anfang der Gründung seines riesigen

Finanzimperiums gewesen sei. Als ich das las, googelte ich auf der Stelle jenen Dangote, um sein Foto zu sehen, denn ich nahm an, daß dieser superreiche Afrikaner mein Klassenkamerad sein könnte. Damals flohen alle aus Georgien, er konnte nach Afrika emigriert sein und dort einen solchen Erfolg haben, daß es im Internet ein Meer von Informationen über ihn gab. Meine eigene Annahme brachte mich zum Lächeln. Ich sah mir die in Google gefundenen Fotos von Aleko Dangote aufmerksam an, doch die Verwandlung meines blonden Klassenkameraden in einen dermaßen dunkelhäutigen Mann hielt ich (auch als Ergebnis mehrerer plastischer Eingriffe) für ausgeschlossen. Allerdings habe ich auch gedacht, wenn der selige Michael Jackson es schaffte, seine Hautfarbe so drastisch zu verändern, warum könnte ein weißhäutiger Mensch dann nicht das Gegenteil erreichen? Gibt es auf der Welt etwas, das wir Georgier uns nicht vorstellen können?

Als ich hier in den Niederlanden ankam, entdeckte ich in der lokalen Presse eine sehr seltsame Statistik: Was die Zahlen der aus den postsowjetischen Ländern in die Niederlande übergesiedelten Homosexuellen betraf, waren wir auf dem ersten Platz. Das verwunderte mich, und bald darauf stellte ich den Grund dieses »Fehlers« fest. Wie sich herausstellte, gaben georgische Männer, die in Holland um Asyl baten, in ihren Motivationsschreiben als Grund für die Asylsuche ihre Homosexualität an, weswegen sie in ihrer Heimat (angeblich) verfolgt worden seien, und die niederländische Regierung zeigte sich bereit, ihnen zu helfen. Den georgischen Betrügern hat man sogar Wohnungen und allmonatliche Sozialhilfe zugeteilt, weil es für einen Holländer völlig unvorstellbar ist, daß ein Mensch, der kein Homosexueller ist, das Gegenteil behaupten kann, um die niederländische Staatsbürgerschaft zu bekommen. Doch die Holländer sind auch nur Menschen, und als aus irgendeinem osteuropäischen Land nach Amsterdam übergesiedelte Drogendealer die georgische Pseudoschwulengemeinschaft betrogen hatten und letztere es ihnen auf eine für Schwule sehr untypische Weise heimzahlten (sie schlugen sie so lange und so brutal, daß die Polizei eingreifen mußte), schöpften sie zum ersten Mal Verdacht. Die holländischen Polizisten zeigten sich verwundert und sagten (in Interviews), sie seien dermaßen aggressiven Homosexuellen nie zuvor begegnet. Ganz im Gegenteil, man kenne sie als beispielhafte, gesetzestreue Bürger, die jegliche Art von Gewalt für inakzeptabel hielten. Die holländischen Polizisten wunderten sich auch darüber, daß die Georgier es bevorzugten, anstatt in den Niederlanden zugelassene leichte Rauschmittel legal zu erwerben, sich bei albanischen und rumänischen Händlern einzudecken. Für diese Tatsache eine Erklärung zu finden gelang der holländischen Polizei (trotz ihrer großen Erfahrung und Sachkompetenz) nicht.

Verzeih bitte ... ich bin schon wieder vom Hauptthema abgeschweift. Ich sollte ja meine Geschichte erzählen und nicht die von Fremden. Die Fremden ... Auch dein Mann kann dir fremd sein, wenn du ihn nicht liebst. Ich hoffte, ich würde ihn eines Tages noch liebgewinnen. Vor meiner Heirat hatte mir meine Mutter doch gesagt, daß ich mich mit der Zeit in ihn verlieben würde. Wie das gehen solle, fragte ich sie damals. Sie erwiderte, es würde mit unserem Zusammenleben kommen. Rein äußerlich gefiel er mir und den anderen auch, doch unser Zusammenleben hat nichts bewirkt. Er sagte mir zwar, daß er mich liebe, aber ich bin überzeugt, daß das nicht der Fall war, und von meiner Seite schon gar nicht. Er hatte sich an mich gewöhnt, und deshalb war er gegen eine

Trennung. Dagegen konnte ich mich an ihn nicht gewöhnen. Ich machte mir Vorwürfe; mir selbst und nicht meinen Eltern, denn sie hatten mich zu nichts gezwungen, sondern mir lediglich einen Rat gegeben. Ich heiratete, weil ich heiraten wollte, doch einen Grund dafür weiß ich jetzt genausowenig, wie ich damals einen gewußt habe. Mag sein, daß der Hauptgrund mein Wunsch war, Sex zu haben, weil die Mehrzahl der jungen Georgierinnen nicht vor der Eheschließung mit ihrem Sexualleben beginnen durften. Ich weiß, daß sich das mittlerweile geändert hat, aber ich erzähle Dir ja Geschichten aus einer anderen Epoche. Wenn ich später im Fernsehen auf Filme aus den 90ern stieß, wunderte ich mich, wie anders wir doch gewesen waren, wie wir gesprochen und uns gekleidet haben ...

Das war in Georgien, denn hier sehe ich nur noch sehr selten fern. Die Holländer sehen, wenn überhaupt, sehr selten fern, im Unterschied zu uns, die völlig fernsehabhängig sind. Solange ich noch in Amsterdam lebte, pflegte ich abends durch die beleuchteten Fenster in die fremden Wohnungen zu spähen, um zu erfahren, wie die Holländer lebten, und ich kann mich nicht erinnern, eine ganze Familie (wie bei uns) vor dem Fernseher sitzend gesehen zu haben. In Amsterdam gibt es überhaupt keine geschlossenen Vorhänge, und jeder kann sehen, wie eine beliebige Familie den Abend verbringt. Dafür reicht es, abends spazierenzugehen und in die Fenster der Häuser, die entlang der Kanäle gebaut sind, hineinzuschauen. Ich finde es sehr unterhaltsam zu erfahren, was in welcher Wohnung vor sich geht, ohne daß ihre Bewohner etwas dagegen haben. Die Gewohnheit, Fenster ohne Vorhänge zu haben, ist keine neue Erfindung. Sie hat eine jahrhundertelange Geschichte, genauso wie die zivile Ehe, dank derer auch Menschen verschiedener Konfessionen eine Familie gründen können. Obwohl, es ist doch auch möglich, daß die Holländer nur deshalb die zivile Form der Ehe erfunden haben, damit diejenigen, die einander nicht kirchlich heiraten durften, nicht in Sünde leben mußten. Und Du hältst Holland und (besonders) Amsterdam bestimmt für eine Brutstätte der Unsittlichkeit. Wenn Du kommst, wirst Du Dich selbst überzeugen können, daß sie ein wesentlich gläubigeres Volk sind als wir. Allerdings, es mag auch sein, daß Du anders denkst und damit völlig anders als mein Exmann bist.

Das war ein Scherz! Gott verhüte, daß Du so wärest wie er und seine Vorstellungen teiltest (zum Beispiel darüber, daß Oralsex Hurerei und Entartung sei). Vor der Heirat kam es mir nicht einmal in den Sinn, mit ihm etwas Derartiges zu machen, aber danach glaubte er wohl einmal, ich wolle das machen, und stieß mich grob weg. Ich habe meiner Freundin davon erzählt, die ihren Mann (im Unterschied zu mir) sehr liebte. Als sie das hörte, gestand sie mir, sie hätte nach einer gewissen Zeit des Ehelebens mit ihrem Mann über Oralsex sprechen wollen, wofür sie von ihm eine Ohrfeige bekommen habe und als Hure beschimpft worden sei. Als wären georgische Männer nicht wahnsinnig scharf auf Huren, und zwar ausgerechnet eben wegen dieses Oralverkehrs, den sie mit ihnen haben können. Von meinen anderen Freundinnen hörte ich ähnliche Geschichten darüber, wie »aufrichtig und sittsam« ihre georgischen Männer sein können. In Wirklichkeit lieben sie es, einen geblasen zu bekommen, aber eben nicht von ihren, sondern von anderen Frauen, weshalb sie ihre Frauen mit anderen Frauen betrügen.

Siehst Du? Ich bin schon wieder vom eigentlichen Thema abgekommen. Dabei wollte ich Dir etwas von der Geschichte unserer Insel berichten. Ich bin sicher, daß Du die georgische Geschichte Texels sehr interessant finden wirst. In den kommenden Tagen werde ich Dir darüber schreiben, aber wann, das kann ich Dir noch nicht genau sagen. Zuerst muß ich etwas erledigen. Was? Auch das wirst Du später erfahren.

Nun muß ich los ...

10 Mein Großvater Melenty Maschulia war von kanadischen Soldaten überholt worden. Diese hatten im Herbst 1944 die Niederlande von der südwestlichen Seite her als erste erreicht. Die Mehrheit der kanadischen Soldaten waren den ganzen Sommer auf Sizilien stationiert gewesen, deshalb kamen sie sonnengebräunt in Holland an und hinterließen bei den einheimischen Frauen einen unvergeßlichen Eindruck. Das Erscheinen der unglaublich gutaussehenden, großgewachsenen, sonnengebräunten und lächelnden kanadischen Befreier in den von den Deutschen besetzten und annektierten Niederlanden war ein Schock für die jungen Holländerinnen. Bei einer solchen Konkurrenz ist es mehr als zweifelhaft, daß mein Großvater bei den Damen Erfolg gehabt hätte. Es stimmt zwar, daß die kanadischen Soldaten Mitglieder der regulären kanadischen Armee und nicht einer Spezialeinheit waren, aber in der Armee zu dienen war damals in Kanada eine hochangesehene Beschäftigung, und deshalb waren es die besten der Besten, die sich für eine militärische Laufbahn entschieden. Auch wenn dem nicht so gewesen wäre, hätten die Holländerinnen die kanadischen Befreier trotzdem sehr gemocht, und für die Kanadier zeigten die Holländer sowieso mehr Herz als für die Briten und US-Amerikaner, die an der Befreiung auch teilgenommen hatten. Die

Auswahl an jungen Männern war im Herbst 1944 wirklich sehr mannigfaltig, aber die Holländerinnen (und auch die Holländer) gaben doch den Kanadiern den Vorzug, und als der Zweite Weltkrieg zu Ende gegangen war, schickten die Holländer den Kanadiern, um sich bei ihnen zu bedanken, hunderttausend Tulpen.

Bevor ich (konkret) über jene Holländerin berichten werde, für die mein Großvater Melenty ganz Zentraleuropa durchquert hatte und aus Frankreich in Amsterdam angekommen war, muß ich euch von einer anderen Frau erzählen, die Pablo Picasso im Jahr 1905 gemalt hat, er nannte jenes Bild *La belle Hollandaise*. Die darauf abgebildete Frau ist wirklich schön, und obwohl auch andere Künstler sich seit eh und je für weibliche Schönheit interessiert haben, gab es jahrhundertelang kaum einen Maler der flämischen Schule (mit einzelnen Ausnahmen), der ein Bildnis einer schönen holländischen Frau geschaffen und es so genannt hätte. Chris Keulemans erklärte mir, daß man das bewußt und absichtlich nicht getan habe, damit sich in niemandem der Wunsch regen sollte, die Niederlande zu erobern. Wir allerdings haben (ebenfalls jahrhundertelang) das genaue Gegenteil praktiziert: Ununterbrochen priesen wir die Schönheit unserer Frauen, und deshalb konnten wir uns über einen Mangel an Feinden und Eroberern nicht beklagen. Es stimmt schon, daß auch ausländische Gäste und Reisende gerne die Anmut der Georgierinnen beschrieben haben, doch (im Unterschied zu Chris Keulemans) haben wir das nicht aus einem solchen Blickwinkel betrachtet. Übrigens ist Chris Keulemans ein Schriftsteller, und daher sollte es auch niemanden wundern, daß er in vielen Fällen seine eigene Sichtweise hat. Zum Beispiel beschrieb er den entscheidenden Sprung eines Torwarts, welcher der niederländischen Nationalmannschaft den Sieg bei der Europameisterschaft 1988 bescherte. Genauer gesagt waren das, was Chris Keulemans beschrieb, die wenigen Sekunden, die jener Torwart in Erwartung des Elfmeterschusses verbrachte. Den Schuß hatte ein Stürmer der russischen Mannschaft, ein gewisser Belanov, auszuführen. Das war schon im Finale. Zuvor allerdings, im Halbfinale, hatten die Holländer die Deutschen besiegt und damit alle 1940 von den Deutschen konfiszierten Fahrräder (etwa 17 Millionen) auf einmal zurückgeholt. Wie mein Freund Chris Keulemans mir sagte, seien die Holländer an jenem Tag am glücklichsten gewesen. Bald darauf machten sie auch mich nicht minder glücklich (mit dem Spiel, in dem Belanov den Elfmeter gegen van Breukelen ausführte und Marco van Basten gegen Renat Dasajev spielte und ein unglaubliches Tor erzielte). Ich freute mich so sehr über die Niederlage der riesigen Sowjetunion, die meine kleine Heimat annektiert hatte, daß ich, als ich van Basten später aus der Nähe sah, ihn für jene mir in meiner Jugend geschenkte Freude umarmen und mich bei ihm bedanken wollte. In die Amsterdam Arena hatten mich Eka Mcheidse und Gais Jager eingeladen. Das war der Grund, warum wir so nah bei den Ersatzspielern saßen. Einige Schritte entfernt stand Marco van Basten (genauer gesagt tigerte er herum), jetzt schon Trainer des FC Groningen. Jedes Mal, wenn er sich in unsere Richtung bewegte, wollte ich mich nach unten begeben, ihn umarmen und mich für das Geschenk bedanken, das er mir 1988 gemacht hatte.

Am Ende traute ich mich doch nicht.

Chris Keulemans allerdings erzählte ich davon in einem

Telefongespräch und bat ihn, das nächste Mal, wenn er mich abholen komme, nicht zu klingeln, sondern mich von unten zu rufen (wie es in Tiflis in meiner Kindheit und Jugend üblich war). Nun genoß ich, was ich mitten in Amsterdam erlebte: Chris stand auf der Spui und rief meinen Namen, den nicht nur ich, sondern auch die erstaunten Amsterdamer hörten. Chris Keulemans lächelte. Ich sah ihn aus meinem Fenster und hatte das Gefühl, es gefalle ihm, etwas für seine Stadt und sein Land Ungewöhnliches zu machen. Genauso soll ein Schriftsteller sein: Auch dann gegen den Strom schwimmen, wenn es unmöglich ist.

So unmöglich war sein Verhalten allerdings gar nicht. Freitags und samstags kannst du in Amsterdam niemanden mit Lärm beeindrucken. Aus dem Café Hoppe, das sich im Erdgeschoß befindet, hört man nachts wahre Höllengeräusche.

Ich gab Chris ein Zeichen, ich würde gleich bei ihm sein, und ging die Treppe hinunter. Das einzige, was Tiflis und Amsterdam miteinander gemein haben könnten, sind vielleicht die Wendeltreppen, die aus unseren Höfen samt ihrer Vergangenheit verschwunden sind, die letzten sind noch in Sololaki oder Mtazminda zu finden. Keulemans schüttelte mir die Hand. Darauf zeigte er mit derselben Hand auf das Café Hoppe, doch wir hatten keine Zeit, um es uns dort gemütlich zu machen, da am Hauptbahnhof der bosnische Schriftsteller Nino Žalica auf uns wartete. Nino ist sein Spitzname. In Wirklichkeit heißt dieser wohlgenährte nette Mann Antonije. Wir (alle drei) haben uns in den USA kennengelernt. Unterwegs zum Hauptbahnhof (Chris stieg von seinem Fahrrad ab, und wir beide gingen zu Fuß hin) erklärte ich ihm, warum das georgische

Volk den Namen Hoppe niemals vergessen werde. Also den Nachnamen jenes Fußballspielers (vom FC Carl Zeiss Jena), der im Spiel gegen die georgische Nationalmannschaft im Finale des Europacups der Pokalsieger am 13. Mai 1981 ein technisch sehr feines Tor erzielt hat. Dieses Tor »feierte« er mit einer so heiklen Geste, daß die beleidigten Spieler des FC Dinamo Tbilisi gleich darauf zwei Tore schossen und damit meiner sowjetischen Kindheit einen anderen Lauf gaben. Als Antonije sich zu uns gesellt hatte, erzählte ich den beiden, wie in jener Nacht ganz Georgien den Sieg feierte. Und als wir den Fluß überqueren wollten und Chris sein Fahrrad mit auf die Fähre nahm, fiel mir der Weinberg ein. Ohne lange zu zögern, teilte ich meinem holländischen Freund mit, was für Holländer das Fahrrad sei, sei für uns Georgier der Weinstock. Der verdutzte Chris sah erst Nino Žalica an, dann mich und fragte:

»What do you mean?«

Und ich hatte genau auf diese Frage gewartet, sprudelte los und erzählte ihm alles, was ich über das georgische Abenteuer des Weinstocks wußte. Am Ende erklärte ich ihm auch, warum georgische Krieger mit einem an der Schulter befestigten Weinrebensteckling in den Krieg gezogen sind.

»And now?« fragte diesmal Antonije.

Ich beruhigte die beiden, daß das nur in den alten Zeiten der Fall gewesen sei, als unsere Feinde uns verboten Wein anzubauen, und nun, seit wir in einem unabhängigen Land lebten, gebe es keine Notwendigkeit, sich mit einem Weinrebensteckling beerdigen zu lassen, man könne sich dafür einen beliebigen Setzling aussuchen. Erst sahen die beiden einander an (bestimmt deswegen, weil ich den letzten Satz mit vollem Ernst sprach), dann mich, um herauszufinden, ob das Gehörte ein Witz gewesen war. Gia Piradaschwili meinte es auch ernst, als er mir sagte, daß er sich mit dem Zweig einer Kornelkirsche beerdigen lassen wolle. Ich kann mich ganz genau erinnern, daß er die Kornelkirsche nannte, aber warum ausgerechnet die Kornelkirsche (und nicht zum Beispiel die Sauerkirsche), das kann ich nicht sagen. Und beim Gespräch über die auf unseren künftigen Gräbern wachsenden Bäume dachte ich deshalb an einen Kirschbaum, weil ich kurz zuvor Hirotake Maeda zu Besuch gehabt hatte. Eigentlich war er bei anderen zu Besuch, aber ich durfte ihn zum Flughafen begleiten, und während des Wartens auf den Check-in händigte ich ihm mein Geschenk aus. Den ganzen Rückweg machte ich mir Sorgen, ob ich mich korrekt verhalten hatte, weil ich Hirotake an jenem Tag ein T-Shirt mit dem Logo der georgischen Rugbymannschaft geschenkt hatte. Das Problem bestand darin, daß zuvor (es war nur einige Tage her) unsere Rugbymannschaft die japanische besiegt hatte.

Hirotake nahm mein Geschenk mit einem Lächeln entgegen, verabschiedete sich und reiste ab. Gleich nach seiner Ankunft in Tokio schickte er mir per E-Mail ein Dankesschreiben mit einem beigefügten Foto, auf dem er das T-Shirt trug, das ich ihm geschenkt hatte. Ich dachte gleich, daß auch ich etwas tun müsse, um Hirotake und überhaupt den Japanern gegenüber meine Dankbarkeit (auch nach dem Tode) zum Ausdruck zu bringen. Ich ließ mich dabei von Gia Piradaschwili inspirieren, und sollte der auf meinem künftigen Grab wachsende Kirschbaum Blüten wie japanische Sakura tragen, so würde ich meine Schuld bei Hirotake (mindestens) teilweise beglichen haben. Als ich diese Geschichte fertig erzählt hatte, lächelten weder Chris noch Antonije. Diesmal warfen sie einander besorgte Blicke zu. Um sie zu beruhigen, erwähnte ich, daß auf der Rückseite der Trikots unserer Rugbyspieler Weinreben abgebildet sind. Bevor einer der beiden mir eine Frage stellen konnte (zum Beispiel »Why?«), kam ich ihnen zuvor und erläuterte, daß unsere Rugbyspieler aufs Spielfeld gehen wie aufs Schlachtfeld, und das sei der Grund, warum sie auf dem Rücken Rebstöcke tragen – für den Fall der Fälle.

11

Eigentlich gingen wir an jenem Tag Chris Keulemans' neues Kulturzentrum bestaunen. Er zeigte uns ein Gebäude, an dem die Renovierungsarbeiten fast beendet waren, »Tolhuistuin« würde bald feierlich eröffnet werden. Es befindet sich ganz in der Nähe des neuen Filmmuseums von Amsterdam, das »Eye« heißt und ein wahres Wunder ist. Genaugenommen ist es ein Ort, wo man neue Filme günstiger und alte völlig umsonst anschauen kann. Natürlich verfügen sie auch über georgische Filme. Nach der Filmvorführung kann man sich ins gemütliche Café setzen, dessen offene Terrasse auf den Fluß blickt. Bei gutem Wetter verbringt man dort eine halbe Ewigkeit, wie ich es getan habe. Ich saß, betrachtete den Fluß und schwieg.

Auf dem Fluß waren kleine und große Schiffe unterwegs, manchmal sogar ganze Häuser, und ich hatte das Gefühl, ein ganzes Menschenleben sei an mir vorbeigeflossen. Wenn man auf dem Wasser wohnt, ist das Wasser das Leben und nicht der Tod, wie es im Mai 1942 für Zehntausende von Georgiern der Fall war, als sie vom Meer verschlungen wurden. Natürlich kannten sie von ihren georgischen Dörfern und Städten, in denen sie aufgewachsen waren, kleine Seen oder Flüsse, aber jenes riesige Asowsche Monster stellte sich für sie als unbesiegbar und unüberwindbar heraus.

Ich kann mich sehr gut daran erinnern, daß in meiner sowjetischen Kindheit ein lokaler Parteifunktionär in unserem Stadtviertel ein Schwimmbad eröffnete (und uns dort versammelte Kinder samt unseren Eltern zum Schwimmenlernen aufforderte), da erwähnte er Kertsch im Mai 1942 und meinte, hätten die Georgier schwimmen gekonnt, so wären sie nicht im Asowschen Meer ertrunken. Ich kann mich auch an den Beifall erinnern, mit dem unsere Eltern dem sowjetischen Redner ihre Anerkennung für seine Worte bewiesen. Bloß, ich weiß bis heute nicht, was genau in seiner Ansprache sie so begeistert hat.

Wir standen draußen vor dem Eingang zum Schwimmbad, da wir es an jenem Tag nicht geschafft hatten hineinzugehen, denn die Zahl derjenigen, die es besichtigen wollten, war zu groß. Und die Georgier sind (aus mehreren Gründen) unfähig, eine Schlange zu bilden. Ich wollte unbedingt das Wasser sehen, und meine Mutter tröstete mich damit, daß ich bereits für einen Schwimmkurs angemeldet sei und schon am nächsten Tag ein Training haben würde. Vor Aufregung konnte ich die ganze Nacht kein Auge zutun. Am nächsten Tag ging ich nach der Schule zum Schwimmbad, aber es gelang mir auch diesmal nicht, es von innen zu sehen. Eine ganze Stunde lang stand ich (mit vielen anderen Kindern) vor dem Eingang und machte Gymnastikübungen, die uns der Trainer vorgab. Ich machte ihm alles nach und träumte davon, ins Gebäude hineinzugehen und das Schwimmbecken zu sehen, und ich beneidete jeden, der hineinging oder herauskam. Das dauerte noch einige Tage (wir mußten dabei immer die gleichen Übungen machen). Man rechnete bestimmt damit, daß die Eltern und die Kinder mit schwachen Nerven abspringen würden, weil es weit und breit (nicht nur im Wake-Bezirk, sondern in der ganzen Stadt) das einzige Schwimmbad war und die Zahl der Willigen seine Kapazität weit übertraf. Es gab einzelne Kinder, deren Eltern gewisse Beziehungen zu der Verwaltung des Schwimmbads hatten und sich nicht scheuten, diese zu bestechen. Ich kann mich erinnern, wie man am vierten oder fünften Tag der Übungen einem nicht minder gequälten Jungen neben mir sagte, er solle die Übung unterbrechen und ins Gebäude hineingehen. Und ich weiß noch gut, wie ich ihn darum beneidet und mir mich an seiner Stelle vorgestellt habe: Wie ich mich in Badehose und mit Badekappe auf eine spezielle Erhöhung stelle, wie ich das Chlor rieche, was ich angenehm finde, und wie glücklich ich ins blaue Wasser springe. Am neunten Tag ergab ich mich und teilte meinem Vater mit, daß ich nicht mehr in der Lage war, die Übungen draußen in der Kälte durchzuhalten, und er, im Bewußtsein, daß er niemanden aus der Verwaltung kannte und dementsprechend niemanden bestechen konnte, schlug mir vor, bis zum Frühling zu warten.

»Und wann kommt der Frühling?« fragte ich meinen betrübten Vater, und obwohl er mir diese Frage gleich mit »bald« beantwortete, wußte er, daß mein Frühling noch länger würde auf sich warten lassen.

Wie sich herausstellte, verfügte Antonije Žalica über eine eiserne Logik (ungeachtet der ganzen Absurdität des Krieges) und sagte, da mein Großvater lebendig aus der Belagerung Kertschs entkommen war, konnte er bestimmt (und zwar gut) schwimmen. Aber ich konnte ihn nicht belügen und erklärte den beiden, daß mein Großvater Melenty Maschulia noch davor (vor der großen Belagerung) verwundet (aber trocken) in Gefangenschaft geraten sei. Chris Keulemans wollte noch einmal die Zahl der georgischen Soldaten im Zweiten Weltkrieg erfahren, und ich bestätigte ihm, daß man aus Georgien jeden Mann einberufen hatte, der noch gehen konnte. Warum Stalin diese Entscheidung getroffen hatte, erklärte ich ihm auch. Chris sagte, es habe bestimmt gewisse Ausnahmen gegeben, es sei doch nicht möglich gewesen, die ganze männliche Bevölkerung des Landes in den Krieg ziehen zu lassen. Einige wenige Ausnahmen gab es natürlich schon. Eine davon war mein zweiter Großvater Grigol, der überhaupt nicht einberufen worden war und das aus einem einfachen Grund, nämlich weil er als Angestellter der Eisenbahn tätig war. In Ostgeorgien sagt man zu einem Großvater »Papa«, so nannte ich ihn (im Unterschied zu Melenty Maschulia) Papa oder, genauer gesagt, Grischa Papa, da Grischa eine Abkürzung seines Namens war. Grischa Papa war ein ursprünglich aus Pschawen stammender Kartlier. Mein Papa Grigol Turaschwili war sein Leben lang sehr stolz darauf, in seinen jungen Jahren Eisenbahner gewesen zu sein. Den Grund für diesen Stolz konnte ich erst als Erwachsener herausfinden. Ich entdeckte nämlich, daß es, als die Russen im 19. Jahrhundert die Eisenbahnschienen in Georgien verlegten, strengstens verboten war, daß ein Georgier für sie arbeitete. Offenbar vertraute das Russische Imperium der Bevölkerung des damals schon annektierten Georgiens nicht (aus verständlichen Gründen), weil die Eisenbahn, seitdem sie erfunden worden war, für jedes Land, das sie besaß, eine strategische

Bedeutung hatte. Später, nach einigen Jahren, wurde unter anderen auch Niko Pirosmani (als einfacher Zugbegleiter) bei der Eisenbahn angestellt, aber noch eine sehr lange Zeit (mehrere Jahrzehnte) waren nur sehr wenige Georgier für die Eisenbahn tätig. Es machte meinen Großvater richtig stolz, einer von den wenigen gewesen zu sein.

Grischa Papa war ein großgewachsener, gutaussehender und melancholischer Mann. Von diesen drei Eigenschaften habe ich nur die Neigung zur Melancholie geerbt (was von meiner genetischen Degradierung zeugt). Man hat ihn mit einer Blume verglichen, aber mit welcher, weiß ich nicht mehr. Und melancholisch war er, weil seine erste Frau, die er sehr geliebt hatte, früh gestorben war. Sie war erst siebzehn, als sie bei der Geburt ihres Kindes starb, und seitdem hat man meinen Großvater nie mehr lachen sehen. Lächeln konnte er schon, aber ich kann mich nicht erinnern ihn jemals richtig fröhlich und glücklich gesehen zu haben. Ob, und falls ja, wie sehr er seine zweite Ehefrau (meine Großmutter) geliebt hat, weiß ich nicht (ich habe mich nie mit ihm darüber unterhalten), aber daß er seiner ersten Liebe lebenslang nachtrauerte, das kann ich mit Sicherheit sagen. Nach dem Tod meiner Großmutter kam Grischa Papa etwas öfter zu uns nach Tiflis (meistens im Winter), aber einem Menschen (besonders dem eigenen Großvater) Fragen zu seinem Privatleben zu stellen war mir immer sehr unangenehm. Deshalb weiß ich über das Liebesleben meines Großvaters nicht viel, und nun, nach seinem Tod, werde ich auch nichts mehr erfahren können. Grischa Papa ruht jetzt zwischen seinen beiden Frauen. Rechts von ihm ist seine erste Frau bestattet, links meine Großmutter, die einmal nach Tiflis gekommen war und mich zu sich aufs Land mitgenommen hatte. Damals war ich zwar noch klein, aber ich kann mich sehr gut an diese Reise erinnern, und überhaupt, mein autobiographisches Gedächtnis beginnt mit jener Reise. Vielleicht ist mir jene Reise besonders in Erinnerung geblieben, weil es meine allererste war. Aber bevor ich sage, woran von meiner ersten Reise ich mich konkret erinnern kann, muß ich betonen, daß ich damals noch nicht sprechen konnte, und wegen meines Schweigens hatten sich meine Eltern solche Sorgen gemacht, daß sie sogar mit mir zum Arzt gegangen waren. Als der Arzt ihnen auch keinen bestimmten Grund dafür nennen konnte, trösteten sie sich selbst: »Mit Sprechen sind Jungs immer später dran.«

Es war bestimmt ein Sonntag, an dem meine Großmutter mich abholen kam, weil sie einen (in der Kolchose) arbeitsfreien Tag hatte, und es war, glaube ich, der einzige Tag in ihrem Leben, an dem sie nicht arbeitete, weil es nach meiner tiefsten Überzeugung einen fleißigeren Menschen als meine Großmutter nicht nur in Georgien, sondern auf der ganzen Welt nicht gab. Die Arbeit in einer sowjetischen Kolchose hatte mit dem gemeinschaftlichen Arbeiten in anderen Kommunen nichts gemein, auch wenn Stalin das Modell des jüdischen Kibbuz benutzte, um die Kolchosen zu gründen. Er (Stalin) hatte sogar seine Tschekisten nach Palästina geschickt, wo sie das System der Kibbuzim studieren sollten, und das, was er von ihnen hörte, gefiel ihm dermaßen, daß er 1948 die Idee der Gründung des Israelischen Staates aktiv unterstützte. Leider fiel die aus Palästina zurückgekehrte Gruppe den Repressionen zum Opfer, aber Stalin benutzte das Modell eines Kibbuz erfolgreich für die Gründung einer Kolchose. Die Sowjets entliehen von den

Juden eigentlich nur die Idee, denn die Kolchose mit ihrem Arbeitsprinzip unterschied sich deutlich von den Prinzipien des gemeinschaftlichen Arbeitens des Eretz Israel. Aber wie hätte ich das damals wissen können, wenn ich auch heute noch nicht viel Ahnung davon habe? Bei uns zu Hause betrieb niemand antisowjetische Propaganda (aus vielen sehr nachvollziehbaren Gründen); im Kindergarten war das auch völlig ausgeschlossen. Deshalb bleibt es für mich (und für andere Augenzeugen dieses Vorfalls) ein Rätsel, warum die ersten drei Worte meines Lebens mit der Verdammung der Kollektivierung (und zwar in einem dafür ausgesprochen unpassenden Alter) verbunden waren. Später, als Erwachsener, überprüfte ich alle diesbezüglichen Überlieferungen sorgfältig, und es stellte sich heraus, daß ich damals, als meine Großmutter mich zum ersten Mal aufs Land gebracht, unter einen Baum gesetzt und sich zu den anderen Kolchosemitgliedern gesellt hatte, laut, fast schreiend die ersten drei Worte meines Lebens sagte:

»Fick eure Kolchose!«

12

Sei gegrüßt, mein Lieber!

Ich habe mich mit dem Antwortschreiben sehr verspätet, womit ich Dich bestimmt verletzt habe. Verzeih mir, mein Bester, der Grund dafür ist meine Unpäßlichkeit. Ich fühle mich nicht wohl. Mag sein, daß ich unter einer Nervenschwäche leide. Öfter fürchte ich ohnmächtig zu werden. Seit zwei Wochen geht es mir besonders schlecht. Ich suchte Dr. Fischer auf, dachte, vielleicht bin ich guter Hoffnung, aber, Gott sei Dank, das stimmt nicht. Meine Gebärmutter ist frei, aber mir ist nach wie vor unwohl. Er verschrieb mir ein Brompräparat und noch ein anderes Medikament, beides nehme ich seit gestern. Es fällt mir schwer, fern von Dir zu sein. Ich vermisse Dich so, daß ich nicht weiß, was ich tun soll. Manchmal kommt mir die Idee, die Kinder wegzuschicken und mich auf den Weg zu Dir zu machen. Giorgi geht es gut. Tamara hüstelt noch ein wenig. Das Geld von Dir, fünfundzwanzig Rubel, habe ich bekommen. Du fragst, wie Du es mir in Zukunft schicken sollst, ob in mehreren kleinen Summen oder auf einmal. Mir ist es gleichgültig. Mach es so, wie Du es geschickter findest. Was soll ich Dir sonst schreiben? Ich umarme Dich und küsse Dich zehntausendmal, mein süßer Junge.

Habe ich Dich erschreckt?

Männer sind (manchmal) ängstlicher als Frauen, und solltest auch Du erschrocken sein, so kann ich Dich gleich beruhigen: Dieser Brief wurde am 17. Oktober 1902 von Anastasia Eristawi an Dutu Megreli, von Tiflis nach Odessa, geschickt. Er (Dutu Megreli) hieß in Wirklichkeit Dimitri Choschtaria, und ich habe den fremden Brief absichtlich ohne Anführungszeichen zitiert, damit Du nicht sofort witterst, daß ich Dich reinlegen wollte. Denk bloß nicht, daß ich so verrückt bin, daß ich die Privatbriefwechsel von Fremden auswendig kann. Natürlich nicht! Ich habe aus Georgien einen literarischen Kalender mitgenommen, und auch wenn er schon uralt ist, möchte ich ihn nicht wegwerfen. Darin sind Briefe von georgischen Schriftstellern versammelt. Nach diesen Briefen zu urteilen, sind Schriftstellerinnen wesentlich treuer als ihre männlichen Kollegen. Um das Gesagte mit einem Beispiel zu belegen, zitiere ich Dir noch ein Schreiben, das wie folgt beginnt:

»In was für einem Tonfall hast Du mir den letzten Brief geschrieben? Was hat Dich in eine solche Aufregung versetzt? Glaub mir, ich liebe Dich, einzig und allein Dich! Höre nicht auf Tratsch. Laß sie sagen, was sie wollen. Diesen Brief schreibe ich in Eile, weil ich ihn noch mit der Abendpost abschicken möchte. Laß es Dir gutgehen. Ich liebe niemanden, niemanden außer Dir. Aber was für eine ideale Freundin Du doch hast, diese Natalia Kakabadze. Ich habe auch sie sehr lieb. Richte ihr aus, daß sie eine sehr, sehr gütige junge Frau ist. Ich denke immer nur an Dich. Warum willst Du mir nicht glauben? Ich denke, daß ich mir nichts habe zuschulden kommen lassen ...«

Was glaubst Du, wer kann der Autor eines solchen (fast hundert Jahre alten) Schreibens gewesen sein?

Bestimmt kannst Du es nicht erraten, so sage ich es Dir: Galaktion Tabidse! So seid ihr Männer!

Ich weiß, daß Du nicht an mangelndem Humor leidest, aber solltest Du meine obige Bemerkung als beleidigend empfunden haben, so kann ich Dich mit einem Brief von Simon Tschikowani beschwichtigen:

»Meine liebe Marika,

als ich Deinen Brief las, war ich zuerst sehr verletzt, aber jetzt geht es mir schon wieder besser. Schämst Du Dich nicht, einen so trockenen, nüchternen Brief geschrieben zu haben? Für mich fühlten sich die anderthalb Monate, die ich ohne Dich verbringen mußte, wie eine Qual an. Mir fehlte es an nichts außer an Deiner Nähe, aber als ich Deinen Brief las, konnte ich drei Tage lang nicht mehr lächeln. Jango wollte unbedingt erfahren, was mit mir los war. Und meine Rückkehr hat sich deswegen verspätet, weil ich keine Fahrkarte auftreiben konnte, und das Geld dafür hatte ich auch nicht. Nun wird der Staatliche Verlag mir am 23. fünfhundert Rubel auszahlen, die ich am gleichen Tag per Telegramm an Dich überweisen werde, und ich werde mich am 24. auf den Weg machen. Ich habe kein anderes Geld und auch nichts, was ich zu Geld machen könnte. Meine Schuhe sind auch völlig zerrissen. Ich küsse Dich mehrmals auf Augen, Hände und überall. Stets träume ich von Dir und bin, ehrlich gesagt, verrückt vor Sehnsucht.«

Gut, nicht wahr?

Obwohl, noch besser als Simon Tschikowani war doch Marika Eliawa, die einen Tag nach dem Tod ihres Mannes verstarb, weil es ihr sehnlicher Wunsch war, daß man ihr Simons Asche auf die Brust streuen sollte. Ihr Wunsch ist in Erfüllung gegangen. Solange Du noch in Tiflis bist, kannst Du auf den Mtazminda gehen und ihre Gräber selbst besichtigen. Genauer gesagt nur ein Grab, denn Simon wurde eingeäschert. Es gibt doch sogar eine Redewendung: »Von Liebe verbrannt.« Auf jeden Fall hat es sie gegeben. Es gab sie, um einen solchen Fall zu beschreiben.

Sollte ich Dich traurig gestimmt haben, kann ich Dir zur Abwechslung auch etwas Lustiges berichten.

Wenn Du tatsächlich immer noch in unserer leidgeprüften Heimat weilst, merke Dir das, was ich Dir gleich schreiben werde. Der erste Schock, den ich gleich nach meiner Ankunft in den Niederlanden erlitt, ist holländischen Kühen zu verdanken. Ich konnte meinen Augen nicht trauen, als ich unterwegs vom Flughafen nach Amsterdam diese gepflegten Kühe sah, und als ich an unser armseliges Vieh dachte, zog sich mir das Herz zusammen. Mit Landwirtschaft hatte ich nie etwas am Hut, aber dieser deutliche Unterschied war nicht zu übersehen. Nach unseren dreckigen, ungepflegten Kühen die sauberen holländischen Kühe zu erblicken war ein wirkliches Wunder für mich. Ich dachte, wir kümmern uns nicht einmal um unsere Mitmenschen, wen wundert es also, daß wir den

Kühen gegenüber gleichgültig sind. Wieviel wir unseren georgischen Kühen im Laufe der Jahrhunderte zu verdanken haben! Sie sind genügsam, fressen Gras und verlangen keine besondere Aufmerksamkeit. Dabei bezeichnen wir eine Frau, die wir beleidigen wollen, als Kuh. Die holländischen Kühe sind wirklich zum Verrücktwerden schön, und wenn Du hier bist, wirst Du auch sehen, daß die Holländer sie wie ihre eigenen Kinder pflegen.

Apropos Kinder ... Meine Freundin in Tiflis hat ein Kind bekommen und sofort ein Kindermädchen engagiert. Hier bringen es alleinstehende Mütter sogar fertig, zwei oder drei Kinder allein zu erziehen. Wie viele Male habe ich eine holländische Mutter gesehen, die drei Kinder gleichzeitig in einem Fahrradanhänger hinter sich herzieht und sich überhaupt nicht beschwert.

Übrigens sind hier nicht nur die Kühe, sondern auch die Häuser besonders schön und zwar überall, in jedem beliebigen Dorf. Es ist kein Privileg der Reichen, ein schönes Haus zu haben. Auf unserer Insel leben auch ganz gewöhnliche Leute in wunderschönen einfachen Häusern, wie ich sie in Georgien noch nie gesehen habe. Wir halten uns für sehr geschmackvolle Menschen, doch hast Du jemals darauf geachtet, wie unsere Behausungen aussehen? Vor Jahren hat mir jemand erklärt, daß in sowjetischen Zeiten die Baumaterialien sehr preisgünstig gewesen seien und die Leute sich selbst, ohne Architekten, ihre häßlichen Häuser gebaut hätten. Die Sowjetunion ist längst Vergangenheit, doch wir setzen das Bauen der häßlichen Häuser fort und zwar nicht nur auf dem Land, sondern sogar in der Stadtmitte, und ich bin nun endgültig überzeugt, daß uns die Ästhetik (in Wirklichkeit) am Arsch vorbeigeht.

Wer weiß, was Du über mich denkst, was Du über mich gedacht hast (schon früher), und nun ist noch einiges dazugekommen: daß ich ein freches und ungezogenes Mädchen bin (wie meine Oma zu sagen pflegte). Mag sein, daß ich mich nicht als Mädchen, sondern bereits als Frau bezeichnen sollte. Als Teenager kann ich zwar nicht mehr gelten, aber in dem Alter, in dem ich mich als Weib betiteln würde, wie es in Georgien üblich ist, bin ich noch nicht. Für meine Mutter bin ich bestimmt noch ein Kind und werde für immer ein Kind bleiben (vielleicht war das auch einer der Gründe, warum ich Georgien verlassen habe). Doch in dieser Hinsicht haben die Jungs wesentlich schlechtere Karten. Die Jungs werden für georgische Mütter wirklich nie erwachsen. Georgische Mütter halten ihre Söhne stets für Kleinkinder, und deshalb übernehmen sie gern ihre Aufgaben. Die folgenden Sätze kann man wohl auch nur in Georgien hören: »Dieses Jahr machen wir Abitur«, »Nächstes Jahr wollen wir mit dem Medizinstudium beginnen«, »Gestern hatten wir die Hochzeitsnacht« ...

Habe ich Dir die Geschichte von einer meiner Verwandten geschrieben, die Ende der 90er geheiratet hat und in der Hochzeitsnacht im Ehebett mit dem Ehemann noch seine Mutter vorfand? Da die Wiederholung die Mutter der Erfahrung ist, werde ich Dir diese Geschichte noch einmal erzählen, damit Du weißt, wo das Problem der georgischen Männer beginnt. Kurz und gut, meine frischvermählte Verwandte fand in ihrer Hochzeitsnacht ihre Schwiegermutter im Ehebett, die zu ihr sagte, sie wolle ihr und ihrem Mann kurz das Bett aufwärmen, danach würde sie schon gehen. Doch sie blieb so lange, bis meine Verwandte komplett ausrastete. Wir haben davon erst nach Jahren erfahren. Eines Tages hat sie es uns selbst erzählt, und sie hat es erzählt, weil sie zuvor entdeckt hatte, daß es anderen genauso ergangen war. Es gibt in Georgien noch viele Mütter, die ihren Söhnen alles aus der Hand nehmen und für sie machen, und wenn der Sohn heiratet, denken sie, daß er in der Hochzeitsnacht am dringendsten seine sorgende Mama braucht. Er kann nicht wissen, was er zu tun hat, und wenn er es doch allzugut weiß, dann besteht die Gefahr, daß er mit seiner Frau auf eine anstößige Weise umgeht. Deshalb zieht es die Mutter vor, in unmittelbarer Nähe ihres Sohnemanns zu bleiben, um ihn bei jeder Gelegenheit mit Rat und Tat unterstützen zu können.

Muß man Dir noch erklären, daß dem Infantilismus der Georgier ihre grundfalsche Erziehung zugrunde liegt, oder ist Dir das bereits bekannt?

Gestern habe ich etwas in meiner Mailbox gesucht, dabei eine an Dich gesendete E-Mail gelesen und entdeckt, daß ich mich beim Namen der Tagebücher, die Schulmädchen früher geführt haben, geirrt habe. Man nannte sie »Tagebücher der Freundschaft« und nicht »der Liebe«. Ich habe in einer anderen alten E-Mail an Dich noch einen Fehler gesichtet: Nach der Ankunft in den Niederlanden bin ich nicht sofort auf die Insel gekommen. Zuerst lebte ich in Amsterdam.

Entschuldige, daß ich Dich belogen habe.

13

Gleich nachdem die Deutschen Brest angegriffen hatten und in der Sowjetunion die allgemeine Mobilmachung angeordnet worden war, wurde mein Großvater Melenty Maschulia zum sowjetischen Soldaten. Stalin, von seiner Abstammung her Georgier, hatte aus den beiden folgenden Gründen die massive Einberufung der Georgier befohlen: erstens, damit keiner denken sollte, er würde seine Landsleute schonen, besonders zu der Zeit, da

Tausende von Russen bereits ihre Heimat verteidigten, und zweitens, weil er genau wußte, daß in Georgien trotz der grausamen Repressionen immer noch viele die Unabhängigkeit des Landes anstrebten.

Als der Zweite Weltkrieg begann, waren seit der Annexion (durch das sowjetische Rußland) des kleinen, demokratischen und unabhängigen Georgiens nicht einmal 20 Jahre vergangen. Deshalb dachte ein Teil der Georgier, ob Deutschland als Eroberer nicht (nach dem Prinzip des kleineren Übels) doch besser als Rußland wäre. Ein Teil dieses Teils meinte wiederum, Deutschland könnte sich sogar als Befreier und nicht als Eroberer herausstellen. Was dachte damals mein Großvater Melenty (Meliton) Maschulia? Er dachte, es gebe auf Erden keine schönere Frau als Nadjeschda Sartania. Mit ebendieser mingrelischen Schönheit (meiner künftigen Großmutter Nadja) war er seit einigen Jahren vermählt und hatte vor, mit ihr im Vera-Bezirk zu wohnen, in einem Haus, das dort stand, wo sich heute die Philharmonie befindet. Genau dort nahm er Abschied von seiner Frau, der verliebte Soldat Meliton (nach einigen Unterlagen auch Melenty) Maschulia und gesellte sich zu seinen Leidensbrüdern. Natürlich gab es in Georgien auch viele, welche die Verteidigung ihrer sowjetischen Heimat für ihre Pflicht hielten, denn einen Teil der Andersdenkenden hatte die Regierung der Bolschewiken schon längst erschossen oder in die weit entfernten Straflager verbannt.

Stalin hatte übrigens die sogenannten Bewährungsbataillone aus den Häftlingen jener Straflager zusammengesetzt: Sie wurden zur Bewährung an die Front geschickt, und wenn sie zurückweichen mußten, wurden sie von Soldaten der Roten Armee erschossen. Die einzige Wahl, die ihnen blieb, war, den Heldentod zu sterben. Natürlich verfügte die Sowjetunion auch über eine andere Art von Helden, die tatsächlich glaubten, daß man sie verteidigen müsse und daß sie es wert sei, das Leben für sie zu opfern. Doch mein Großvater dachte bestimmt anders. Politik interessierte ihn nicht. Er dachte an meine Großmutter und daran, daß er Arzt werden wollte. Als er einberufen wurde, hatte er sein Studium noch nicht abgeschlossen, aber im Krieg ist auch ein Sanitäter ein Arzt und genauso unabdingbar. Zwar kein Arztdiplom, aber das Foto meiner Großmutter trug mein Großvater in seiner rechten Brusttasche bei sich.

Nadjeschda bedeutet auf Russisch »Hoffnung«, und mein Großvater hatte bestimmt auch die Hoffnung, daß alles gut ausgehen und er, Melenty, als Sieger heimkehren würde. Doch im Leben bekommen wir nicht nur das, wovon wir träumen und worauf wir hoffen. Manchmal geschieht etwas völlig Unerwartetes. Hätte mein Großvater Melenty sich jemals vorstellen können, daß sich eines Tages der Himmel über Frankreich (fast buchstäblich) auftun und aus ihm eine Frau herunterfliegen könnte, durch die sein Leben endgültig einen anderen Lauf nehmen würde? Nein. Das hätte er nicht. Nichtsdestotrotz ist es genau so geschehen: Am 17. August 1944 tat sich der Himmel auf (wie unser berühmter Dichter Galaktion das mit einem Lächeln sagen würde), und auf dem Gelände des in der französischen Stadt Périgueux gelegenen Lagers landete eine Fallschirmspringerin. Daß es eine Holländerin und überhaupt eine Frau war, erfuhr Melenty Maschulia erst später, doch zunächst wunderte er sich darüber, daß niemand sonst diesen vom Himmel heruntergefallenen Menschen bemerkte. Er fand es seltsam, daß weder die anderen Gefangenen, die während der Arbeitspause am Waldrand standen und rauchten, noch ihre Aufseher etwas sahen. Seitdem (seit ich davon erfahren habe) zerbreche ich mir den Kopf darüber, wie das möglich war, aber eine plausible Antwort habe ich immer noch nicht gefunden. Ich kann nur einige Versionen aufzählen, warum es so und nicht anders geschehen sein kann:

Im Unterschied zu vielen anderen rauchte mein Großvater Melenty nicht und fand den Geruch der Selbstgedrehten dermaßen unangenehm, daß er den Ort, wo geraucht wurde, mied. Auch wenn es Sommer war, man dementsprechend draußen im Freien rauchte und der Geruch der sogenannten Machorka nicht mehr so unerträglich für ihn war wie in einem geschlossenen Raum, verbrachte Melenty Maschulia seine Pause etwas abseits vom Rest, denn gleichzeitig angesteckte Hunderte von Selbstgedrehten können, und sei es am Waldrand, eine gesundheitsschädigende Wirkung haben.

Im Lager von Périgueux ging es nicht so brutal zu, wie die Menschheit es sich angesichts der KZs von Dachau und Auschwitz vorstellt. Nach Briefen und Erinnerungen ehemaliger Häftlinge zu urteilen, wurden sie in diesem Lager wesentlich milder behandelt. Von daher ist anzunehmen, daß die Deutschen mit den Georgiern nicht so unmenschlich umgegangen sind wie mit den Russen und den Juden. Sie wurden in den Wald gebracht, um dort bestimmte Arbeiten auszuführen, und manchmal wurden sie sogar von im Jahr 1921 Emigrierten besucht, die antisowjetische Agitation und Propaganda im Sinn hatten. Obwohl die georgischen Kriegsgefangenen diese überhaupt nicht brauchten, weil es in ihren eigenen Reihen (ganz besonders in den ersten Jahren der Gefangenschaft) viele gab, welche die Sowjetunion (aus mehreren Gründen) einfach haßten.

Allerdings war meiner Meinung nach der Hauptgrund dafür, daß an jenem Tag die georgischen (und nichtgeorgischen) Kriegsgefangen und ihre deutschen Aufseher eine vom Himmel heruntergeflogene Fallschirmspringerin übersahen, einfacher, als man glaubt. Es gibt auf der Welt eine ganze Menge Ereignisse, die von manchen sofort wahrgenommen, von den anderen aber überhaupt nicht bemerkt werden.

Auch an jenem Tag (am 17. August 1944), als die deutschen Aufseher eine Pause erlaubten und Hunderte ihrer Gefangenen fast gleichzeitig ihre Selbstgedrehten anzündeten und den Rauch gen Himmel emporsteigen ließen, sah mein Großvater Melenty Maschulia in denselben Himmel hoch, aber etwas entfernt von ihnen.

Abseits von seinen rauchenden Mithäftlingen lag er auf der Wiese und genoß (bestimmt) den Duft des französischen Grases. Mit den Händen unterm Kopf dachte er (vielleicht) an alles, was er vermißte: seine Frau, seine Kinder, sein Haus und (vielleicht) den Hirsebrei. Er vermißte Georgien und die lieblichen Gegenden (davon haben wir sehr viele). In der Augusthitze Frankreichs kann er an die Martwili-Schlucht, den sogenannten Badeplatz von Dadianis, gedacht haben. Plötzlich ging der Himmel auf, und ein Mensch flog herunter; jemand, der viel mehr war als ein gewöhnlicher Mensch, und Melenty Maschulia nahm an, daß Gott ihn unglaublich reich beschenkte, weil nur er allein sah, wie ein Fallschirm über die Baumkronen flog und landete und der Fallschirmspringer sich als eine wunderschöne holländische Frau entpuppte. Während mein Großvater

Namen und Abstammung der Gelandeten herauszufinden versuchte, wäre es für meine Leser nicht uninteressant zu erfahren, daß die Deutschen manchmal ihren Gefangenen (besonders Georgiern als ihren potentiellen Verbündeten) erlaubten, in den nahegelegenen Wäldern Pilze sammeln zu gehen. Natürlich konnten sie in französischen Wäldern (leider) keine Kaiserlinge finden, aber dort wuchsen andere Pilze, und sie zu sammeln (als Nahrungsmittel) ließen die Deutschen ebenfalls zu. Es ist auch anzunehmen, daß sie (die Häftlinge wie die Aufseher) von den Franzosen das Verzehren von Schnecken gelernt haben. (Hier möchte ich anmerken, daß die in Südgeorgien lebenden katholischen Georgier, die von den restlichen Landsleuten »Franzosen« genannt werden, im Unterschied zu ebendiesen restlichen Landsleuten sehr gern delikate Schnecken aus Mescheti essen.) Das läßt mich noch eine zusätzliche Theorie aufstellen, der zufolge mein Großvater Melenty Maschulia an jenem Tag, während die anderen rauchten, in den Wald gegangen ist, um Pilze zu sammeln. Dementsprechend war er der einzige, der die aus dem Himmel heruntergefallene Frau sah. Bevor ich euch erzähle, wie jene Holländerin aussah und was sie und Melenty Maschulia einander an jenem ersten, unbeabsichtigten Date gesagt haben könnten, muß ich noch eine Tatsache erwähnen: Von meiner Mutter habe ich gehört, daß mein Großvater nach jahrelangem Schweigen gestanden habe, die Deutschen hätten ihm und noch zwei anderen Georgiern erlaubt, für zwei Tage nach Paris zu fahren, und sie hätten, anstatt Paris zu besichtigen, Noe Schordania in Leuville besucht. Worüber sie sich unterhalten haben und ob den georgischen Kriegsgefangenen das von Nametia Berdsenischwili gekochte Lobio, angebaut und geerntet in Leuville von ihrem heldenhaften Mann Valodia Goguadze, geschmeckt hat, ist für diese Geschichte nicht von großer Bedeutung. Das Wichtigste daran ist die unglaubliche Menschlichkeit dieser Deutschen im Vergleich zu dem, was wir über die deutschen Faschisten gehört und gelesen haben. Ich persönlich habe sogar ein Buch gelesen, in dem unter anderem auch die Geschichte meines Großvaters beschrieben wurde, und der Autor dieses Buches, Alexander Gudjabidse, war ebenfalls Kriegsgefangener im Lager von Périgueux. Als sowjetischer Journalist hatte er keine Möglichkeit, alles wahrheitsgemäß zu beschreiben, weil er wußte, daß kein einziger sowjetischer Verlag ein solches Buch publizieren würde. Deshalb ist das Buch ein Zeugnis der Grausamkeit und Gewalttätigkeit der deutschen Faschisten. Aber sogar dort kann man zwischen den Zeilen gewisse Unstimmigkeiten entdecken, die man ohne Berücksichtigung der damaligen Sachlage nicht verstehen würde.

Deshalb weiß heute niemand mehr, warum damals (eine Woche vor der Befreiung von Paris durch die Alliierten) mit Ausnahme meines Großvaters niemand eine vom Himmel heruntergeflogene Frau gesehen hat. Und weil alles derart schnell geschah, daß niemand außer Melenty Maschulia die holländische Fallschirmspringerin bemerkte, bleibt uns nur anzunehmen, daß die Holländerin eher eine vom Himmel heruntergefallene als eine heruntergeflogene war.

14 Das Vichy-Regime (unter der Führung von Marschall Henri Philippe Pétain) unterstand zwar nicht wie Nordfrankreich der deutschen Besatzung, aber arbeitete ganz selbstverständlich mit den Faschisten zusammen. Es nannte sich so, weil es 1940 in der gleichnamigen Stadt die Dritte Französische Republik abgelöst hatte. In Wirklichkeit hatten die Deutschen Frankreich nur unter Bedingungen zweigeteilt und behielten die Kontrolle der Demarkationslinie selbst in der Hand. So war es am Boden, aber in der Luft hatten die Deutschen Probleme, besonders seitdem sich zu den Briten auch die anderen Alliierten gesellt und mit den gemeinsamen Luftangriffen auf das nationalsozialistische Deutschland begonnen hatten. Mit der Landung der Alliierten in der Normandie wurde eine zweite Front gegen Hitler eröffnet. Nach einigen großen Schlachten mit zahlreichen Opfern auf beiden Seiten erfolgte am 25. August 1944 die Befreiung von Paris. Jene Holländerin (leider kenne ich nur ihren Vornamen) tauchte nur wenige Tage vor diesem Datum im Wald von Périgueux auf, und diese Tatsache spricht dafür, daß die Pilotin namens Neske eine besondere Mission zu erfüllen hatte, beauftragt von den Oberbefehlshabern der Alliierten. Wie polnische Filmemacher der sowjetischen Epoche (in einem solchen Fall) sagen würden, war es klar, daß sie (Neske) einen Einsatz hatte, der wichtiger als ihr eigenes Leben war. Doch hier möchte ich noch eine Vermutung äußern – nämlich diejenige, daß Neske aller Wahrscheinlichkeit nach keine Pilotin, sondern bloß eine freiwillige Fallschirmspringerin war, die vermutlich von den Engländern auf ihre Aufgabe vorbereitet worden war, nachdem sie ihre von den Deutschen besetzte Heimat verlassen und, wie ihre Vorfahren, die Gestade Großbritanniens übers Meer erreicht hatte. Den Weg von Holland nach Großbritannien übers Meer kannte nicht bloß eine in den Niederlanden geborene und aufgewachsene und einen urholländischen

Namen (wie Neske einer ist) tragende Frau, sondern auch jener Georgier, Lewan Ramischwili, dem ich in meinen jungen Jahren in Deutschland begegnete und der (damals) noch nicht in den Niederlanden gewesen war. Es stimmt zwar, daß ich diese Begegnung in meinen verschiedenen Veröffentlichungen schon ganz genau beschrieben habe, aber da es eine historische Begegnung war (einen so einzigartigen Georgier trifft man nicht alle Tage), werde ich sie Schota Rustaweli zuliebe noch einmal beschreiben:

Ich saß in einem deutschen Zug (am Fenster, jung und damals noch kerngesund), und schon bei der ersten Station, an der er hielt, sah ich, daß dort ein Georgier stand. Einen Georgier kann ich am besten an seinen Augen erkennen, aber diesmal brauchte ich ihm nicht in die Augen zu schauen, weil der junge Mann, der auf dem Bahnsteig stand, eine wahrlich georgische Nase hatte. Ich schob das Zugfenster nach unten und bat ihn herein. Solch einen emsigen Erforscher des *Recken im Tigerfell* und ehrgeizigen Dramatiker hatte ich nie zuvor getroffen. Im Gespräch, das wir bis zur nächsten Station führten, stellte sich heraus, daß er dabei war, seine Theaterstücke nach London zu bringen und dortigen Regisseuren zukommen zu lassen (wohin anders sollte er sie bringen als ins Land von Shakespeare?), und würde man ihm in Hamburg kein Visum für Großbritannien ausstellen, so habe er vor, England übers Meer zu erreichen. Plötzlich holte er eine kleine Landkarte hervor, breitete sie aus und zeigte auf ein holländisches Dorf, von dem aus er mit einem Schlauchboot die Hauptinsel Großbritanniens erreichen wollte. Ich würde doch auch Theaterstücke schreiben, sagte er, warum ich mich nicht zu ihm gesellen wolle. Sein Schlauchboot biete Platz für zwei, und unsere Manuskripte könnten wir (um sie vor der Nässe zu schützen) in Plastiktüten stecken. Daraufhin zog er eine solche Plastiktüte aus der Tasche, um sie mir zu zeigen.

Nein, damals konnte ich mich nicht zu Lewan Ramischwili gesellen, doch ich werde nie vergessen, wie entschlossen er war. Seither weiß ich, daß auch ein Georgier zielstrebig sein kann und daß ein zielstrebiger Mensch nicht einmal durch das Meer aufzuhalten ist.

Warum ist mir Lewan Ramischwili eingefallen?

Weil niemand sich über den Wunsch jener jungen Holländerin wundern soll, die das Meer überquerte und sich als Freiwillige den Briten anschloß, um gemeinsam mit ihnen gegen das nationalsozialistische Deutschland zu kämpfen. Neske wollte verhindern, daß ihre Heimat die Besatzung demütig akzeptierte und sich daran gewöhnte. Sie war bereit, die schwierigsten Aufgaben zu erfüllen, und was kann nun schwieriger sein, als mit einem Fallschirm im Rücken des Feindes zu landen, um den dort aktiven Partisanen Informationen und Sonderaufgaben aus Großbritannien zu übermitteln. Natürlich verriet Neske jenem Mann, vor dessen Nase sie im Wald von Périgueux gefallen war, nichts davon, auch wenn sie in ihm (in meinem Großvater Melenty Maschulia) aufgrund seines Aussehens sofort einen Kriegsgefangenen erkannte. Seinerseits hat mein Großvater dieser ihm von Gott geschenkten Schönheit auch nicht viel sagen können. Meliton Maschulia half der jungen Frau den Fallschirm aufzuheben und zu falten, er konnte immer noch nicht glauben, daß, während sich seine Frau Nadjeschda (mit ihrer ewigen Chartscho* und

* Eine Art scharfgewürzte Rindfleischsuppe.

Gomi) sehr weit entfernt von den französischen Wäldern befand, diese junge Frau ein reales holländisches Geschenk war und kein mingrelischer Tagtraum.

Was sonst noch könnte Meliton Maschulia die Sprache verschlagen haben?

Natürlich war das die Schönheit Neskes. Wie könnte es anders sein, als daß die vom Himmel heruntergeflogene (wenn Sie es vorziehen – heruntergefallene) Frau wunderschön war? Und wenn wir außerdem daran denken, daß es nach drei Jahren Kriegsgefangenschaft geschah, kann man sein Verstummen noch besser nachvollziehen. Neske brach das Schweigen als erste und nannte meinem Großvater mit leiser Stimme ihren Namen. Mag sein, daß mein Großvater dachte, aus Konspirationsgründen habe die Frau ihm nicht ihren zivilen Namen, sondern ihr Kriegspseudonym verraten, doch nach meiner subjektiven Vermutung vertraute Neske Meliton sofort. Dieses Vertrauen war (nach meiner tiefen Überzeugung) auf seine gütigen traurigen Augen zurückzuführen. Ebendiese Augen haben im Wald von Périgueux der jungen Fallschirmspringerin ihre Angst genommen. Und wenn wir uns schon so lange über Wälder und Fallschirme unterhalten, lassen Sie mich auch den Stolz der Wälder von Gurien, den berühmten Räuber Sisona Darchia, erwähnen, der noch lange vor der Erfindung des Fallschirms mit einem gewöhnlichen Regenschirm in der Hand einen Sprung von einem Felsen in die unheimliche Tiefe wagte, um sich aus der Belagerung durch die Russen zu retten. Obwohl er in seinem Leben genügend Belagerungen, Verfolgungen und Angriffe erlebt hatte, war das der allererste Fall, wo er ohne eine einzige Patrone (er hatte die ganze Munition bereits im Kampf gegen das zaristische Rußland verbraucht) in der Belagerung eingeschlossen wurde und bloß mit einem Regenschirm bewaffnet vor seinen Verfolgern stand. Niemand weiß, wieso ein Räuber mitten im Wald einen Regenschirm dabeihatte. Sie können die Biographien anderer Räuber noch so oft lesen, Sie werden darin nichts annähernd Ähnliches finden. Wie auch immer er zu einem Regenschirm gekommen war, er leistete dem Räuber Darchia gute Dienste. Als er keinen anderen Ausweg mehr sah, spannte er ihn auf und sprang von einem Felsen hinunter. Da er den Sprung überlebt hat, können wir annehmen, daß es kein billiger Regenschirm war, wie sie heutzutage in China hergestellt und von anderen Chinesen (in den Städten Europas) bei Regenwetter an den U-Bahn-Ausgängen verkauft werden.

Im Regen wird man nachdenklich. Als ich herausgefunden hatte, daß jene junge Holländerin Neske hieß, habe ich mir Folgendes überlegt: Sollte sie damals meinem Großvater auch ihren Nachnamen verraten haben, so wäre es bestimmt einer der häufigsten holländischen Namen gewesen, nämlich Jansen.

Seit dem Tag, genauer gesagt der Nacht, in der Melenty Maschulia auf seiner Pritsche nicht einschlafen konnte, war er sich bewußt, daß sein Leben in zwei Teile auseinandergebrochen war: Auf der einen Seite stand das Kolchosemitglied Nadjeschda Sartania und auf der anderen die Holländerin Neske Jansen. An dem Tag, an dem sie sich voneinander verabschiedeten (nachdem sie den Fallschirm zusammengefaltet und im Wald versteckt hatten) und Neske Jansen mit Kompaß und Landkarte in der Hand ihrer Wege ging, war noch etwas Wichtiges geschehen: Sie hatte meinem Großvater Meliton ein Foto von Amsterdam geschenkt (mit dem aufgedruckten Namen der Stadt), auf dem einige nebeneinanderstehende Wohnhäuser abgelichtet waren, und mein Großvater schloß daraus, daß sie ihn damit zu sich einladen wollte, sobald der Krieg zu Ende sein würde. Dieses Foto hat mein Onkel Lewan Maschulia (der Bruder meiner Mutter) heimlich (vor meiner Großmutter verborgen) aufbewahrt; heimlich und sorgfältig, denn es kam in meine Hände, und ich brachte es nach Holland, wie mein Großvater Melenty, als er vor vielen Jahren beschlossen hatte, aus dem Lager von Périgueux nach Holland zu fliehen. Diese Entscheidung traf er ebenfalls in jener schlaflosen Nacht. Wenn man draußen so eine wunderschöne Frau weiß, hat man drinnen (und sei es in einem Lager mit einem sehr milden Regime) nichts mehr verloren, und so sind am dritten Tag sieben Häftlinge aus diesem Lager geflohen. Anscheinend hatten die anderen sechs ihre Flucht schon lange geplant, und Meliton Maschulia schloß sich ihnen liebend gerne an. Es ist ebenfalls anzunehmen, daß die Geflüchteten in den benachbarten Wäldern sehr bald auf französische Widerstandskämpfer trafen, obwohl es in diesen Wäldern auch reichlich andere Partisanen gab. Es war Ende des Sommers 1944, und die Zahl derer, die für die Niederlage Deutschlands kämpften, nahm immer mehr zu. Wo genau und mit wem mein Großvater Melenty die wenigen Wochen in Frankreich verbrachte, bis er nach Amsterdam kam, ist mir nicht bekannt, und ich bezweifle, daß ich es jemals herausfinden kann. Allerdings weiß ich genau, bei wem mein Großvater bestimmt nicht gewesen ist. Das ist Pablo Picasso, der damals in Frankreich lebte, nicht weit entfernt von Périgueux. Melenty Maschulia hat ihn nicht besucht, im Unterschied zu den Deutschen, die den spanischen Künstler ziemlich oft besuchten, und einmal, bei einem solchen Besuch, habe ein deutscher Offizier (beim Anschauen seiner Bilder) Picasso gefragt, ob *Guernica* auch sein Werk sei. Nein, habe Picasso geantwortet, das sei nicht sein, sondern ihr Werk.

15 Es war nicht meine Absicht, Dich anzulügen. Ich habe Dir Amsterdam verschwiegen, weil ich Dir am liebsten auch verschweigen würde, wie schlecht ich mich dort benommen habe, und wenn ich manchmal daran zurückdenke, möchte ich so schreien wie die Figur auf Edvard Munchs Bild.

Eines Tages werde ich Dir vielleicht doch erzählen, was ich so trieb, als ich in Amsterdam lebte (wenn man diesen Wahnsinn als Leben bezeichnen darf). Wann ich Dir das erzählen werde, falls überhaupt, weiß ich nicht. Vielleicht wenn ich Dich treffe, und ich hoffe, daß Du mir nicht gleich wie meine Großmutter die Leviten lesen und mich darauf hinweisen wirst, daß eine Georgierin zu Zurückhaltung geradezu verpflichtet ist.

Habe ich Dir schon wieder Angst eingejagt? Gut. Mach Dir keine Sorgen. Ich habe mir einen kleinen Spaß erlaubt, und jetzt werde ich zu den ernsthaften Sachen, zum Beispiel zu der Liebe, übergehen. Ich habe Dir bereits geschrieben, daß man mich einen Mann heiraten ließ, den ich nicht liebte. Also ich habe eingewilligt, obwohl ich wußte, daß ich ihn nicht liebte, und weil es mir in meinem Elternhaus an nichts fehlte außer an Liebe, entwickelte ich ein Faible für Liebesgedichte.

Weißt Du, welche Folgen das Lesen von Liebesgedichten haben kann?

Erst schwillt Dir das Herz und dann das Hirn. Allmählich merkte ich, daß ich wirklich Gefahr lief, wahnsinnig zu werden, und begann selbst Gedichte zu schreiben. Nein, es waren keine Gedichte. Ich versuchte lediglich Reime zu finden.

Zum Beispiel:

»Unser Gogi Gwacharia, nun komme ich zur Sache,
Ist doch nicht so dumm, wie ich einst dachte.«

Damals war sein Programm wirklich das einzige Fenster zur anderen Welt, wie Peter I. sagen würde, und er selbst der einzige Querdenker des Landes. Ich stand schon immer auf solche Männer, die sich bemühten, jegliche Stereotype und Klischees in unserem sozialen Bewußtsein zu zerstören. Und ich war die letzte, die sich über andere lustig machen sollte, schließlich war ich fähig, ohne Liebe zu heiraten, und zwar neben anderen Gründen auch aus Trotz einem jungen Mann gegenüber, den ich sehr liebte. Ja, ich liebte ihn, den jungen Mann, den ich zum ersten Mal geküßt und dabei gedacht hatte, daß ich den größten Genuß entdeckt hätte. Nachts konnte ich kaum noch schlafen in der sehnlichen Erwartung eines nächsten Tages, an dem er mich anrufen und mit mir in den Park gehen würde. Wir würden uns auf dieselbe Bank setzen, auf der er mich zum ersten Mal geküßt hatte, und er würde mich wieder küssen, so sanft und zärtlich, daß ich schon wieder am ganzen Leib zittern würde. Mich interessierte nichts mehr um mich herum. Ich lebte in Erwartung seiner Küsse. Nachts, wenn ich nicht schlafen konnte, erinnerte ich mich an jede einzelne Sekunde, die wir miteinander verbracht hatten. Jedoch, solltest Du mich das fragen, ich weiß bis heute nicht, was an jenem Tag mit mir los war, als er mich anrief und um ein Treffen bat und ich nein sagte. Dann legte ich den Hörer auf und begann wie ein Kind zu schluchzen. Ich weiß nicht, warum ich das getan habe, und möchte auch nicht glauben, daß es wirklich an den Erziehungsmethoden meiner Mutter lag. So folgsam war ich nun auch wieder nicht. Wenn wir damals Handys gehabt hätten, wäre es uns vielleicht leichter gefallen, miteinander zu kommunizieren. Vielleicht wäre es einfacher gewesen, mit Hilfe von Kurznachrichten und E-Mails offen miteinander zu »sprechen«, oder waren wir gar zu jung dafür? Wer weiß, vielleicht sprach die Liebe damals eine andere Sprache, die wir nicht beherrschten, und deshalb konnten wir einander unsere Wünsche und Erwartungen nicht vermitteln. Wir haben erst nach tausend Jahren erfahren, daß uns zuerst die Liebe beibringt, wie wir zu leben haben, und lediglich danach erfahren wir vom Leben, wie wir lieben sollen.

Später, nach einer Ewigkeit, als wir (Bürger Georgiens) einen Internetanschluß bekommen hatten, schrieb er mir eine lange E-Mail. Zu jener Zeit hatten wir uns schon lange aus den Augen verloren, und unsere Irrwege hatten wir auch schon hinter uns. Von dieser Mail konnte ich mir nicht alles merken, weil ich beim Lesen weinen mußte, meine Augen voller Tränen waren und ich den Bildschirm nur bedingt sehen konnte, aber manche Sätze daraus werde ich niemals vergessen:

»Als ich *Der Recke im Tigerfell* zum ersten Mal las, hielt ich Schota Rustaweli für einen Schwindler, und das wegen Tariel, weil ich nicht glauben konnte, daß ein Mann so viel weinen kann, aber als Du Dich nicht mit mir treffen wolltest, habe ich die ganze Nacht durchgeheult. Ich weiß bis heute nicht, warum Du Dich selbst und Deine Gefühle so verzweifelt bekämpft hast und woher Deine große Angst vor der Liebe kam ...«

Wie ich Dir schon sagte, kann ich diese Frage immer noch

nicht beantworten, auch nachdem jener junge Mann und ich uns eine ganze Ewigkeit nicht gesehen haben. Ebenso ewig vermißte ich seinen Kuß. Ich vermißte seine Berührung. Nein, er hatte keine schönen Hände, aber er berührte mich so sanft, daß ich jedes Mal zu zittern begann. Einmal fuhren wir in einem Sammeltaxi. Plötzlich drehte sich eine Frau, die vor uns saß, zu uns um und sprach ihn mit strahlendem Gesicht an: »Aus Ihren Händen kommt so eine angenehme Wärme!«

Sie war bestimmt Russin und bestimmt eine tief gläubige Russin, wie man sie oft vor einer russisch-orthodoxen Kirche sehen kann: Warmherzige, gütig lächelnde ältere Weiber. Sie war eine davon.

Jetzt fällt mir bezüglich der Russen noch etwas ein:

2008 war ich schon lange in den Niederlanden, und als diese Arschlöcher begannen, Georgien zu bombardieren, rief ich wie eine Wahnsinnige alle fünf Minuten meine Familie in Tiflis an und versuchte mich laufend via Internet über die Lage zu informieren. Ich las alles, was dort über den russisch-georgischen Konflikt stand, und irgendwo las ich, daß die russischen Soldaten in georgischen Häusern sogar die Kloschüsseln abschrauben und mitnehmen würden.

Vielleicht auch deshalb träumte ich in jener Nacht, daß ich dringend aufs Klo müsse, ich stehe auf, gehe zur Toilette, öffne die Tür, aber dort steht keine Kloschüssel. Ich gerate in Panik, da ich denke, die Russen hätten auch die Niederlande besetzt und seien auch hier dabei, die Kloschüsseln abzumontieren und mitzunehmen.

Als ich aufwachte, zitterte ich am ganzen Leib. Ich machte Licht, schaltete den Computer ein, las die neuesten Nachrichten und ging erst dann auf die Toilette. Als ich die Kloschüssel unversehrt dort stehen sah, atmete ich auf und stellte fest, daß die Ansicht einer Kloschüssel mir nie zuvor eine solche Freude bereitet hatte.

Siehst Du?

Ich begann bei der Liebe, endete aber bei der Kloschüssel. Wir, als ein kleines Volk, haben mehr Hemmungen als andere Völker. Wir bemühen uns zwar, es uns nicht anmerken zu lassen, aber wie meine Großmutter zu sagen pflegte: »Der Speer läßt sich nicht im Beutel verstecken.«

Und ich vermißte den Duft dieses jungen Mannes eine ganze Ewigkeit lang und bereute sehr, daß ich ihn nicht einmal um sein T-Shirt gebeten hatte, damit ich ihn immer riechen könnte. Ich war mir sicher, daß ich, selbst wenn ich es jeden Tag waschen sollte, seinen Duft trotzdem immer würde wahrnehmen können. Einmal, als ich schon verheiratet war und mit meinem Mann irgendwohin ging, ist er uns zufällig auf der Straße begegnet. Ich tat so, als ob er bloß ein Bekannter wäre. Zur Begrüßung küßte ich ihn auf die Wange, und als ich seinen Duft wahrnahm, war ich einer Ohnmacht nahe. Weder er noch mein Mann haben das mitbekommen. Ihr Männer bemerkt ja nie etwas, und wenn doch, dann weil euch eine Frau darauf aufmerksam gemacht hat. Was ich noch hinzufügen möchte (sonst schweife ich wieder vom Thema ab), ist, daß ich meinen Mann nie geküßt habe. Ja, natürlich hatten wir Sex miteinander (na, endlich habe ich Dir auf die Frage geantwortet, die Du mir in jeder E-Mail stellst), doch was ist das für ein Sex, ohne zu küssen und geküßt zu werden, und überhaupt, was ist das für ein Sex, wenn die Frau sich nach den Lippen und Händen eines anderen sehnt.

Kannst Du Dir vorstellen, wie schrecklich es sich anfühlt, mit einem Mann zusammenzuleben, den Du nicht einmal küssen kannst? Wenn ja, dann kannst Du Dir auch gut vorstellen, warum ich begonnen habe Gedichte, schwachsinnige Verse, zu schreiben. Außer mit schwachsinnigen Versen war mein Kopf auch mit schwachsinnigen Ideen voll. Zum Beispiel war ich eine Zeitlang der Überzeugung, daß die Wurzeln der Blumen, die auf den Gräbern der Verliebten wachsen, sich von der Liebe der Toten nähren. Häufig schlenderte ich über verschiedene Friedhöfe, suchte nach Blumen auf Gräbern und stellte mir vor, wie diejenigen, die in diesen Gräbern lagen, lieben würden, wären sie am Leben geblieben ...

16 Kurz vor meiner Abreise nach Amsterdam teilte mir Mariam Aleksidse mit, sie plane, mein Theaterstück *Gurdschi Chatun* als Ballett aufzuführen. Ich freute mich natürlich sehr über die Idee dieser begabten Person, mein Stück in Choreographie umzuwandeln, aber ich beichtete ihr sofort, daß ich von Tanz nicht viel Ahnung habe. Viel Ahnung brauche man nicht, meinte sie, aber um ein bißchen Ahnung davon zu bekommen, solle ich in Amsterdam die »Nationale Opera en Ballet« aufsuchen, dort ein auf meinen Namen reserviertes Ticket abholen und die Aufführung mit Jiří Kylián auf keinen Fall verpassen. Der Gastauftritt der Den Haager Ballettruppe in Amsterdam war erst zwei Wochen später geplant. Davor, schon am dritten Tag meines Aufenthalts in den Niederlanden, wurde ich Augenzeuge des großen Erfolgs des georgischen Nationalballetts, und zwar schon an der Straßenbahnhaltestelle der Spui, wo ich in die Straßenbahn einstieg und zum Hauptbahnhof fuhr. Von dort wollte ich nach Arnhem fahren, um das Spiel der Mannschaft von Merab Schordania, die in Holland in aller Munde war, mit eigenen Augen zu sehen.

Ich saß an der Haltestelle und dachte über die Worte von Christian Keulemans nach, der schon am ersten Tag im Gespräch mit mir mehrmals betont hatte, daß er einen solchen Erfolg des FC Vitesse Arnhem einfach unglaublich finde. Plötzlich sah ich an einer Plakatwand bei der Haltestelle, nur einige Schritte von mir entfernt, ein Poster mit dem Bild einer erfolgreichen Georgierin, der Primaballerina Maja Machateli.

Ich fuhr mit einem Abendzug nach Arnhem. Ein Heimspiel des FC Vitesse in seinem Heimstadion namens »GelreDome« war für den späten Abend geplant. GelreDome ist etwa so groß wie unser Micheil-Meschi-Stadion im Vake-Bezirk, doch es gibt vieles, was diese beiden schon auf den ersten Blick voneinander unterscheidet. GelreDome ist sehr schön (im Vergleich zum Vake-Stadion). Akaki Tschchaidse schulden wir trotzdem ganz großen Dank, weil unter der Regierung Schewardnadses nichts als dieses Stadion gebaut wurde. Allerdings, das muß auch gesagt werden, wäre es gut gewesen, wenn die georgischen Architekten sich mit den Erfahrungen ihrer Kollegen in aller Welt vertraut gemacht hätten, denn GelreDome ist nicht bloß ein Stadion, sondern ein Fest! Es sieht aus wie ein märchenhaftes Konzerthaus, wenn man dort ist, fühlt man sich wie auf einem Fest, und noch festlicher wird es, wenn man einem Spiel beiwohnen soll, in dem die Heimmannschaft einen Georgier zum Kapitän hat. Man steht auf der Tribüne und freut sich, daß Guram Kaschia im Stadion von allen Seiten mit stürmischem Applaus begrüßt wird. Der georgische Mannschaftskapitän des FC Vitesse hat unsere Bewunderung verdient, weil er ein hochprofessioneller Spieler ist, und auch wenn ihm im Spiel der eine oder andere

Fehler unterläuft, so kämpft er bis zum Ende und gibt nie auf. Meiner Meinung nach besteht das Hauptproblem des georgischen Fußballs und überhaupt des georgischen Staates darin, daß wir viele Begabte, aber nur sehr wenige Professionelle haben, und das Geheimnis von Guram Kaschia besteht eben darin, daß er nicht nur ein guter Fußballer, sondern auch ein guter Sportler ist. Die Lösung dieses Geheimnisses ist einfach und gleichzeitig genial: Talent allein reicht nicht, um einen großen Erfolg zu erzielen. Wenn man begabt ist, aber sich vor harter Arbeit scheut, wird die Begabung nach und nach schwinden, bis man bloß noch als Schatten seiner selbst in Trinksprüchen weiterlebt.

Natürlich galt der Applaus nicht nur Guram Kaschia, sondern auch allen anderen Spielern des FC Vitesse, aber den Erfolg dieses Fußballklubs brachte man in Holland vor allem mit dem Namen Merab Schordania in Verbindung und das zu Recht. Obwohl die Äußerung Merab Schordanias am Anfang der Saison, daß der FC Vitesse (sehr bald) vom letzten auf den ersten Platz wechseln werde, die holländischen Fußballbegeisterten bloß zu einem skeptischen Lächeln veranlaßt hatte. In einem sehr populären holländischen Fußballprogramm wurde Schordania für diese Äußerung direkt ausgelacht, doch als der FC Vitesse in der Champions League bald ganz oben stand, entschuldigte man sich im gleichen Programm öffentlich nicht nur bei Merab Schordania, sondern sogar bei seinen Kindern. (Es wäre schön, wenn wir Georgier von den Holländern zumindest das lernen würden: wie man sich entschuldigt.) Am Anfang waren die Holländer ihm gegenüber genauso skeptisch eingestellt gewesen, wie man das in den westeuropäischen Ländern gegenüber den Osteuropäern fast immer ist, besonders wenn sie in den Westen investieren wollen. Allerdings war ihnen auch die Tatsache nicht bekannt, daß Schordania im georgischen Fußball ein so bekannter Name ist, daß sein Ehrgeiz, sich auch im europäischen Fußball zu behaupten, keinen Georgier verwunderte. Die Georgier haben sich eher gewundert, als Schordania am alljährlichen holländischen Marathonlauf teilnahm. Ich bezweifle sehr, daß ein anderer georgischer Fußballveteran in der Lage wäre, 42 Kilometer zu Fuß zurückzulegen. Merab Schordania hat an jenem Tag bestimmt mehrmals an unseren legendären Schauspieler Ippolite Chwitschia gedacht, der in einem Film während eines Marathonlaufs erschöpft die Strecke verlassen wollte und, als er angehalten wurde, meinte, er habe nicht mehr die Absicht, bis zum Ziel zu laufen. Wer weiß, wie viele Male er die Versuchung spürte, wie Ippolite die Strecke zu verlassen, doch wenn man im Namen Georgiens läuft (bitte werfen Sie mir keine Pathetik vor) und wenn man will, daß auch die anderen das wissen (damit man die Liebe zum Fußball nicht mit Geldwäsche verwechselt), dann läuft man bis zum Ziel. Für mich persönlich war das, was Merab Schordania tat, völlig unvorstellbar und nicht machbar (das ist immer noch so und wird immer so bleiben). Genau das fragte ich ihn in der Pause: wie er es bis zum Ziel geschafft habe. Er gab mir darauf eine rührende Antwort: Sooft er drauf und dran gewesen war, die Strecke zu verlassen, ist ihm am Eingang des nächsten Dorfes eine holländische Großmutter begegnet mit einem Plakat in der Hand: »Enttäusche uns nicht, Merab!«

Er hatte keinen Zweifel daran, daß Fußballbegeisterte, die in den Dörfern rund um Arnhem lebten, sich nicht vor der Arbeit scheuen würden, am Vorabend des Marathons zweisprachige Plakate anzufertigen, aber daß sie auf jene Plakate sein vergrößertes Foto kleben würden, hätte er nicht gedacht. Wie hätte er da nicht bis zum Ziel laufen sollen? – so Merab Schordania.

Was seine Entscheidung angeht, sich des FC Vitesse anzunehmen, so war das auch kein typisch georgischer Schritt. Wir neigen doch eher dazu, einen möglichst einfachen Weg einzuschlagen. Eine auf dem letzten Platz befindliche und praktisch nicht mehr existierende Mannschaft zu wählen (und ihr zum Erfolg zu verhelfen), spricht für eine positive Seite des Hasardeurs. Es ist bestimmt überall gleich: An die Spitze zu gelangen ist nicht so schwierig, aber dort zu bleiben (weil die anderen dich sehen, beobachten, von dir lernen wollen) fällt einem wesentlich schwerer. Tatsache ist, daß die Georgier in den Niederlanden dermaßen populär geworden sind, daß mein holländischer Verleger auf die Idee kam, den *Recken im Tigerfell* auf holländisch herauszubringen. In der Regel ziehen europäische (und nichteuropäische) Verleger zeitgenössische, noch lebende Autoren vor, doch anscheinend hat der FC Vitesse in den Niederlanden nicht nur das Fußballklima verändert. Ohnehin erinnern die Spieler des FC Vitesse mit ihren schwarzgelb gestreiften Trikots an den Helden von *Der Recke im Tigerfell,* und das ist noch ein zusätzlicher Grund für die Georgier, sich für diese Mannschaft zu begeistern.

Von der Begegnung der Königin der Niederlande mit Merab Schordania habe ich erst erfahren, als ich aus Arnhem nach Amsterdam zurückgekehrt war. Sie wissen bestimmt, daß in den Niederlanden die Königin des Landes nach Johan Cruyff die bekannteste Person ist. Und als die Königin sich mit Merab Schordania treffen wollte, bestellte sie ihn nicht zu sich, sondern besuchte ihn persönlich in Arnhem und bedankte sich bei ihm im Namen des niederländischen Volkes.

Dann schüttelte sie ihm die Hand und ging …

17

In Amsterdam gleicht kein Tag dem anderen, besonders wenn man aus dem leidgeprüften Georgien kommt und einige Monate lang dort bleiben darf. Doch es gibt Dinge, die ich unbedingt jeden Tag tue.

Zum Beispiel:

Gleich nach dem Aufwachen frühstücke ich ein traumhaftes Rosinenbrötchen, das auf holländisch Krentenbollen heißt. Zu diesem kleinen Wunder trinke ich frischgepreßten Orangensaft, mit dem mich Amsterdams Ehrenbürger Sandro Tschchenkeli, alias Sandro der Selige (diesen Spitznamen habe ich erfunden), ständig beliefert. Üblicherweise kommt er mit seinem Fahrrad vorbei, und wie abgemacht ruft er mich zuerst von unten, dann schließt er das Fahrrad vor dem Eingang meines Hauses ab. Zu dieser Zeit habe ich schon meine tägliche Dosis von *Nebilet* eingenommen, und nachdem Sandro zu mir (in meine herrliche Wohnung) heraufgekommen ist, beginnen wir unser Ritual des Teetrinkens, um dabei die aktuellen und die vergangenen Ereignisse in Tiflis und Amsterdam gemeinsam zu besprechen. In Tiflis haben wir in demselben Bezirk gewohnt. In Amsterdam trennen uns wenige Straßenbahnhaltestellen, doch selbst wenn er auf einen anderen Kontinent übersiedeln und wirklich weit entfernt von mir sein sollte, wird dieser liebe Mensch mir trotzdem sehr nahestehen. Mein Fremdenführer in der Hauptstadt der Niederlande ist auch hauptsächlich Sandro, doch bevor wir die für den Tag geplante Besichtigungstour antreten, verneigen wir uns vor dem Poster Maja Machatelis, das an der Straßenbahnhaltestelle hängt. Wenn wir zusammen in die Stadt losziehen, läßt Sandro sein Fahrrad stehen und geht (aus Gründen der Solidarität) zu Fuß auf dem Kopfsteinpflaster Amsterdams. An das Fahrradfahren haben sich übrigens unsere in Amsterdam lebenden Landsleute sehr schnell gewöhnt, und nun rasseln auch andere (Sandro Tschchenkeli gleich) erfolgreiche Georgier mit ihren Zweirädern durch die Straßen mit und ohne Kopfsteinpflaster. Neulich sah ich mit eigenen Augen, wie das musikalischste aller in Amsterdam lebenden georgischen Paare, Klarinettist Levan Tskhadadze und Pianistin Nino Gvetadze, so schnell (wie waschechte Amsterdamer) an uns vorbeiradelten, daß unser Taxifahrer Augen machte, und in dem Club, in den sie uns eingeladen und wohin wir es so eilig hatten, sind sie vor uns angekommen.

Alexander Tschchenkeli alias Sandro Tschchenkeli und alias Sandro der Selige ist noch einen Schritt weiter gegangen (nicht nur als die Georgier, sondern auch als die Holländer) und baut als in Amsterdam lebender georgischer Architekt nun eigenhändig ein Boot, das er auch selbst entworfen hat. Ein Boot ist für einen Holländer das, was wir Georgier uns als eine Mischung aus einem Haus und einem Schiff vorstellen. In Amsterdam waren die Georgier schon vor drei Jahrhunderten mit Ähnlichem beschäftigt. Vielleicht nicht viele, aber mindestens ein Georgier hat zu Beginn des 17. Jahrhunderts hier in Amsterdam Schiffsbauwesen studiert, das war Prinz Alexander Bagrationi, der mit Zar Peter I. nach Amsterdam gekommen war. Von Alexander Bagrationi war der damalige Bürgermeister Amsterdams, Nicolaes Witsen, am meisten beeindruckt. Wir folgen der Straße, die seinen Namen trägt, und gehen zu einem Gebäude, in dem er das erste georgisch-holländische Wörterbuch drucken ließ. Er war auch Autor und Verleger eines Buches über Georgien, obwohl er unser Land nie besucht hat, und allem Anschein nach stammte sein ganzes Wissen über Georgien von dem befreundeten Prinzen Alexander. Deshalb sind in diesem Buch viele fehlerhafte Informationen versammelt. Alexander Bagrationi war ein in Rußland erzogener Prinz, der seit seiner Kindheit mit dem späteren Zaren Peter I. befreundet war. Es bestand zwischen ihnen sogar eine äußerliche Ähnlichkeit. Das war der Grund für die Freude der Schweden, die meinten, daß es ihnen, auch wenn sie Zar Peter I. nicht erwischt hätten, doch gelungen sei, einen ihm sehr ähnlichen Bojaren gefangenzunehmen. Prinz Alexander hat neun Jahre in schwedischer Gefangenschaft verbracht. Am Ende kaufte ihn sein Freund Peter I. frei, doch der Prinz hat Rußland nicht mehr erreicht. Er ist unterwegs gestorben. Das Wichtigste an dem Buch, das der Holländer Nicolaes Witsen über Georgien geschrieben hat, ist die Zuneigung, die er zu Georgien und den Georgiern gefaßt hatte. Das spürt man beim Lesen sofort, und das muß das Verdienst von Prinz Alexander sein. Mich allerdings beschäftigt bezüglich des Prinzen ein ganz anderer Gedanke, und zwar, wie gut es doch gewesen wäre, wenn Alexander Bagrationi sein in Holland erworbenes Wissen für den Aufbau einer fortschrittlichen georgischen Marine genutzt hätte. Es wäre nicht nur gut, sondern großartig, wenn wir Schiffe besäßen (mindestens seit dem 17. Jahrhundert). Doch es war Prinz Alexander nicht vergönnt, in seine Heimat zurückzukehren, und sein Leben lang hat er treu Zar Peter I. und der Stärkung des russischen Kaiserreichs gedient. Deswegen mußte er die letzten neun Jahre seines Lebens in einem Stockholmer Gefängnis verbringen, doch wen würden die Georgier jemals wegen seiner Liebe und Treue zu einem Jugendfreund verurteilen. Und nun muß, was Alexander Bagrationi nicht erreicht hat, Alexander Tschchenkeli auf die Beine stellen.

Als ich das zu Alexander Tschchenkeli sagte (während wir in der Schlange vor einer Heringsbude standen), lächelte er so verschmitzt, daß ich dachte, er erinnere sich mit Sicherheit an alles, was er über meine verrückten Ideen gehört hatte, und dann murmelte er verlegen:

»Das, was ich vorhabe zu bauen, ist nur ein Einzimmerboot.«

»Bescheidenheit ist zwar eine Tugend, aber wir Georgier sollten doch auch irgendwann mit dem Schiffsbau anfangen.«

»Ein Schiff zu bauen ist nicht so einfach.«

»Einfach ist, sich an den Eiern zu kratzen.«

Was brachte mich dazu, diesen seltsamen Satz auszusprechen?

Vielleicht ein Mitmensch, den ich genau bei dieser Beschäftigung ertappt hatte und der kein georgisches (nicht mal ein kaukasisches) Aussehen hatte, und über diese Entdeckung habe ich mich richtig gefreut: Es stellte sich heraus, daß es außer den Georgiern doch noch jemanden gibt, der sich mit dem Beschriebenen beschäftigt und sich der Sache so genüßlich hingeben kann, daß er es nicht einmal für nötig hält, diesen Genuß zu verheimlichen. Ja, mit einem offensichtlich zufriedenen Gesichtsausdruck stand der Mann da, mitten in Amsterdam, und da er seine Tätigkeit fröhlich fortsetzte, wies ich Sandro auf ihn hin, damit er nicht denken sollte, daß mir die unanständige Äußerung völlig grundlos über die Lippen gekommen war. Es herrschte kaltes Regenwetter, es windete, doch der Mann schien sich daran nicht zu stören. Wir waren vor dem Regen geschützt: Sandro unter seinem Hut und ich unter einem Regenschirm meines Vaters.

So einen Hut, wie ihn Sandro trägt, kenne ich nur aus Filmen oder Jugendbüchern. Man nennt ihn breitkrempig. Hut und Regenschirm boten uns Schutz von oben. Dabei, mich auch von unten gegen die Kälte zu schützen, was nicht minder wichtig ist (»Hauptsache, daß deine Füße warm bleiben« – Nadjeschda Sartania), war mir Frau Maka Kekelidse behilflich gewesen, die mir vor meiner Reise nach Amsterdam ein Geschäft mit dem abartigen Namen »Frauenglück« empfohlen hatte, das sich in Tiflis in der Agmaschenebeli-Straße befand. Natürlich weigerte ich mich, dorthin zu gehen, weil ich mir nicht vorstellen konnte, daß ich mir in einem für Frauen bestimmten Geschäft (mit einem solchen Namen noch dazu) Herrensocken kaufen könnte, und zwar richtig warme Herrensocken, aber dann begab ich mich doch dorthin und wurde tatsächlich fündig. Kurz habe ich sogar darüber nachgedacht, ob das Frauenglück davon abhängig sei, wie warm die Füße eines Mannes sind. Für diese offensichtlich falsche Vorstellung wurde ich zu Hause heftig ausgeschimpft.

Dafür habe ich gelernt, nicht mehr laut zu denken.

»Worüber denkst du nach?« fragte plötzlich Sandro Tschchenkeli, und wir beide blieben kurz stehen, auf einer der Brücken, von denen es in Amsterdam mehr als tausendundeine gibt.

»Ich habe immer warme Füße gehabt, dabei ist schon Februar«, sagte ich mit immer noch sehr nachdenklicher Miene, und Sandro atmete erleichtert auf.

»Ich dachte, dir wäre etwas Wichtiges eingefallen …«

»Doch, mir ist schon etwas Wichtiges eingefallen«, unterbrach ich Sandro und schaute ihm auf die Füße.

»Alles in Ordnung mit dir?«

»Gestern nacht habe ich von meiner Großmutter geträumt …«

18 Ich glaube, Du bist schon in Amsterdam, und wie Du mir früher geschrieben hast, wirst Du drei Monate lang dort bleiben, und das bedeutet, daß wir uns bald treffen können. Doch Du brauchst Dich nicht zu beeilen. Kümmere Dich bitte erst um Deine Angelegenheiten, recherchiere über Deinen Großvater (wenn Du wirklich mit diesem Anliegen nach Holland gekommen bist), und dann können wir uns treffen. Das mit dem Grund für die Hollandreise war als Witz gemeint. Bitte sei nicht beleidigt. Heute möchte ich Dir noch einen von den Gründen verraten, die mich dazu verleitet haben, Georgien für immer zu verlassen. Ich weiß nicht mehr, ob ich schon erwähnt habe, daß meine Eltern sich ziemlich früh scheiden ließen. Als ich mich von meinem Mann scheiden ließ und in die Wohnung meiner Mutter einzog, sah ich das Foto eines mir unbekannten Amerikaners an der Wand des Schlafzimmers meiner Mutter und meines Stiefvaters. Wie sich später herausstellte, war der Amerikaner der aktuelle Ehemann der Exfrau meines Stiefvaters, der diesem Taugenichts monatlich eine gewisse Summe überwies. Das Foto hing im Schlafzimmer, doch als mein Stiefvater Besuch von seinen Kumpels bekam und meine Mutter freudestrahlend für sie zu kochen und den Tisch zu decken begann, brachte er das Foto dieses grinsenden Amerikaners ins Wohnzimmer. Nachdem man auf die Vorfahren angestoßen hatte, schlug mein Stiefvater einen Toast auf das Wohl dieses Amerikaners vor, zeigte seinen Gästen zum x-ten Mal dessen Foto und meinte, dieser Schwachkopf komme für seinen Unterhalt auf. Der Amerikaner trug zwar eine seltsame Kappe, einer Baseballkappe ähnlich, aber ich nehme an, daß er ein sehr großmütiger Mensch gewesen sein muß, da er für den Unterhalt des im fernen Georgien lebenden Exmanns seiner Frau sorgte.

Die am Tisch versammelten Kumpels machten mit und tranken im Stehen und aus besonderen Trinkgefäßen auf Jonathans Wohl, um ihren Respekt ihm gegenüber noch zu betonen. Doch später, als sie schon betrunken waren, sagte mindestens einer, in Wirklichkeit würden diese Schwuchteln uns nur von unserem christlich-orthodoxen Glauben abbringen wollen, und begann die USA und die US-Amerikaner zu beschimpfen und zu verfluchen. Doch die Person, die mich am meisten ärgerte, war meine Mutter, die gefügig und strahlend wie eine glückliche Henne ihrem idiotischen Ehemann jeden Wunsch von den Augen ablas und ihn niemals zurechtwies. Einmal ertappte ich sie dabei, wie sie auf dem Tisch tanzte. Als sie mich sah, setzte sie diese Vorstellung noch munterer fort, womit sie mich bestimmt dazu bringen wollte, meinem leiblichen Vater zu berichten, wie glücklich sie doch mit ihrem neuen Ehemann sei. Der Idiot feuerte sie indessen mit seinem Beifall an. Zuerst tat sie mir leid, dann ärgerte ich mich darüber, daß ein Mann es geschafft hatte, sich auf Kosten meiner Mutter ein gemütliches Leben einzurichten und selbst schon mehrere Jahre auf der faulen Haut lag. Das einzige, was er noch tat, war, meiner Mutter zu sagen, sie solle ihm eine Gelte bringen. Er hätte doch wenigstens Zinkwanne oder gar Trog sagen können, aber nein – er nannte es Gelte. War ich zu Hause, so hielt sich meine Mutter damit zurück, aber ich bin ziemlich sicher, daß sie ihm, wenn ich nicht da war, sofort und mit Freude diese Gelte brachte, damit er seine vom Nichtstun ermüdeten Füße ins warme Wasser stecken konnte. Darüber, daß er jahrelang arbeitslos war, machte er sich überhaupt keine Sorgen, und als ich meine Mutter einmal fragte, wie lange er noch so untätig herumzuliegen gedenke, antwortete sie mir, er sei auf Arbeitssuche, und eines Tages würde er schon eine Stelle finden. In Wirklichkeit suchte er nur eine Stelle als leitender Angestellter. Arbeiten wollte er nicht. Er wollte leiten. Und da er des öfteren eine Supra oder sonst ein Gelage leitete, dachte er, eine Stelle als leitender Angestellter (egal in welcher Branche) sei auf ihn zugeschnitten. Das einzige, was ihm Freude bereitete, war, eine Supra zu leiten, und sein Kopf war dementsprechend nur mit Trinksprüchen gefüllt, und zwar dermaßen, daß es dem Idioten aufrichtig leidtat, als man über Reagan berichtete, er leide unter Alzheimer, denn er meinte, der arme Reagan würde nie mehr in der Lage sein, auf seine glücklichen Erinnerungen anzustoßen, so habe sein Leben auch keinen Sinn mehr. Seine schwachköpfigen Kumpels waren gleicher Meinung. Für sie war ein Trinkspruch auch wichtiger als alles andere im Leben. Als die Tochter des einen Kumpels eine Stelle als Bedienung angenommen hatte, sprach ihr Vater kein Wort mehr mit ihr, und seine Kumpels meinten, sie habe nicht nur über ihren Vater, sondern über sie alle, seinen ganzen Freundeskreis, Schande gebracht. Ja, mit einem solchen Idioten hatte sich meine Mutter eingelassen, und deshalb ärgerte ich mich mehr über sie als über meinen

Stiefvater. Sie selbst hatte überhaupt nichts Rebellisches. Ganz im Gegenteil: Manchmal dachte sie sogar, daß es genau so sein sollte – sie sollte Tag und Nacht schuften, ihr Mann dagegen feiern und das Leben genießen. Ich kann leider nicht sagen, daß mein Vater viel besser als mein Stiefvater gewesen wäre, aber wenn sie sich von ihm getrennt hatte, würde man denken, daß sie sich für einen Besseren hätte entscheiden sollen, nicht wahr! Als ich sie aus Amsterdam anrief, meinte sie, sie habe nicht gewußt, wie lieb Sura mich doch habe. Er trinke ständig auf mein Wohl.

Ah, soll er sich doch zum Teufel scheren, dieser Sura!

Siehst Du, nun beginne ich noch zu fluchen.

Wenn Du bereits in Amsterdam weilst und noch mehr Wahres über die Männer erfahren willst, geh in eine beliebige Buchhandlung und kaufe Dir die Autobiographie einer Prostituierten, die fast ihr ganzes Leben im roten Schaufenster verbrachte und nach der Pensionierung ihre Memoiren schrieb. Ich habe Dir bereits so viel Schlimmes über Männer erzählt, daß ich befürchte, Du könntest mich für eine militante Feministin halten. Ehrlich gesagt bin ich das auch. Was ich wirklich nicht ertragen kann, ist die Unterdrückung einer Frau, besonders in einem Land, in dem von den Männern stets auf das Wohl der Frauen getrunken wird. Ich möchte nicht, daß Du denkst, weil ich Georgien verlassen habe und nun theoretisch eine Holländerin bin, hätte ich Georgien völlig vergessen. Nein. Ich habe es nicht vergessen. Ganz im Gegenteil: Ich denke sehr oft an mein Heimatland und vermisse es sehr. Ich erinnere mich daran, wie wir einmal, während des Studiums, nach Telawi gefahren sind, und zwar über Gombori, und als wir den Gombori-Kamm hinter uns gelassen hatten, war die Schlucht im Margani-Wald sogar um die Mittagszeit voller Nebel. Bis dahin hatte ich geglaubt, Nebel kann bloß morgens auftreten. Ich kann mich an den Geruch jenes Nebels immer noch genau erinnern.

Weißt Du, woran ich mich auch noch erinnern kann?

Damals sind wir von Telawi weiter nach Achmeta gewandert und haben dort (am rechten Ufer des Flusses Ilto) eine kleine Kirche namens Kwetera gesehen. Sie war so schön, daß ich sie nie vergessen werde. So klein und schön sind sonst nur koptische Kirchen.

Ein andermal, auch während des Studiums, haben wir Birtwissi besichtigt. Nachts, als wir in den Himmel schauten, sagte ein netter Junge zu mir, der Himmel über Südgeorgien sei doch der schönste, man glaube sich nachts den Sternen so nah, daß man sich zu fürchten beginnt. Siehst Du, manchmal gönne ich den Männern auch ein lobendes Wort und bin nicht die Männerhasserin, für die Du mich bestimmt hältst. Dieser nette Junge sagte mir auch, daß man in Mescheti ein Observatorium gebaut habe, weil der Himmel dort am durchsichtigsten sei. Überhaupt, die Erinnerungen an alles, was ich von Georgien gesehen habe, verdanke ich meinen Studienjahren. Es war gut, daß ich nicht davor zurückscheute, meine Heimat zu bewandern. Das war (allerdings) kein Wunder, weil ich mich überall lieber aufhielt als zu Hause. Angesichts jener bereits ziemlich unsicheren Zeiten sind wir viel gewandert.

Einmal sind wir erst um Mitternacht nach Kintswisi aufgebrochen, um zu sehen, wie ein dort an die Kirchenwand gemalter Erzengel von der aufgehenden Sonne angestrahlt wird. Das war ein so unglaublicher Anblick, daß mir Tränen in die Augen stiegen. Holland ist doch ein Land der bildenden Künstler, aber etwas derartig Berührendes habe ich nirgends mehr gesehen.

Was die roten Schaufenster betrifft oder Amsterdams Rotlichtviertel oder ganz einfach De Wallen, wie manche dieses Stadtviertel nennen, kannst Du es selbst besichtigen. Ich glaube nicht, daß in der Natur auch nur ein einziger Mann vorkommt, den es nach Amsterdam verschlägt und der nicht dorthin pilgert. Du wirst wohl auch mit eigenen Augen sehen, daß der Körper einer Frau leider immer noch direkt auf der Straße verkauft wird. Wenn es irgendwo auf der Welt die Gleichstellung der Geschlechter gibt, dann in Holland, aber ich habe schon öfter gedacht, daß in diesem Fall auch Männer in den Schaufenstern stehen sollten, damit wir uns nicht diskriminiert fühlen. Es stimmt zwar auch, daß die Prostituierten ihren Beruf nicht als würdelos und schändlich empfinden und auch von der Polizei ständig gefragt werden, ob sie von jemandem genötigt oder bedroht würden, aber als ich in Amsterdam lebte, hatte ich trotzdem Mitleid mit ihnen. Ich bin sogar Mitglied einer Hilfsorganisation geworden, die sich ihrer annahm und sich um sie kümmerte, besonders in der Winterzeit. An kalten Tagen versorgten wir sie mit heißen Getränken und Kuchen. Dort habe ich eine aus Baku stammende Frau (sie hieß Ewgenija Ibrahimowa) kennengelernt, die bei sich zu Hause Kuchen und Torten für die Frauen des Rotlichtviertels buk. Sie war es übrigens auch, die mir ein sehr nahe bei den roten Schaufenstern gelegenes altes Frauenkloster zeigte und einen fast angrenzenden Kindergarten. Wer weiß, wie viele wie ich schockiert sind bei der Entdeckung dieser Nachbarschaft und sie für anormal halten, doch die Holländer denken das Gegenteil: Sie meinen, daß für ein Kind eine Lüge viel schlimmer ist als die schlimmste Wahrheit. Hier hat jeder seine eigene Wahrheit, und trotzdem sagt man genau das, was man meint (und setzt manchmal damit sein Leben aufs Spiel). Den Holländern hat man Theo van Gogh, einen Verwandten ihres berühmten Malers, mitten in Amsterdam umgebracht. In der folgenden Nacht haben sich Tausende von Amsterdamern mit brennenden Fackeln in der Hand auf dem Hauptplatz der Stadt versammelt und auf diese stille und friedliche Weise Abschied von dem ermordeten Filmregisseur genommen, doch war das eine solche Art von Stille, daß es wesentlich besser gewesen wäre, wenn man mindestens einen Marokkaner verprügelt hätte.

Ich hasse jegliche Art von Gewalt. Rache halte ich für eine primitive Lösung, aber wäre ich eine Marokkanerin, so würde ich mich vor dieser Stille mehr fürchten als vor einer aggressiven Reaktion.

19 Heute, als ich in der Straßenbahn saß, fiel mir plötzlich ein, daß ich nachts von meiner Großmutter geträumt hatte. Auf den ersten Blick haben unsere Großmütter in Amsterdam nichts verloren, aber gestern dachte ich trotzdem an einen Spruch meiner Großmutter (bezüglich warmer, trockener Füße), und vielleicht erschien sie mir deswegen in meinem Traum. Das war nicht die Ehefrau Meliton Maschulias (und damit meine mingrelische Großmutter), sondern die andere, aus Gurien stammende Großmutter, die Frau von Grischa Papa, die während der Arbeit in ihrem Gemüsegarten gestorben ist. Die beiden (meine Großmütter) waren einander nicht ähnlich, man kann sogar sagen, daß sie sich gründlich voneinander unterschieden, aber den Spruch über warme, trockene Füße habe ich von beiden gehört. Wann genau die Vorfahren meiner Großmutter aus Gurien nach Surami übersiedelten, weiß man weder in Gurien noch in Surami, aber meine Großmutter Warwara Kobaladse (oder einfach nur Wara) blieb auch nicht lange in Surami, sondern heiratete meinen im Dorf Mochisi ansässigen Großvater Grigol Turaschwili, dessen erste Ehefrau schon gestorben war. Seine Vorfahren allerdings waren aus einem Dorf namens Doesi nach Mochisi (dessen historischer Name Muchisi ist) übersiedelt. Nach Kartli, wo diese beiden Dörfer sich befinden, kamen sie (aus verschiedenen Gründen) aus Pschawien und zwar schon im 17. Jahrhundert. Allerdings, wenn ich meine Sommerferien (nach oder vor dem Aufenthalt am Meer) in Mochisi verbringen durfte, rauschten dort nicht mehr genügend Eichen, als daß der historische Name des Dorfes weiterhin begründet gewesen wäre. Deshalb ist auch der alte Name des Dorfes Muchisi in Vergessenheit geraten, doch die Vergangenheit und die Geschichte des Dorfes erhielten sich in der Erinnerung der Einheimischen. Sie sind nach wie vor stolz auf ihr Dorf und meinen, daß es das beste Dorf auf der ganzen Welt und unvergleichlich ist. Zwar gibt es in Georgien (und auf der ganzen Welt) noch einige Dörfer, deren Bewohner die Heldentaten und die unglaublichen Abenteuer der Mochiser gerne sich selbst zuschreiben würden, aber in Wirklichkeit sei alles nur in Mochisi geschehen.

Natürlich wußte ich nicht alles, was in Mochisi geschehen ist (genau und auswendig), und nun, während meines Aufenthaltes in Amsterdam, half mir (von weitem und in Form von epistolarer Narration) Lewan Maisuradze dabei, mich an die Geschichten zu erinnern, die ich in meiner Kindheit gehört hatte. Zum Beispiel wußte ich nicht mehr, warum man in Wahrheit die Brücke über den Fluß Phrone am Rande des Dorfes zerstört hatte. Als ein Fürst von Kartli beschloß, die freien Mochisier unter seine Herrschaft zu bringen, entdeckte er, daß er wegen der verschwundenen Brücke nicht mehr ins Dorf gelangen konnte. Auf die Frage an die Dorfbewohner, warum sie die Brücke zerstört hätten, bekam er eine Antwort, die ihm die Sprache verschlug: Man habe die Brücke zerstört, weil sonst Raben hätten ins Dorf fliegen können.

Den Mochisiern selbst sagte der Fürst nichts, aber heimgekehrt erklärte er, er habe keine Lust, ein so dummes Volk als Untertanen zu haben. Er habe recht, habe ein besonders eifriger von seinen Beratern dem Fürsten gesagt, denn im vergangenen Jahr, als die Mochisier Sauerkraut machen wollten, hätten sie Kohl in den Fluß gelegt und (immer wieder) Salz ins Wasser hineingeschüttet.

Was der eifrige Berater dem Fürsten verschwieg: daß ein Jahr zuvor ein anderer Fürst versucht hatte, die Mochisier zu beherrschen, aber auch er war schnell von diesem Einfall abgekommen. Als noch ein anderer Fürst sich darum bemühte und seinen Plan trotz allem durchziehen wollte, beschwerten sich die Mochisier beim König und erklärten, daß sie außer ihm keinen anderen Herrscher akzeptieren würden. Diese Beschwerde wurde vom ganzen Dorf unterschrieben, mit einem Karren zum Königsschloß gebracht und dem König eingereicht. An den Karren hatten sie neun Paar Büffel gespannt und meinten, wie hätten sie denn sonst eine von so vielen Menschen unterschriebene Beschwerde zum König bringen können.

Allerdings gibt es auch solche Geschichten über die Mochisier, die mehr von ihrer Naivität als ihrer Schläue sprechen (zum Beispiel, als sie ein Schlachtmesser auf dem Dachboden hatten liegenlassen, holten sie nicht das Messer herunter, sondern brachten die Kuh, die sie schlachten wollten, auf den Dachboden), doch jede dieser Geschichten hat ihre Erklärung. Erstens ist es unvorstellbar, daß die anderen Georgier auf ein so freies und eigensinniges Volk nicht neidisch gewesen wären und ihnen nicht einiges nachgesagt hätten. Zweitens, sollten alle Geschichten stimmen, so scheinen mir die Mochisier als Volk doch ehrenhafter als andere, unter anderem aufgrund ihrer Menschlichkeit, weil sie (zum Beispiel) dafür, die obige Kuh auf den Dachboden zu bringen, bestimmt mehr Zeit brauchten, als um das Messer herunterzuholen, womit die Kuh im Endeffekt etwas länger gelebt hat.

Und auch wenn dem nicht so wäre, ich ziehe naive Menschen immer den schlauen vor. Und ein Grund, warum ich heute in der Amsterdamer Straßenbahn an Mochisi und die Mochisier dachte, ist die Tatsache, daß ich mit der Straßenbahn zum ersten Mal im Leben mit meiner Großmutter gefahren bin. Meine Großmutter Wara Kobaladse, die bei der Arbeit starb, war einmal nach Tiflis gekommen und hatte mich irgendwohin mitgenommen. Meine erste Straßenbahnfahrt, die Wärme und den Geruch ihrer Hand habe ich für immer in Erinnerung behalten. Mag sein, daß ich schon früher in einer Straßenbahn gesessen habe (damals, in meiner Kindheit, fuhr eine Straßenbahn sogar in Vake), doch meine Erinnerung beginnt mit jener Reise mit meiner Großmutter, deren Hand nach Milch roch, was ich so angenehm fand, daß ich sie mit meinen kleinen Fingern ganz fest drückte. Mag auch sein, daß ich Angst hatte verlorenzugehen, oder daß mir die Wärme ihrer rissigen Hand gefiel, als wir zusammen in die Straßenbahn einstiegen. Ich bin an diesem Tag ein Stück älter geworden, ebenso wie später, als ich zum ersten Mal Zug gefahren und noch später mit einem Flugzeug geflogen bin. Mag sein, daß mein Reifen seit meiner Kindheit mit dem Reisen verbunden war.

Als meine Großmutter starb (sie schlief nicht friedlich ein, sie starb bei der Arbeit), besuchte ich die siebte Klasse. Man fuhr uns mit dem Auto von Tiflis ins Dorf. Die ganze Fahrt über machte ich keinen Mucks. Geweint habe ich erst, als ich meine Großmutter im Sarg liegen sah. Ich fand, daß der Tod sie sehr verändert hatte, und nach der Beerdigung befiel mich eine enorme Müdigkeit. Grischa Papa stand da und sagte kein Wort. Nun hatte er seine zweite Frau beerdigen müssen. Meine Großmutter wurde sehr nah bei Grischa Papas erster Frau beerdigt. Damals wußte ich das nicht, ich erfuhr es erst, als nach einigen Jahren auch Grischa Papa starb und man sein Grab zwischen den Gräbern seiner Frauen aushob. Im Unterschied zu den Moslems, die (gleichzeitig und ganz offiziell) mit sogar vier geliebten Frauen leben und wirken dürfen, dürfen wir nur mit einer einzigen Frau das Bett teilen. Erst nach dem Tode wird es uns gegönnt, wie mein Großvater es tut, neben einer beliebigen Menge von Frauen zu liegen, die wir zu Lebzeiten über alles geliebt haben.

Am Morgen war ich so gutgelaunt aufgewacht, ich hätte mir unmöglich vorstellen können, daß ich gleich über Gräber nachdenken würde, doch bringt einen eine Straßenbahnfahrt offensichtlich überall (unter anderem in Amsterdam) auf trübsinnige Gedanken. Doch meine gute Laune, die ich seit dem Aufwachen hatte, verdankte ich dem wunderschönen Wetter. Die Sonne schien, was ich so genoß, daß ich aus der Straßenbahn ausstieg und meinen

Weg bis zur Abenddämmerung zu Fuß fortsetzte. Der Spaziergang, auf den ich einige Tage hatte verzichten müssen (wegen der Kälte, oder, offen gestanden wegen meiner Angst vor der Kälte), tat mir gut. Ich ging und ging, nur einmal hielt ich inne, vor einem Haus, das demjenigen auf dem Foto meines Großvaters sehr ähnlich war, und Tapo (die Amsterdamer Expertin Tamar Aladaschwili) hatte am Vortag bestätigt, daß es sich um dasselbe Haus handelt. Betreten habe ich das Haus allerdings nicht. Allein (ohne Anwesenheit und Hilfe eines holländischen Freundes) traute ich mich nicht, dort nach Nachkommen von Neske Jansen zu fragen. Ich stand vor dem Haus und fragte mich, ob Oma Neske vielleicht selbst noch am Leben ist (im Ausland lebt man doch sehr lange). Ja, wenn die Geschichte von Meliton Maschulia wirklich wahr ist, so wäre Neske Jansen für mich fast wie eine Großmutter.

Dann versuchte ich mir auszumalen, wie Melenty Maschulia an meiner Stelle gestanden hat (vor etwa 70 Jahren) und überlegte, wo, bei welcher Wohnung, er mit der Suche nach seiner Amsterdamer Geliebten beginnen sollte. Vielleicht war er etwas logischer vorgegangen und hatte auf den Abend gewartet, damit er in den erleuchteten Fenstern diejenige sehen könnte, nach der er seit jenem Tag auf der Suche war, als sich der Himmel aufgetan hatte und daraus eine Holländerin heruntergeflogen war. Damals, einige Monate vor dem Kriegsende, hatten die Holländer noch weder CD noch Wi-Fi erfunden, aber dafür hatten sie mit ihrem transparenten Lebensstil bereits angefangen. Als mein Großvater in Amsterdam ankam, hatten die Holländer schon keine Vorhänge mehr, und zwar seit einigen Jahrhunderten. Nun, was zählte, war, daß man in der

Wohnung für ausreichende Helligkeit sorgte. Dann wäre es Melenty Maschulia durchaus möglich gewesen, Neske Jansen von der Straße aus zu sehen, wenn er am selben Ort gestanden hätte, wo ich jetzt stand. Ich stand und genoß den milden Abend und staunte über den Himmel, der mit Sternen übersät war.

20 Schon im Schulalter ärgerte ich mich darüber, daß mein Großvater nach dem Krieg in die Sowjetunion zurückgekehrt und nicht in der Emigration geblieben war, sagen wir mal, in Frankreich oder in den Niederlanden. Er hätte (wie viele andere) auch in die USA emigrieren können, wenn er es gewollt hätte, aber er hatte es nicht getan. Ich kann mich erinnern, wie ich (hauptsächlich während des Unterrichts) an die Geschenke dachte, die ich von meinem emigrierten Großvater bekommen würde, natürlich nur, wenn jene Geschenke uns jemals erreichen würden, denn unter der sowjetischen Herrschaft durfte man aus dem Westen weder Pakete noch Briefe erhalten. Dabei mangelte es in der Sowjetunion an allem. In einem Land, wo sogar das Toilettenpapier sofort aus den Regalen verschwand, mußte man sich nicht wundern, daß es äußerst schwierig war, ein neues Paar Schuhe aufzutreiben. Deshalb gibt es (fast) keinen in der Sowjetunion aufgewachsenen Menschen, der nicht viel zu kleine Schuhe getragen hätte. Ja, uns drückten die Schuhe, und wir hielten das aus und ließen uns nichts anmerken und überhaupt, wir trugen nur das, was unsere Eltern für uns aufgetrieben hatten, auch wenn es zu groß oder zu klein war. Eine andere Wahl hatten wir (leider) ohnehin nicht, und das Gekaufte umzutauschen oder zurückzugeben war (leider) ausgeschlossen.

Wenn man sich bei der Mutter beschwerte, daß die Schuhe drückten (»Mutti, die Schuhe drücken«), hatte die Mutter darauf eine ultimative Antwort: »Nein, Kind. Sie drücken nicht. Es kommt dir nur so vor.«

Aber wenn man stur war und nicht glauben wollte, daß es einem nur so vorkam, hatten die Mütter noch eine wesentlich überzeugendere Antwort parat: »Mit der Zeit weiten sie sich, Kind.«

Ich würde gern wissen, was mein Großvater Meliton Maschulia damals, vor etwa 70 Jahren, trug, als er (in Amsterdam) auf dieser Straße stand und mit einem Blumenstrauß in der Hand auf Neske Jansen wartete. Bestimmt war er genauso angezogen wie alle Menschen jener Epoche. Deshalb schaue ich mir mit großem Interesse alle alten Fotos an, überall, wo ich sie finden kann. Alte Fotos sind auch dort zu finden, wo Postkarten verkauft werden, aber eine besondere Auswahl bietet der Büchermarkt, der von Freitag bis Montag auf der Spui stattfindet (schon seit mehreren Jahrhunderten), und so kann ich mir direkt vor meiner Haustür alle alten Aufnahmen ganz in Ruhe ansehen und hoffen, daß ich auf einem dieser schwarzweißen Bilder Melenty Maschulia erblicken kann. Es ist natürlich ausgeschlossen, daß mein Großvater sich in Holland einzeln ablichten ließ, jedoch auf einem Gruppenfoto könnte er schon zu sehen sein. Gestern schien mir auch der Gedanke gar nicht abwegig, daß Neske Jansen auf meinen Großvater eingeredet haben könnte (wie es Frauen eigen ist), mit ihm zu einem Fotografen zu gehen und ein gemeinsames Foto machen zu lassen. Bestimmt steckten damals die holländischen (wie auch unsere) Fotografen den Kopf in eine mit schwarzem Tuch bedeckte Kiste, bis aus der Kiste bunte Vögel herausgeflogen kamen. Der einzige Unterschied lag auch mit Sicherheit in der Farbe der aus der Kiste herausfliegenden Vögel. Bei uns gab es eher schwarze Vögel, in Holland allerdings fand ich sogar auf niederländischen Guldenscheinen bunte Vögel und dachte sofort daran, daß auf sowjetischen Geldscheinen immer nur Lenin abgebildet gewesen war. Übrigens sah ich eine mit sowjetischen Symbolen geschmückte Mütze auf einem Markt, den die Amsterdamer hinter dem neuen Opernhaus veranstalten, und wunderte mich darüber. Denn wenn die faschistische Symbolik verboten ist (zu Recht), warum sollte man dann Hammer und Sichel der Sowjetunion als Andenken verkaufen? Die Bolschewiken haben doppelt so viele Menschen wie die deutschen Faschisten getötet, aber ein Hakenkreuz habe ich nicht nur nie in Holland, sondern auch in keinem anderen europäischen Land gesichtet. Obwohl, in einem Bildband, in dem ich hier auf der Spui geblättert habe, sah ich das Foto eines deutschen Offiziers (in Uniform und mit Schirmmütze), der auf einer Amsterdamer Brücke steht und auf den Kanal schaut. Auf demselben Foto sind auch Menschen aus der Zivilbevölkerung zu sehen, die den Kanal entlanggehen. Man kann nicht sagen, daß sie ganz unbesorgt unterwegs sind (in der Zeit der Besatzung), aber dem Foto kann man auch Folgendes entnehmen: Wenn man den deutschen Besatzern keinen bewaffneten Widerstand leistete, konnte man (damals) friedlich leben, und vielleicht haben das Neske Jansen und Melenty Maschulia auch genutzt. Bestimmt waren die beiden im Besitz von gefälschten Ausweispapieren, aber ich wünsche mir ihr gemeinsames Foto auch zu sehen, damit ich feststellen kann, welcher Art und wie fortgeschritten die Beziehung war, die sie miteinander hatten. Für mich, im Unterschied zu meiner Großmutter Nadjeschda, die davon überzeugt war, daß ihr Mann sie in Holland betrogen hatte, steht das Ganze nicht endgültig fest, denn mir als Enkel genügt (im Unterschied zu meiner Großmutter) nicht das bloße Wissen, daß Meliton und Neske Sex miteinander hatten. Für mich sind (in diesem Fall) die Details viel wichtiger. Obwohl die Geschichte in der verwegensten Stadt der Welt, in Amsterdam, spielt, glaube ich nicht, daß mein Großvater am Ende des Zweiten Weltkrieges in Amsterdam mit einer Holländerin mehr als eine Missionarsstellung (falls es so weit überhaupt kam) gewagt hat. Oralverkehr schließe ich völlig aus. Zwar beschäftigte sich damit bereits ein Romanheld von Orhan Pamuk im Istanbul des 17. Jahrhunderts, aber wir werden dem Autor mit seinen aufgrund nichtliterarischer Hemmungen entstandenen literarischen Annahmen (in diesem konkreten Fall) nicht folgen, weil das, was uns interessiert, die Wahrheit ist, die Wahrheit und nichts als die Wahrheit.

Was ich über meinen Großvater noch gern erfahren würde, ist, was er damals trug. Deshalb sehe ich mir die Kleider der auf alten Fotos abgebildeten Menschen immer sehr genau an. Doch ihre Gesichter sind viel eindrücklicher als ihre Kleider (oder Schuhe) und besonders schön (auch auf den Fotos) sind die Holländerinnen. Eine Frau, die nicht schön wäre, habe ich hier weder auf einem Foto noch lebend gesehen, und sollte es mir nur so vorkommen (das heißt, sollten sie nicht alle schön sein), so haben sie jedenfalls alle eine wunderschöne Figur. Mag sein, daß dies daran liegt, daß sie sich nicht von Chatschapuri, Chartscho (und besonders Satsivi) ernähren. Allerdings weiß niemand (mit Sicherheit), ob das Leben ohne Chartscho und Satsivi (und besonders Chatschapuri) wirklich angenehm sein kann, auch dann, wenn man eine wunderschöne Figur hat, aber die obigen Genüsse nicht kennt. Und was einem hier noch fehlt, ist die Sonne. In Amsterdam habe ich die wahre Bedeutung des georgischen Wortes »Msetunachawi« (eine junge Frau, welche die Sonne niemals gesehen hat) verstanden. Wenn man keine Sonne gesehen hat (und zwar schon seit einigen Jahrhunderten), wird man natürlich solch eine helle und blasse Haut haben und damit die sehnsüchtigen Blicke georgischer Männer auf sich ziehen, und umgekehrt: Die Holländer (und andere nordeuropäische Männer) ziehen bestimmt die dunkle Hautfarbe der Georgierinnen (und anderer kaukasischer Frauen) vor. Über Geschmack läßt sich nicht streiten (oder zumindest sollte man es nicht tun), aber im sowjetischen Georgien war das genau das Thema, worüber die Georgier jahrelang miteinander diskutierten, und am Ende war die ganze männliche Bevölkerung Georgiens zweigeteilt: Einem Teil gefiel die blonde Sängerin aus der damals sehr populären schwedischen Band Abba und dem anderen die dunkelhaarige. Und weil an jenem Tag in Amsterdam schon wieder Msetunachawi-Wetter war und es wie »in Feinstadt seit dem Tagesanbruch Katzen hagelte« (Guram Dotschanaschwili vor vielen Jahren in seinem Roman *Das erste Gewand*), konnte ich nicht weit gehen. Hier, in der Nähe, an der Spui, entdeckte ich ein Haus mit Baujahr 1627. Mir ist bekannt, daß es in Amsterdam auch ältere Häuser gibt und hier Holzhäuser zu bauen gesetzlich verboten war, weil einmal ein Brand fast die ganze Stadt verschlungen hatte. An jenen Tag erinnern die Holländer (auch nach mehreren Jahrhunderten) mit Klageliedern. Ein Lied über einen Brand haben wir Georgier übrigens auch, aber da Kutaissi erst in der zweiten Hälfte des 19. Jahrhunderts einer Feuersbrunst zum Opfer fiel, ist unser Lied relativ neu. Der Hauptunterschied zwischen den beiden Liedern besteht darin, daß die Holländer jenen Brand immer noch als eine Tragödie empfinden und deshalb beim Singen weinen, während wir unser Lied leichtherzig dahinträllern (»Kutaissi ist niedergebrannt, re-rooo«), als täte es uns überhaupt nicht leid, daß die Stadt samt ihren Kneipen vom Feuer verschlungen wurde. So sorglos wir damals waren, so infantil sind wir jetzt. Wir wollen nicht glauben, daß der Drogentransport, um Amsterdam zu erreichen, eine unkontrollierte Schleuse braucht und die Russen den Kaukasus nicht aufgeben wollen, da dieser Transportweg (von Asien nach Europa) über Georgien führt.

In den Coffeeshops, in denen Marihuana verkauft wird, herrscht strenges Rauchverbot. Für unsere Logik bleibt das unverständlich, aber anders betrachtet: Überall, wo man Pflanzliches rauchen kann, darf man keine Zigaretten rauchen, denn Zigaretten sind kein pflanzliches Gut mehr (seit langem) und dementsprechend auch nicht gesund. Was für mich allerdings gesund und bekömmlich wäre, wäre die Güte und Menschlichkeit jener jungen Frau (meiner Amsterdamer Nachbarin), die sie mir gegenüber zeigen würde, indem sie auf meinen Vorschlag einginge. Klar, ich meine die junge Frau, die ich jeden Tag von meinem Fenster aus sehe (wie sie sich vor dem Spiegel die Haare kämmt), und den Vorschlag, den ich ihr (eines Tages) machen möchte, wenn ich mich traue. Auf den ersten Blick ist es gar nicht so schwer, zu einer Nachbarin hinüberzugehen (»Flitz doch mal zu den Nachbarn rüber«, wie unsere Großeltern uns zu sagen pflegten) und ihr zu sagen, daß das Leben doch so kurz sei und daß ich sie jeden Tag sehen würde, wie sie ihre wunderschönen Haare bürste, und überhaupt, sie sei von Kopf bis Fuß wunderschön und solle bitte nicht nein sagen ...

Ich würde sie abends besuchen, nachdem sie von der Arbeit zurückgekommen ist. Zuerst würde ich sie grüßen: »Goedemorgen!«, genau so, wie man mich in Amsterdam begrüßt hat, und dann würde ich sofort zur Sache kommen, doch in Wirklichkeit bin ich sehr schüchtern, und außerdem ist das Leben nicht so kurz, und lügen kann ich nicht gut, auch wenn es einem in einer Fremdsprache bestimmt leichter fällt als in der Muttersprache.

Die Tschechen hatten einen liebenswerten Philosophen, der in der Sowjetzeit mit 70 Jahren wieder im Gefängnis saß. Während seiner letzten Haft habe er im gemeinsamen Gefängnishof, in den sie (zwar selten, aber immerhin hie und da) hinausgehen durften, Václav Havel getroffen, sich sehr darüber gefreut, diese Freude offen gezeigt und gesagt, es sei so großartig, ihm hier zu begegnen, denn wer könnte seinen Kummer besser als er verstehen, und mit wem sonst würde er ihn teilen können.

Er sei ganz Ohr, habe Havel darauf geantwortet, und der Philosoph habe geseufzt und gesagt, das Leben sei doch so lang, und er sei seines Lebens schon sehr, sehr müde ...

21 Du irrst Dich, wenn Du denkst, ich sei eine Feministin und würde deshalb die Männer anschwärzen. Erstens: Ich schwärze sie nicht an (wie Du mir schreibst), sondern kritisiere sie lediglich. Zweitens (und vielleicht das Wichtigste):

Das hat mit Feminismus nichts zu tun, und wenn ich über sie etwas (Negatives) sage, so haben sie es wirklich verdient. Ich stimme Dir zu, daß auch unter den Georgiern einige normale Männer zu finden sind, aber Du mußt mir auch rechtgeben, daß die Mehrheit viele Probleme hat, und zwar psychischer Natur.

Der zweite Ehemann meiner Mutter und seine Kumpels, die Tag und Nacht feierten und dabei die Sowjetunion lobten und ihr nachweinten, ließen plötzlich, unüberlegt und gerade deshalb ehrlicher, einen Satz fallen, aufgrund dessen die mangelnde Logik in ihrer Denk- und Handlungsweise einfach festzustellen war. Einmal haben sie gesagt, die sowjetischen Männer hätten Unterhosen in nur zwei verschiedenen Farben getragen: in Schwarz oder in Dunkelblau, und der Stoff sei scheußlich gewesen. Ein Flugticket nach Moskau kostete offiziell zwar 37 Rubel, aber um es zu bekommen, mußte man der Kassiererin den Paß mit zusätzlich hineingelegten 100 Rubeln überreichen, also war der wirkliche Preis 137 gewesen. Die Hotels waren auch günstig, zum Beispiel 20 Rubel pro Nacht, aber man bekam nur ein Zimmer, wenn der Hotelier von Breschnew höchstpersönlich angerufen wurde oder man bereit war, Schmiergeld zu bezahlen. Das Gespräch haben sie immer damit beendet, daß diese Schwuchteln ihnen ihr wunderbares Land zerstört hätten.

Das Wort gay haben sie nie gebraucht. Sie sagten Schwuchtel, Hinterlader, Tunte, aber das Wort Homosexualität oder auch irgendein anderes »-tät«-Wort kam ihnen nie über die Lippen. Ihr Wortschatz war ziemlich beschränkt und überreich an Interjektionen. Einmal habe ich meine Mutter so weit gebracht, daß sie sich traute ihrem Mann zu sagen, er solle sich Arbeit suchen. Genauer sagte sie ihm, er solle sich etwas einfallen lassen. Was sollten er und seine halbschlauen Kumpels sich einfallen lassen? Nach einigem Hin und Her beschlossen sie, eine Enten- und Gänsefarm aufzumachen, weil einer von seinen Kumpels meinte, da jeder Hühner züchten würde, sollten sie eben Enten und Gänse züchten, um sich nicht mit der Konkurrenz herumschlagen zu müssen. Nun gab's auch einen nagelneuen Trinkspruch zu der üblichen Pulle: auf den Erfolg des Geschäfts. Darauf wurde immer mit einem besonderen Trinkgefäß angestoßen. Nachdem sie genug getrunken hatten, umzäunten sie wirklich ein Grundstück in Kartli, kauften Enten- und Gänseküken und nahmen einen Kredit bei der Bank auf, den Rest des Geldes liehen sie privat von ihrem Bekanntenkreis und besprachen, wie sie mit dem Gewinn umgehen, welche weiteren Investitionen sie machen würden und so weiter und so fort. Dann fuhren sie immer wieder, mal getrennt, mal zusammen, zu der Farm, um ihre Küken zu besuchen, auf daß niemand einen (bösen) Blick auf ihr bereits gelungenes Geschäft werfen sollte. Dieses Hin- und Herfahren dauerte eine Zeitlang, bevor eine für sie völlig unerwartete und dramatische Stunde schlug: Die Küken wurden groß, und ... sie flogen weg.

Natürlich waren sie (die Enten und Gänse) nicht an einem Tag groß geworden, sie wurden nach und nach, Tag für Tag größer, da, eines Tages, beschlossen sie wegzufliegen und taten es, und zwar alle auf einmal. Es ist klar, daß sie das nicht miteinander abgesprochen hatten. Die Vögel folgten ihrem Gruppeninstinkt. Der zweite Mann meiner Mutter fragte sich noch länger voller Verwunderung, warum nicht ein einziger geblieben war. Der Verwalter meinte, das sei eine Eigenschaft der Vögel, sie würden alle zusammen wegfliegen und dann wieder zusammen zurückkehren, doch nachdem sie nicht zurückgekehrt waren, er aber gefragt wurde, in welche Richtung sie geflogen seien, antwortete er mit einem Achselzucken, woher er das wissen solle. Ja – die anderen ließen ihn nicht in Ruhe –, wenn er das wußte, daß sie eines Tages wegfliegen würden, warum hat er sie dann nicht gewarnt? Darauf machte der Verwalter ein sehr verwundertes Gesicht und meinte, er habe gedacht, sie wüßten das ebenfalls. Woher sie das wissen sollten, fragten die »Farmer« und so weiter und so fort.

Wenn Du nicht in Deiner Jugend Jerome Salingers *Der Fänger im Roggen* gelesen hast, wirst Du nicht wissen, daß Enten sowohl vom New Yorker Central Park, als auch von einer umzäunten kleinen Farm neben einem zugefrorenen kleinen See in Kartli in eine beliebige Richtung wegfliegen können, was Dein erstes Geschäft in einem Fiasko enden läßt.

Mit einem anderen Geschäft zu beginnen, haben sie nicht mehr versucht. Sie setzten ihr Feiern fort.

Und weißt Du, was mir gerade einfällt?

Dort, am Central Park, wo sich ebenfalls ein zugefrorener kleiner See befindet, Ecke 72nd Street und Central Park West, steht das Haus von John Lennon. Du weißt, daß der Mörder Salingers Buch bei sich hatte, als er auf Lennon schoß. In der ersten georgischen Übersetzung trug das Buch den Titel *Das Spiel im Roggen.* Neulich schrieb mir eine Freundin, daß es in einer neuen Übersetzung herausgekommen ist und nun *Am Rande einer Klippe, im Roggenfeld* heißt. In New York war ich noch nie, aber in meiner Studentenzeit hat mir jemand ein Foto des Lennon-Hauses geschenkt. Ich glaube, daß dieses Haus »Dakota« hieß. Falls Du auch ein Fan von Lennon bist oder in Deiner Jugend einer warst, kannst Du in Amsterdam das Hotel besichtigen, in dem er und Yoko einen wochenlangen Sexmarathon veranstaltet haben. Bestimmt kennst Du auch das Foto, auf dem die beiden nach diesem Sexmarathon von ihrem Bett aus eine Pressekonferenz abhalten. Lennon sieht müde und erschöpft aus. Yoko ganz im Gegenteil frisch und munter. Das ist, glaube ich, auch logisch: Nach dem Sex (besonders wenn er eine Woche lang dauert) sollte die Frau zufriedener und entspannter sein als der Mann, weil die Männer im Unterschied zu den Frauen einen primitiven Orgasmus (wie auch viel anderes Primitives) haben. Jetzt frag bloß nicht, woher ich das weiß. Ich weiß es einfach.

Übrigens ist das auch einer der Gründe, warum die Männer so oft ihre Frauen betrügen und kein Problem darin sehen. Die Mehrzahl der Georgier meint, daß es nur ein Problem ist, wenn eine Frau ihren Mann betrüge. Es sei nichts Schlimmes dabei, wenn ein Mann seine Frau betrügt, und eine für eine Frau absolut unverzeihliche Tat werde ihm ohne weiteres verziehen. Mehr noch, mein Lieber (siehst Du, wie ich Dich anspreche?), für einen Georgier ist ein Mann, der seine Frau nicht betrügt, nicht ganz dicht. Ich möchte natürlich nicht verallgemeinern, aber Du mußt schon zugeben, daß es unter den Georgiern viele von der Sorte gibt. Daß Du mit mir in mancher Hinsicht nicht einverstanden bist, sehe ich Dir nach. Auch wenn ich bei einigem, was Du mir schreibst, an die Decke gehe. Aber dann erinnere ich mich daran, daß Du meine Heimat bist, und verzeihe Dir alles, weil man der Heimat alles verzeiht.

Macht es Dich ärgerlich, wenn ich Dich Heimat nenne?

Ich glaube, daß Du mir, wenn Du es wirklich auf meine Insel schaffst und mich besuchen kommst, einen Teil meiner Heimat mitbringen wirst. Aber vergiß nicht, daß ich Dir nur meine Freundschaft zu bieten habe und nichts anderes. Sex ist völlig ausgeschlossen, denn mit der Heimat darf einen nur eine platonische Liebe verbinden.

Nun bist Du wirklich ärgerlich, oder?

Dann trink bitte ein Glas kaltes Wasser!

Was hat es eigentlich mit diesem Glas kaltes Wasser auf sich? Welchen verärgerten Georgier hat es jemals beruhigt? Warum soll es Dir helfen, den Ärger zu vergessen?

(Du gleichst einem stillen Meer ...)

Ist das nicht ein großartiges Lied? Ich nehme meine Kopfhörer, gehe an den Strand, höre mir dieses Lied an und schaue aufs Meer, das hier selten still ist, aber für mich wirkt es trotzdem beruhigend, und in solchen Momenten halte ich auch Irakli Tscharkwiani für meine Heimat. Doch ich bin aus einer anderen Art Heimat geflohen und verstecke mich auf dieser holländischen Insel vor ihr.

Verzeih mir, wenn ich Dich verstimmt habe. Jetzt werde ich versuchen Dich zu belustigen: Gestern habe ich eine alte Frau auf der Straße gesehen, die meiner Großmutter sehr ähnlich war, und ich werde Dir gleich etwas Lustiges von meiner Großmutter erzählen. Genauer gesagt war das meine Großtante, die ich Großtante Lisa genannt habe und die ziemlich früh gestorben ist (das habe ich mit der lustigen Geschichte natürlich nicht gemeint). Den Grund dafür konnten die Ärzte nicht herausfinden. Um zu sterben, war sie bestimmt zu jung (aus europäischer Sicht, denn nach unseren Kriterien wird jemand mit 60 als alt betrachtet). Sie hatte auch keine Beschwerden, und trotzdem, ganz unerwartet, ist sie gestorben. Beim Leichenschmaus war natürlich einer der Kumpels meines Stiefvaters zum Tamada gewählt worden, der in seinen Trinksprüchen die Großtante Lisa als eine anständige und keusche Dame pries und ständig wiederholte, daß die Selige ins Grab gelegt worden war, ohne daß je ein Mann sie berührt hatte. Ich hörte zu, und auf einmal begriff ich, daß es die Männer waren, die den frühzeitigen Tod meiner Großtante Lisa zu verantworten hatten. Als junge Frau war sie schön und wählerisch gewesen, lange wollte sie nicht, später (ab einem gewissen Alter) konnte sie nicht mehr heiraten, noch später traute sie sich nicht (damit niemand sie eine Hure nennen konnte), ohne Ehemann ein Kind zu bekommen (und vielleicht nicht einmal Sex zu haben), und verbrachte ihr Leben alleine. Sie war ein Bücherwurm, und es ist oft so, daß belesene Frauen größere Hemmungen haben, einen einfältigen Mann zu heiraten, als die ungebildeten. Beim Leichenschmaus habe ich nur ein Glas Wein getrunken und dieses eine Glas hat gereicht, um den Tamada und alle bei der Tafel versammelten anderen Männer zu beschimpfen, ich habe ihnen den Vorwurf, sie hätten meine Großtante Lisa umgebracht, ins Gesicht geschleudert und dann so heftig geheult, daß ich am ganzen Leib bebte und nicht mehr zu beruhigen war.

Von dem Tamada hatte ich sowieso nichts erwartet, aber auch alle anderen haben nicht verstanden, was ich ihnen sagte. Einmal hat derselbe halbschlaue Tamada (als er bei uns tafelte und auf das Wohl der Kinder anstoßen wollte) gesagt, er habe seine Tochter so georgisch und so anständig großgezogen, daß sie nicht einmal Eiskunstlauf im Fernsehen schauen durfte.

Ich glaube, ich habe es nicht geschafft, Dich zum Lachen zu bringen. Wenn ich ehrlich bin, rufen solche Erinnerungen bei mir nicht einmal ein schwaches Lächeln hervor, und ich tröste mich damit, daß es auch nette, kluge und gebildete Georgier gibt und nicht alle Männer mit einem Truthahnhirn ausgestattet sind. Übrigens sang John Lennon ein Lied von einem Truthahn, aber was für einen Sinn hat es, von einem Truthahn zu singen, wenn man nie ein Satsivi probiert hat?! Ich denke nicht, daß Yoko Ono John Lennon auch nur ein einziges Mal auf diese Art glücklich gemacht hat.

Lachst Du immer noch nicht?

Nun muß ich los, sonst zieht sich mein Geplauder mit Dir in die Länge, und Kopfschmerzen habe ich auch. Weißt Du, wann ein Mensch Kopfschmerzen bekommt?

Ich will Dich nicht auf die Folter spannen und sage Dir die richtige Antwort, die Du ohnehin nicht erraten hättest: Ein Mensch bekommt Kopfschmerzen, wenn er keine Schmerztabletten zu Hause hat.

Ich werde mir welche kaufen gehen.

22 Am Samstag möchte ich auf die Insel Texel fahren. Ich werde einen Bus nehmen (und dann die Fähre), denn mit dem Zug bin ich schon nach Arnhem gefahren und auch nach Den Haag, zu einem Treffen mit georgischen Kindern. Man hatte mich eingeladen, ihnen Unterricht zu geben. Ich allerdings wußte (und daran hat sich nichts geändert), daß ich ein schlechter Pädagoge bin (weil ich selbst dringend einen Lehrer bräuchte), doch die in Den Haag lebenden georgischen Eltern wollten mir einfach nicht glauben, und so habe ich die Den Haager Sonntagsschule doch mit viel Vergnügen besucht. Die Schule befindet sich im Gebäude der georgischen Botschaft, und es gibt dort tatsächlich ein kleines Georgien für jeden kleinen Georgier, dessen Eltern ihre Heimat nicht verlieren möchten, auch wenn sie schon seit vielen Jahren in den Niederlanden leben. Nach dem sogenannten Unterricht haben uns die Gastgeber zu einem Kubdari-Essen eingeladen, das Kubdari war so vorzüglich, daß ich liebend gern auf Swanetien anstieß und mich mitten in Den Haag an Frau Tina Argwliani erinnerte. Auch wenn ihr Kubdari (selbst für Swanen) unerreichbar ist, war das Stück, das ich in den Niederlanden verspeiste, für holländische Verhältnisse hervorragend. Da ich merkte, daß ich gutmütige Gastgeber hatte, wurde ich frech und bat sie, mir das Meer zu zeigen, und so brachte man mich hin. Am sandigen Strand Den Haags barfuß spazierenzugehen hätte meinen strapazierten Nerven bestimmt gutgetan, aber es blies an jenem Tag ein scheußlicher Wind, und das Meer schlug mit seinen Wellen an den Strand. Bei diesem Anblick kam mir Viscontis *Tod in Venedig* in den Sinn, der mir hier, in dieser Gegend, gedreht zu sein schien. Hätte ich nicht befürchtet, Zeit und Geduld meiner Gastgeber zu mißbrauchen, wäre ich eine Ewigkeit dort sitzen geblieben, besonders da mich dieses Thema so beschäftigt: die Meere und die Ozeane, die wir Georgier so gemieden haben. Allerdings stellte sich heraus, daß wir sie doch nicht so völlig ignoriert haben, wie es auf den ersten Blick scheint. Unser historisches Gedächtnis ist manchmal sehr weit von den wirklichen Geschehnissen in unserer Vergangenheit entfernt, und es bewahrt nur das auf, was es für richtig und wichtig hält und was wir nie vergessen sollten. Natürlich werden wir nie vergessen, was uns die Griechen damit angetan haben, daß sie Medea (samt goldenem Vlies) von Kolchis entführten, doch hat jede Medaille bekanntlich zwei Seiten, ganz besonders eine goldene Medaille, denn wenn unsere Vorfahren die Argonauten auf dem Wasserweg verfolgt haben, spricht das doch dafür, daß wir vor Urzeiten eine Marine besaßen. Und wenn wir damals über Schiffe (und nicht nur über Boote) verfügten, dann können wir doch behaupten, daß wir (und zwar eindeutig) seit Urzeiten ein Land mit Zugang zum Meer waren, und wenn es keine objektiven und subjektiven Hindernisse gegeben hätte, hätten wir es auch bis zu einem Ozean geschafft. Die griechischen und römischen Sagen berichten doch, daß Medeas Bruder Apsyrtos die griechischen Räuber nicht bloß mit einem, sondern mit mehreren Schiffen verfolgt habe, um den Schatz von Kolchis zurückzuerobern. Das bestätigt auch Apollonios von Rhodos, wenn er den Reichtum von Aietes' Königreich beschreibt. Es stimmt schon, daß Apollonios, gleich anderen Autoren der Antike, den Landbesitz des Königs Aietes etwas ausgiebiger beschreibt als seine maritimen Güter, doch seinen Schriften kann man durchaus auch das entnehmen, was uns interessiert. Es entspricht ebenfalls der Wahrheit, daß das damalige Königreich Kolchis nur aus dem westlichen Teil Georgiens bestand, doch die Kolchiser schafften es auch ohne die Hilfe der Ostgeorgier, eine Marine zu gründen und bei der Verfolgung Jasons und seiner Argonauten das Schwarze Meer mit Karacho zu überqueren. Und weil es außerdem zutrifft, daß Apsyrtos und seine Begleitung bei jener Verfolgung übel gescheitert sind, dürfen wir annehmen, daß die jahrhundertelange Pause, welche die Georgier in ihrem maritimen Leben eingelegt haben, mit jener Niederlage zusammenhängt, wie auch die Tatsache, daß an unseren Stränden Fremde herrschten. Außer Strabon bestätigen diese Annahme auch Apollonios von Ephesus und Gaius Plinius II. Anscheinend ist auch der Name unseres Meeres (das Schwarze) nicht nur durch die Farbe und den Charakter seines Wassers, sondern auch durch die schlimmen Nachrichten und Ereignisse bedingt, die das Meer zu uns ins Land brachte. Vielleicht kamen auch böse Devs (bösen Menschen gleich) übers Meer nach Georgien, und erst danach haben sie sich auf die Schluchten des restlichen Landes verteilt, um Höhlen und Quellen zu besetzen (übrigens gibt es einen Devensee zwischen Ratscha und Imeretien, und mir ist bekannt, daß auch das Schwarze Meer früher von manchen Devenmeer genannt wurde). Wir können auch vermuten, daß in unserem Meer, wie im schottischen Loch Ness, ein Ungeheuer lebte, und darum mieden wir das Wasser. Doch der Hauptgrund dafür scheinen mir doch die Völker zu sein, die (im Laufe der Jahrhunderte mehrere Male) das Schwarze Meer besetzten, so daß wir keine Gelegenheit hatten, es nach Belieben zu nutzen. Dabei unterhielten die westgeorgischen Volksstämme schon in der Jungsteinzeit maritime Beziehungen zu den benachbarten Völkern. Im Bronzezeitalter hatten unsere Vorfahren maritime Handelsbeziehungen sogar zu einem damals auf der Halbinsel Krim lebenden antiken Volk. Genau zu sagen, wie die damaligen Georgier auf die Krim reisten, ist schwer, dafür können wir mit vollständiger Überzeugung sagen, daß auf der damaligen Krim die Russen nicht die Mehrheit der Bevölkerung stellten, denn zu der Zeit gab es die Russen überhaupt noch nicht. In der zweiten Hälfte des zweiten Jahrtausends (selbstverständlich vor Christus) hatten die Georgier maritimen Kontakt zu den Griechen, doch im achten Jahrhundert (auch das selbstverständlich vor Christus) gründeten die Griechen am Schwarzen Meer ihre ersten Kolonien und bescherten damit den westgeorgischen Volksstämmen erste Probleme. Danach, im Lauf der Jahrhunderte, bekamen wir die gleichen Probleme mit anderen Gewalttätern, und öfter waren wir nicht imstande, Widerstand zu leisten, geschweige denn, mit ihnen zu konkurrieren. Wie könnten wir in einer maritimen Auseinandersetzung (nehmen wir an) mit Genuesen als Sieger hervorgehen, wenn sie ihre Segel aus Jeansstoff nähten? Und den Kampf um die Jeans hat nicht nur so ein winzig kleines Land wie Georgien, sondern auch ein riesiger, allmächtiger und brutaler Staat wie die Sowjetunion verloren.

Was konnten unsere kleinen Schiffe bei dieser Konkurrenz ausrichten? Wenn sie in der Sommerzeit den Genuesen, Osmanen, Byzantinern, Persern, Römern, Venetianern, Russen und Dschiken, den Vorfahren der heutigen Adygejer, die Stirn bieten mußten, kamen im Winter zu den Gegnern auch noch die Wellen des Schwarzen Meeres hinzu. Das einzige, was wir in jenen ungleichen Auseinandersetzungen noch erreicht haben, war, einige Dschiken anzuwerben, und ihre Nachkommen, die Dschikias, leben heute noch in Georgien, auch wenn der unbesiegbare Volksstamm der Dschiken nicht mehr besteht.

Und wenn wir berücksichtigen, daß die Gesetze manch eines Aggressors es uns direkt verboten, sowohl Schiffe als auch Boote zu bauen, kann man Herrn Lasha Bakradze schon recht geben, wenn er meint, daß unser Mißerfolg mit der Seefahrt von uns unabhängige Gründe hatte. Nichtsdestotrotz haben sich unsere Vorfahren in der Bewirtschaftung des Meeres versucht. Es ist archäologisch bewiesen, daß die Georgier bereits ab der Neusteinzeit Schiffahrt (zwecks Fischfang) betrieben haben. Xenophon, Strabon und Hippokrates bestätigen, daß sogar schon vor der Zeitwende georgische Volksstämme kleine Holzboote bauten und benutzten, die sie als *Nuscha* bezeichneten. Wir können zwar nicht behaupten, daß jenes urgeorgische Boot darum *Nuscha* hieß, weil es aus dem Holz des Mandelbaums (auf georgisch »Nuschi«) gebaut wurde, aber es ist bewiesen, daß es bis zum 19. Jahrhundert im Umlauf war. Vielleicht war der Beginn der georgischen Seefahrt mit der Blüte der Mandelbäume verbunden? Bis zum Frühling ließ das Schwarze Meer nicht zu, daß wir ihm allzu nahe kamen. Im Winter bedrohte und vertrieb es uns mit so heftigen Wellen, als wären wir ihm fremd. Dabei hatte es doch niemanden, der ihm nähergestanden hätte als wir. Ich bitte um Vergebung, aber nur ein Volk, das eine sehr innige Beziehung zum Meer pflegt, kann zu einem Volk von Seeräubern werden. Unter den Wissenschaftlern gibt es darüber schon lange keinen Streit mehr, daß die berühmtesten Seeräuber, die Heniocher,* unsere Vorfahren waren. Wir können uns auch mit dem Argument trösten, daß unsere Vorfahren Schandtaten (die das Seeräuberdasein so mit sich bringen) nur vor Urzeiten begangen haben, im Mittelalter zum Beispiel herrschte dagegen auf dem Schwarzen Meer schon eine ganz andere Realität, dementsprechend waren wir auch ein anderes Volk. Aus mehreren historischen Quellen ist bekannt, daß der erste Herr Gemahl von Königin Tamar, als man ihn aus Georgien vertrieb, in ein Schiff gesetzt und mit so reichlichen Geschenken gen Konstantinopel geschickt wurde, daß das ganze Schiff mit Gold und Edelsteinen voll war. Weil in obigen Quellen nicht angege-

* Im Altertum seeräuberisches Volk im Kaukasus, an der nordöstlichen Küste des Pontos. Noch heute heißt dort ein lesghischer Stamm »Hainuch«. Quelle: *Meyers Großes Konversations-Lexikon,* Band 9. Leipzig: 1907, S. 167.

ben wurde, was das für ein Schiff war und wem es gehörte, nehmen wir an, daß es ein Linienschiff war, denn wegen eines Menschen, den man deportieren wollte, hätte man kein eigenes Schiff nach Konstantinopel geschickt. (Übrigens habe ich die genaue Bedeutung des Wortes Deportation erst in Amsterdam erfahren, denn in Schiphol sah ich zum ersten Mal, wie holländische Polizisten bei der Deportierung eines georgischen Staatsangehörigen diesen bis zum Flugzeug begleiteten.) Wenn wir wollen, können wir aus jener Schrift noch eines schließen: Wenn ein mit Gold und Edelsteinen beladener Mensch aus Georgien sicher in Konstantinopel ankam, würde das doch bedeuten, daß zu jener Zeit die Reise über das Schwarze Meer völlig ungefährlich war. Um genauer zu sein, die Georgier hatten zu jener Zeit die Seeräuberei bereits an den Nagel gehängt. Sie haben sich sogar diese historische Chance entgehen lassen, denn ein völlig ungefährliches Meer kommt in der Natur nicht vor, und damals kann es auch nicht anders gewesen sein. Als der georgische Staat auseinanderzufallen begann und in rasantem Tempo schwächer wurde, tauchten auf dem Schwarzen Meer ganz andere Seeräuber auf, darunter die Dschiken. Sie müssen einige Volksstämme sehr belästigt haben, unter anderem die Mingrelier. Im 14. Jahrhundert hatte der damalige Fürst von Mingrelien Wamech Dadiani einen Feldzug unternommen, um die Seeräuber-Dschiken in ihrem Land auszurotten. Die Mingrelier kamen mit einigen Schiffen dort an, gingen an Land und fügten den Dschiken großen Schaden zu, aber die Dschiken erholten sich bald und nahmen ihre Lieblingsbeschäftigung munter wieder auf. Den nächsten Feldzug unternahmen die Mingrelier zusammen mit den Guriern und überfielen mit einer großen vereinten Flotte die Dschiken, doch die Dschiken leisteten derart starken Widerstand, daß die Alliierten bald die Hilfe der Osmanen brauchten. Die Osmanen allerdings verlangten als Gegenleistung den mingrelischen Hirsebrei Gomi, das ebenfalls mingrelische Elardschi* und die Einführung von Abgaben. So fühlten sich die Georgier gezwungen, mit den Dschiken Frieden zu schließen. Jene paar Dschiken, von denen unsere Dschikias abstammen, haben wir bestimmt damals angeworben.

23 Die Georgierin, die (wie sie mir selbst schreibt) auf der Insel Texel lebt, hat mir ihr Foto immer noch nicht geschickt, obwohl ich sie zum zweiten (oder gar dritten) Mal darum bat. Heute habe ich ihren Namen gegoogelt, aber die Suche brachte nichts, denn auf den Bildern, die mir die Suchmaschine zeigte, konnte ich die Schreiberin der Briefe, in denen sie mir seit einigen Wochen ihre Geschichte erzählt, nicht erkennen. Auf den ersten Blick unterscheidet sich ihr Schicksal nicht von dem, was Tausende andere zeitgenössische Georgier erlebt haben, aber nur auf den ersten Blick. In Wirklichkeit ist sie anders als andere mir bekannte Frauen. Mag sein, daß sich Frauen generell mehr voneinander unterscheiden als Männer. Als ich gestern nacht darüber nachdachte, spürte ich ein so seltsames Erzittern meines Herzens, daß ich erschrak. Mein Herz schlug ungewöhnlich laut. Als es sich wieder beruhigt hatte, setzte ich mich auf, dann stieg ich aus dem Bett, ging zum Fenster und beschloß, daß es nicht mein Herz, sondern die Amsterdamer Straßenbahn gewe-

* Ein Gericht der georgischen Küche: Hirsebrei mit Käse.

sen war, die so dröhnte. Schon seit langem fährt die Straßenbahn in dieser Stadt (und in diesem Land) geräuschlos. Sie fährt nicht. Sie gleitet. Das war der Grund, warum ich mich darüber wunderte, daß ich sie in der nächtlichen Stille rumpeln hörte. Etwas später wurde mir klar, daß es in Wirklichkeit das Beben der Erde unter den Straßenbahnschienen war, das mich so erschreckt hatte. Ich wartete auf die nächste Straßenbahn, um nochmals zu erleben, wie das Erzittern meines Herzens mit der Vibration der Schienen zusammenkam. Ich habe auch darüber nachgedacht, ob das Wort »erzittern« für das Herz erfunden worden ist. Vielleicht wegen dieser Vibration und anderer unterirdischer Ängste wollten die Amsterdamer nicht, daß in ihrer Stadt eine U-Bahn gebaut wurde, und als die Regierung sich dafür entschieden hatte, gingen Tausende von Amsterdamern auf die Straße. In der Zeit, als sie gegen die U-Bahn protestierten, beschloß die sowjetische Regierung, in Tiflis eine U-Bahn zu bauen, um damit die ehrgeizigen Georgier zu beschwichtigen: Sie sollten stolz darauf sein können, daß es nicht nur in Moskau und Leningrad, sondern auch bei ihnen in Tiflis eine Untergrundbahn gab. Und sie waren stolz darauf, weil damals, in den 50er Jahren des 20. Jahrhunderts, als Kandid Tscharkwiani (mit einer Projektplanung für die U-Bahn in der Hand) im Kreml ankam, Tiflis noch keine Millionenstadt war. Moskau zögerte mit dieser historischen Entscheidung, in der Hauptstadt Georgiens eine U-Bahn bauen zu lassen, und die georgische Regierung fand die schlechteste Lösung: Sie zwang Zehntausende von Menschen dazu, ihre Häuser in den Bergdörfern zu verlassen und in die kleine Hauptstadt der kleinen Republik zu ziehen. Daß das eine böse Tat war, verstand der

Enkel von Kandid Tscharkwiani, Irakli Tscharkwiani, sofort (gleich nach seiner Geburt), doch das war zu spät, in den 70ern. Was er noch geschafft hat, war, den U-Bahn-Fahrgästen zu erklären, daß man auch in einer U-Bahn frei sein kann, wenn man während der Fahrt gute Bücher liest und gute Musik hört.

In jener Nacht, als ich die Frequenz der Amsterdamer Straßenbahn untersuchte (um sie mit der Arrhythmie meines Herzens zu vergleichen), hörte ich selbstverständlich Irakli Tscharkwianis Lieder, die mich beruhigten, wie mich das Meer beruhigt. Bei Tagesanbruch sah ich noch einmal auf die Straße. Jetzt fuhr die erste Straßenbahn, nach ihr kamen die ersten Fahrräder (daran kann ich mich auch nicht sattsehen, wie ein Amsterdamer beim Radfahren mit einem anderen spricht). Danach konnte ich ein wenig schlafen, und weil ich gegen Mittag nach Amstelveen fahren sollte, und weil die Station Marne (wie Marneuli) ziemlich weit von der Stadtmitte entfernt liegt, wäre es besser gewesen, die U-Bahn zu nehmen. Trotzdem entschied ich mich für die Straßenbahn und habe es nicht bereut. Marne ist ein Ort in Amsterdam, wo nach unserer Vermutung das Gebäude stand, in dem ein ungarischer Typograph und Drucker Namens Miklós Misztótfalusi Kis im Jahre 1687 (im Auftrag von König Artschil) Stahlstempel von mehreren Varianten des georgischen Alphabets angefertigt hat. Auf dem Rückweg überlegte ich mir, ob ich doch in die U-Bahn steigen sollte, aber ich konnte mich nicht dazu durchringen. Wenn ich in New York gewesen wäre, hätte ich unbedingt dieses historische Verkehrsmittel benutzt. Am Anfang der Geschichte von New York standen übrigens Holländer, genauer gesagt Amsterdamer. Deshalb hieß diese Stadt am Anfang New Amsterdam und nicht New York. Diese Insel hatten Holländer (wie eine Immobilie) für etwa 25 Dollar von Indianern erstanden. Bald darauf stellte sich heraus, daß jene Indianer einfache Passanten gewesen waren (und nicht die Besitzer von Manhattan). Im Unterschied zu den Holländern wundert uns Georgier eine solche Geschichte nicht. Wir sind sogar stolz darauf, daß ein Georgier in Moskau einen gerade aus der Reinigung gelieferten, eingerollten Teppich, der im Flur eines Hotels lag, mit solchem Selbstbewußtsein an mittelasiatische Gäste verkaufte, daß diese keinen Verdacht schöpften, was die nicht existierende Beziehung des Georgiers zu dem Teppich betraf. Wir halten uns doch für die Schlauesten und Geschicktesten, aber wie man sieht, haben die Indianer sich viel früher ein solches Geschäft einfallen lassen und Manhattan wie eine Immobilie verkauft, und zwar in einer Zeit, als den Europäern bereits bekannt war, daß es keine immobilen Inseln gibt und daß sich jede Insel jederzeit mobil machen kann. Im Laufe der Jahrhunderte ging dieses Wissen wohl verloren, und vielleicht gerade deshalb haben die Europäer José Saramago (leider) nicht mehr verstanden, als seine Iberische Halbinsel sich (urplötzlich) von dem Kontinent löste, womit ihr neues literarisches Abenteuer begann.

Die Iberische Halbinsel wurde in unseren sowjetischen Schulbüchern übrigens Pyrenäenhalbinsel genannt, und das, was ich jetzt sage, wird zwar wie eine paranoide Vermutung klingen, aber ich denke trotzdem, daß die Russen uns den wahren (europäischen) Namen der Iberischen Halbinsel mit Absicht verheimlicht haben. Der Grund dafür ist einfach zu finden: Wir sollten von unseren iberischen Verwandten* in Europa nichts erfahren. Wenn wir von ihnen erfahren hätten, wäre auf eine ganz logische und natürliche Weise die Frage aufgekommen: Was haben wir mit dem Sowjetischen Imperium Rußland gemein, wenn Europa unser historisches Zuhause ist? Ja, unser spanisch-iberisches Problem hat mit den Holländern auch nichts gemein. Ich dürfte die Spanier hier überhaupt nicht erwähnen, besonders nach dem, was sie sich (vor einigen Jahrhunderten) in den Niederlanden geleistet haben. Aber sooft ich mich an meine Schulzeit erinnere, muß ich an eine unvergeßliche Szene denken, die auch in der Amsterdamer Straßenbahn vor meinem geistigen Auge ablief, als ich von Marne zurückfuhr.

Wir sind noch klein, aber wir haben schon beschlossen, die Schule zu schwänzen. Wir schauen einander an und warten, wer von uns den ersten Schritt tun wird, wer als erster über den Zaun klettern wird, damit der Rest es ihm nachmacht. Das ist unsere Klassenkameradin Irma Ananidse, die uns erst anlächelt, und dann klettert sie den hohen Zaun hoch, der unser Schulgelände umgibt. Es war der klassische Fall der Geburt einer Anführerin, und wir sind Augenzeugen dieser Geburt geworden. Weil ich mich damals, in der Kindheit, für Etymologie noch nicht interessierte, habe ich Irma nie nach Geschichte und Abstammung ihres Nachnamens gefragt, aber nun weiß ich (schon), daß Anan der Name eines Bootes war, das man im alten Georgien kannte, und was sehr spannend ist: Die Vorfahren der südamerikanischen Indianer nannten ihre

* Iberien heißt ein Land südlich vom Kaukasusgebirge im Südosten des heutigen Georgien.

Kanus ebenfalls Anan. Klar ist nur die Tatsache, daß Zentral- und Südamerika in Wirklichkeit nicht Latein-, sondern Iberoamerika heißen. Obwohl mir Irma Ananidse in der Amsterdamer Straßenbahn womöglich deshalb einfiel, weil ich bestätigt haben wollte, daß Meereskinder dazu neigen, die tapfersten Anführer zu werden. Aber sollte es sich bei dem Nachnamen Ananidse (einfach) um ein Eponym handeln und er aus dem Eigennamen Anania abgeleitet und meine Annahme bloß eine Frucht meiner krankhaften Liebe zum Meer sein, werde ich mich gern bei jedem Anania entschuldigen und mich damit trösten, daß unsere Klasse noch eine zweite Anführerin hatte und auch sie ein Kind des Schwarzen Meeres war. Ja, Tamuna Kalandadse stammte aus Gurien, was bedeutet, daß sie (wie Herr Lasha Bakradze behauptet) der ältesten Meereszivilisation angehörte. Da sie die klügste und strebsamste Schülerin der ganzen Schule war, gönnte sie auch die Führungsrolle beim Schwänzen der Schule niemand anderem. Die Idee, daß die ganze Klasse gemeinsam die Schule schwänzen sollte, stammte von ihr, und dafür, sie in die Tat umzusetzen, sorgte sie auch selbst. Als erste verließ sie das Klassenzimmer, und stolz führte sie uns zur Arakischwili-Straße (als Protest gegen Gewalt), um Karandascha, der in Wirklichkeit Dato Achwlediani hieß und den man hinter unserer Schule, an der Kasse des Kinos »Kasbegi«, erschossen hatte, zu beweinen und an seiner Beerdigung teilzunehmen. (Karandascha stand, als man auf ihn schoß, im Unterschied zu Olof Palme nicht in der Schlange, um eine Eintrittskarte zu kaufen, aber die Blutspuren waren auf dem Gehweg noch sehr lange, jahrelang, zu sehen). Als wir etwas älter waren und John Lennon erschossen wurde, verlangte Tamuna auch diesmal von uns, unsere Stimme gegen die Gewalt zu erheben (obwohl die USA so weit von uns entfernt waren), und befahl uns, die Schule gemeinsam und demonstrativ zu verlassen. Obwohl wir diesmal nicht zur Beerdigung gehen mußten, verbreitete sich in Tiflis die Nachricht darüber, daß der selige Lennon auch in Georgien von einigen nach allen Regeln der Kunst beklagt und betrauert würde, und selbst wenn das nur ein Gerücht gewesen ist, ich war trotzdem sehr stolz darauf, daß John auch in meiner Heimat wertgeschätzt und anständig verabschiedet wurde. Folgendes allerdings geschah tatsächlich, und ich habe es während meines Aufenthalts in Washington von Mamuka Tsereteli gehört. Er erinnerte sich, wie seine Klassenkameraden zu seinem Haus gekommen waren und ihn zu sich herunterriefen. Er habe natürlich gedacht, daß einer von seinen Freunden dringend Hilfe brauche, und sei eilig die Treppe hinuntergelaufen. Die anderen allerdings überraschten den aufgeregten Mamuka mit einer ebenso traurigen wie rhetorischen Frage: John Lennon sei erschossen worden und was er glaube, daß sie nun in dieser Situation tun sollten.

Mamuka Tsereteli seinerseits fiel diese Geschichte nur deshalb ein, weil ich ihm erzählt hatte, wie ich in New York zu Lennons Haus gegangen war und wie der diensthabende Portier zu seinen Fenstern hochschaute und mit verwunderter Miene sagte, seine Frau sei zu Hause. Ich weiß nicht, warum es für ihn unerwartet war, daß Yoko Ono zu Hause sein könnte. Ich allerdings überlegte, ob ich zu ihr gehen und ihr mein (wohlbegründet) verspätetes Beileid aussprechen sollte, aber ich traute mich nicht.

In Amsterdam hingegen fand ich es gar nicht heikel, jenes Hotelzimmer zu besichtigen, in dem 1969 (wenn ich mich nicht irre) Lennon und Yoko im sogenannten Bett für den Weltfrieden (»Bed-in«) die historische Woche verbracht haben. Auf den Fotos, die man nach der Aktion geschossen hatte, sieht John ziemlich erschöpft aus, Yoko dagegen frisch und munter mit einem vergnügten Gesichtsausdruck. Obwohl dieses Zimmer im neunten Stockwerk des Amsterdamer Hilton-Hotels mehr einem Nest ähnelte als einem Zimmer, und wer weiß, vielleicht hat Herr Tamas Tschiladse auch ein dort entstandenes Foto gesehen, das ihn dazu inspirierte, ein Theaterstück mit dem Titel *Ein Nest im neunten Stock* zu schreiben.

Als ich von der Apollolaan-Straat (zur Spui) heimging (unterwegs hatte ich mir noch das Van-Gogh-Museum angeschaut), dachte ich plötzlich, wie großartig das sei, daß zumindest Irakli Tscharkwiani mit einer Frau zusammen war, die einem stillen Meer glich, denn anständige, gute Männer bekommen (meistens) Frauen, die eher mit einem stürmischen Meer vergleichbar sind.

24 Du hast mir doch selbst geschrieben, daß Dein Großvater es nicht nach Texel geschafft habe, und nun meinst Du, daß er vielleicht doch hier gewesen ist und möchtest auch das Texel-Archiv nach Informationen über ihn durchsuchen. Und ich dachte, daß Du nur deshalb eine Reise hierher geplant hast, weil Du mich sehen wolltest, aber nun stellt sich heraus, daß Du auf der Suche nach der Geschichte Deines Großvaters bist. Wenn die Suche nach Spuren Deines Großvaters der einzige Grund ist, auf die Insel Texel zu kommen, kannst Du gern in Amsterdam bleiben (hoffentlich gefällt es Dir dort) und mußt Dich nicht mehr hierher bemühen. Ich werde Dir alles von hier aus mitteilen können. Schreibe mir die Daten Deines Großvaters, und ich kann auch ohne Dich alles genau erfahren: Wo er an welchem Tag war und womit er sich beschäftigte. Man hat hier ein separates Archiv für jene Tage, es gibt auch ein dem Aufstand gewidmetes Museum, und außerdem kann fast jeder Bewohner von Texel unendlich viel über den Aufstand berichten. Besonders die Menschen der älteren Generation können davon erzählen. Sie erzählen viel und gern. Sie erzählen alles, woran sie sich selbst erinnern können. Es reicht, eine einzige Frage diesbezüglich zu stellen, und schon sprudeln sie los. Zuerst werde ich Dir im allgemeinen schreiben, wie das Ganze geschehen ist, und dann, nach und nach, auch Details liefern. Wenn ich nicht irre, bist Du auch (oder vor allem) an Details interessiert. Für den Beginn werde ich das wiederholen, was in Georgien ohnehin jeder weiß. Während des Zweiten Weltkriegs gab es hier, auf dieser Insel, einen Aufstand der georgischen Kriegsgefangenen. Bezüglich dieses Aufstands sind hier die Meinungen geteilt, vor allem deswegen, weil das Leben der georgischen Kriegsgefangenen auf der Insel Texel nicht im geringsten mit dem Schicksal der Häftlinge in anderen Lagern vergleichbar war. Wie man auf ihren Fotos sehen kann und wie ich auch von den Zeitzeugen gehört habe, führten sie hier ein freies Leben. Manch einer hatte sogar eine Frau (nicht offiziell), weil sie sich auf der Insel frei bewegen und mit anderen Bewohnern in Kontakt treten konnten. Die Insel Texel ist zwar nicht so groß wie Grönland, aber für 700 Georgier war sie groß genug. Außerdem wollte nicht jeder mitten im bebenden Krieg (wie meine Großmutter zu sagen pflegte) heiraten. Bis zum georgischen Aufstand herrschte auf der Insel absolute Ruhe. Sie war sonst nur von

Holländern bewohnt. Die Deutschen hatten nichts gegen sie. Was mir noch einfällt: Die georgischen Kriegsgefangenen waren mehr als 700, aber an die genaue Zahl kann ich mich nicht mehr erinnern. Man kann sie im Museum erfahren. Auf einem Foto übrigens, welches ich in demselben Museum gesehen habe, tragen die georgischen Kriegsgefangenen bei einer Ordensverleihung durch die Deutschen die Tschocha.* Jene Tschocha können sie wohl kaum aus Georgien mit in den Krieg genommen haben. Selbstverständlich hatten die Deutschen sie für die Georgier nähen lassen. Damals war der Hauptschneider der Deutschen (zu der Zeit nannte man ihn noch nicht Designer) Hugo Boss, genauer gesagt Hugo Boss aller Bosse, denn er war der erste Mann in der Boss-Dynastie, der zu schneidern begann, und seine Nachkommen folgten ihm. Hier in meiner Nachbarschaft wohnt eine alte Dame. Einmal hat sie mir gesagt, daß die Deutschen dermaßen schöne Uniformen getragen hätten, sie habe ihren Blick nicht abwenden können, und dann, als sie sich wieder gefangen und gedacht habe, daß die Deutschen eigentlich Besatzer gewesen sind, habe sie sich jedes Mal über sich selbst geärgert. Das Foto mit den in Tschocha gekleideten Georgiern kann ich Dir auch schicken. Ich werde es einscannen, wenn das Museum nichts dagegen hat (warum sollten sie etwas dagegen haben?). Am unteren Rand stehen sogar die Namen der darauf Abgebildeten: Der deutsche Offizier Breitner übergibt die Auszeichnung Herrn Melikia, dabei sind: Loladse und Indschia. Diese alte Dame habe ich auf dem Friedhof der Georgier kennengelernt. Als sie mich mit Blumen in der Hand

* Die Tschocha ist die männliche Tracht Georgiens. Es handelt sich um einen knielangen wollenen Mantel.

sah, fragte sie mich, ob ich mit einem der dort Ruhenden verwandt sei. Darauf antwortete ich, daß ich einfach nur eine Georgierin sei, und sie begann zu weinen. Als sie sich wieder beruhigt hatte, entschuldigte sie sich mehrmals bei mir und erzählte eine so rührende Geschichte, daß auch ich immer wieder weinen muß, wenn ich daran denke. Wenn sie auch Dich zu Tränen rühren wird, so kannst Du sicher sein, daß Du noch menschlich bist.

Um es kurz zu machen, diese Frau fand, damals jung mit etwa 20 Jahren, wenige Tage nach dem Beginn des Aufstands in einem Graben einen schwer verletzten Georgier. (Er hat so gut ausgesehen, sie hat nicht geglaubt, daß eine Kugel ihn hätte töten können – genau so hat sie es ausgedrückt.) Was sie gemacht hat? Sie ist zu ihren Eltern gelaufen und hat es ihnen erzählt, weil sie ihn, den verletzten Georgier, der etwa 25 Jahre alt war und Niko hieß, allein nicht hätte retten können. Sie hat ihn Nicolaes genannt, später, als er bereits aus dem Schlimmsten heraus war. Es war nicht einfach für sie, sich um ihn zu kümmern. Ihre Eltern waren nicht sofort damit einverstanden, den Verletzten bei sich aufzunehmen, denn die Deutschen hätten ihn bei ihnen leicht entdecken können, weil sie jeden Tag vorbeikamen, um Milch und Käse zu kaufen. Sie wußte, daß Georgier auf der Insel waren und daß sie im Vergleich zu den Holländern dunkleren Teint und Haare hatten, auch eine ganz andere Augen- und Nasenform, doch jener Niko war ganz auffallend gutaussehend und das hat sogar ihre Mutter sofort bestätigt. Diese Frau, die ich auf dem georgischen Friedhof kennengelernt habe, heißt Anna. Am Anfang wollte ich zwar ihre Geschichte nur kurz erzählen, aber wie ich sehe, zieht sie sich doch in die Länge. Was ich Dir auf jeden Fall sagen möchte, ist: Als Annas Vater ihr verboten hatte, dem verletzten Georgier zu helfen, bat sie ihre Mutter, Niko zu retten. Niko hatte mehr als zehn Schußwunden, unter anderem auch am Kopf. Offensichtlich war er von einem Maschinengewehr angeschossen worden und hatte ganz zufällig überlebt. Die Deutschen hatten ihn für tot gehalten und im Graben liegen lassen. Am Anfang gingen auch Anna und ihre Mutter dorthin, um den verletzten Georgier zu versorgen, aber dann merkten sie, daß sie ihn, wenn sie ihn retten wollten, unbedingt zu sich nach Hause nehmen mußten. Weil der Familienvater nicht mitmachen wollte, brachten die beiden Frauen Niko auf einem Fuhrwerk nach Hause und stellten ihn vor vollendete Tatsachen. Der Vater konnte den Tränen der geliebten Tochter nicht widerstehen, und das war gut so, denn ohne seine Hilfe hätten sie es nicht geschafft, den besinnungslosen Niko auf den Dachboden zu bringen, wo er drei Wochen lang um sein Leben rang und am Ende diesen Kampf gewann und überlebte. Das vor den Deutschen zu verheimlichen war nicht einfach, weil sie jeden Tag vorbeikamen, um Milch und Käse zu holen (habe ich Dir das schon geschrieben?). In der Zeit des Aufstands hatten die Holländer es auch nicht leicht. Ich habe in einer im Museum aufbewahrten Anzeige, die vom damaligen Kommandanten der Insel verbreitet wurde, gelesen, daß jeder Holländer, der einen Georgier entdecken und den Deutschen nichts davon berichten würde, mit der Todesstrafe rechnen mußte. Trotzdem (trotz allem), wie ich von Anna (sowie von vielen anderen) erfuhr, haben die Holländer keinen einzigen Georgier denunziert. Ganz im Gegenteil, sie halfen den aufständischen Georgiern, wo sie nur konnten. Auf den ersten Blick wirkt Texel wie eine große Insel, aber in Wirklichkeit ist sie nicht so großflächig, daß dreitausend Deutsche dreihundert Georgier nicht ausfindig gemacht hätten. Ich kann zwar keine genaue Zahl der Georgier nennen, aber nach dem zu schließen, was Anna mir erzählte, kamen am Ende des Krieges auf einen Georgier etwa zehn Deutsche. Ja, der Krieg war fast vorbei. In mehreren betroffenen Ländern wurden keine Schlachten mehr ausgetragen, doch hier auf der Insel war immer noch ein wahrer Schlachthof. Wo immer sie aufeinandertrafen, begann ein erbarmungsloser Kampf. Die Deutschen waren so wütend, daß sie beschlossen, keinen einzigen Georgier auf der Insel am Leben zu lassen. Und sie hätten es bestimmt geschafft, wenn nicht die Kanadier aufgetaucht wären. Wenn ich mich recht erinnere, sind bei dem Aufstand etwa 500 Georgier ums Leben gekommen. Und wenn es am Anfang 700 waren, so haben nur 200 überlebt. Wenn Du die genauen Zahlen erfahren möchtest, werde ich in den kommenden Tagen ins Museum gehen und Dir alles detailliert schreiben. Was die Geschichte von Anna und Nicolaes betrifft (Nicolaes wurde er von Anna genannt), ist sie leider sehr traurig ausgegangen. Anna hatte sich so sehr in den fünfundzwanzigjährigen bildschönen und gutgebauten Georgier verliebt, daß sie eines Nachts, als ihre Eltern schon eingeschlafen waren, zu ihm auf den Dachboden hochstieg. Nicolaes hatte immer noch Schwierigkeiten mit dem Gehen, aber Schmerzen hatte er keine mehr, und überhaupt, welche Schmerzen könnten einen drei Jahre lang gefangengehaltenen Georgier zurückhalten? Diese Details hat mir Anna natürlich nicht beim ersten Treffen erzählt, aber als wir uns zum dritten oder vierten Mal begegnet waren und uns besser kennengelernt hatten, da vertraute sie mir diese Geschichte an. Und die Geschichte ging so: Bevor die Kanadier auf die Insel kamen, stieg sie jede Nacht zu Nicolaes auf den Dachboden hoch und flehte ihn an, sie nicht zu verlassen. Aber sobald er wieder gehen konnte, beschloß der Georgier, seine Landsleute ausfindig zu machen und sich zu ihnen zu gesellen. In einer Nacht, als er darauf bestand, Annas Haus für immer zu verlassen, habe sie bitterlich geweint. Der Krieg sei fast zu Ende, und es sei doch völlig sinnlos, wenn er nun von der Hand eines Deutschen erschossen würde, versuchte Anna ihn zu überzeugen. Sich mit ihm zu verständigen sei schon sehr mühsam gewesen, aber sie wäre bereit gewesen, ihm zuliebe Georgisch zu lernen, hätte er nur für immer bei ihr bleiben wollen. Weißt Du, was sie mir noch gesagt hat? Als sie von der Ankunft der Kanadier erfuhr, habe sie sich überlegt, ob sie Nicolaes verheimlichen solle, daß er heimkehren durfte, aber dann habe sie sich entschieden, ihm die Wahrheit zu sagen, denn auf Dauer konnte sie diese Nachricht doch nicht geheimhalten. Dann habe sie gedacht, ob sie ihm sagen solle, daß sie schwanger sei, aber da man ihr nichts ansah, hätte er ihr doch nicht geglaubt, deshalb sei sie von dieser Idee auch schnell abgekommen. Da Anna keinen anderen Ausweg sah, teilte sie Nicolaes mit, daß der Krieg auch auf der Insel Texel (endlich) vorbei war und die kanadischen Alliierten jedem halfen, der in seine Heimat zurückkehren wollte. Es gab sogar ein Sonderschiff, das die sowjetischen Soldaten auf den Kontinent bringen sollte. Als Niko das Wort »Heimat« hörte, sprang er sofort auf. Anna konnte ihn mit Mühe beruhigen – man würde nicht ohne ihn in See stechen, alle seien schon informiert. Anna bat wieder ihren Vater um Hilfe. Dieser erklärte dem Georgier, Anna sei ihr einziges Kind, und da seine Tochter ihn auserwählt habe, würde er sein ganzes Hab und Gut ihm überlassen, natürlich nur, wenn er auf der Insel bleiben würde. Doch Niko wollte das nicht. Anna sagte mir, sie habe monatelang nur geheult, weil jener georgische Nicolaes für sie der Netteste und Liebste gewesen sei. Sie habe viel geweint, aber tief in ihrem Herzen gehofft, daß er (früher oder später) zu ihr zurückkehren würde. Doch bald nach dem Ende des Zweiten Weltkriegs begann der Kalte Krieg, und aus der Sowjetunion konnte nach Holland nicht einmal ein Brief gelangen, von einem Menschen ganz zu schweigen. Sie schrieb ununterbrochen an ihren georgischen Geliebten, aber einen Antwortbrief erhielt sie nie. Deshalb glaubte sie, daß ihr Niko-Nicolaes in seiner Heimat eine andere Frau geheiratet und sie, die holländische Anna, für immer vergessen habe. Sie konnte sich natürlich nicht vorstellen, daß es in der Sowjetunion nicht nur verboten war, eine Ausländerin zu lieben, sondern auch, ihr einen Brief zu schicken. Am Ende dachte Anna sogar, daß ihr schöner und freundlicher Niko nicht mehr am Leben sei, da er sich auch nach Jahrzehnten (nach dem Zerfall der Sowjetunion) nicht gemeldet hatte, und seitdem besuchte sie immer wieder den georgischen Friedhof. Wie ich Dir bereits sagte, habe ich sie dort auch zum ersten Mal getroffen. Sie will unbedingt mit mir in Kontakt bleiben, weil ich nach ihrem Niko die erste und letzte lebende Person aus Georgien bin, die sie kennt. Nach all unseren Gesprächen wurde mir klar, daß sie ihren Niko lieber tot glaubte, als ihn für einen Verräter zu halten, der nicht zu ihr zurückkehrte und sich in Georgien eine andere Frau genommen hatte. Anna ist nun um die 80, vielleicht sogar älter. Ich habe sie nicht danach gefragt, und den Holländerinnen sieht man ihr Alter nicht an. Und weißt Du, ich möchte Dir noch etwas sagen, auch wenn ihr Männer das *niemals nachvollziehen* könnt: Diese Frau zehrt bis heute von der Erinnerung an jene zwei Monate, die sie mit ihrem georgischen Geliebten auf dem Dachboden ihres Elternhauses verbracht hat.

25 Gestern bekam ich eine E-Mail von der Georgierin, die auf der Insel Texel lebt. Eine Holländerin (die damals noch ein junges Mädchen war) habe sich in einen georgischen Kriegsgefangenen verliebt und lebe immer noch von den Erinnerungen an jene Zeit, obwohl seit dem Ende des Zweiten Weltkriegs Jahrzehnte vergangen sind. Die Dame heißt Anna, und mir fällt ein, daß ich das Anne-Frank-Haus besichtigen möchte. Aber die Geschichte jener Dame hat mich so interessiert, daß ich seit heute morgen im Internet surfe und alles lese, was ich über den Aufstand auf Texel finde. Alles, was ich vor meiner Ankunft in Amsterdam über diesen Aufstand wußte, war, daß diesem traurigen Ereignis Giorgi Natroshvili als erster (meines Wissens) einen Essay gewidmet hat. Als nächster schrieb Rezo Tabukashvili ein Drehbuch. Nach diesem Drehbuch entstand ein Spielfilm von Schota Managadze. Nun weiß ich auch, daß der holländische Regisseur Dick van Reeuwijk in den 70ern des vergangenen Jahrhunderts einen Dokumentarfilm über die aufständischen Georgier gedreht hat, den wir (im Unterschied zum Spielfilm) aus verständlichen Gründen in Georgien nicht zu sehen bekamen. Allerdings wäre auch das, was wir Sowjetbürger sehen durften, ausreichend gewesen, um uns vor Augen zu führen, wie tragisch sich die Situation im April und Mai des Jahres 1945 auf der Insel Texel entwickelte, auf der die letzten Kämpfe des Zweiten Weltkriegs stattfanden. So kam es, daß der Zweite Weltkrieg in Europa mit Kämpfen zwischen Deutschen und Georgiern beendet wurde. In Georgien weiß man immer noch nicht alles über den Aufstand auf Texel, und Grund dafür waren die sowjetische Zensur und der Eiserne Vorhang. Später, als es weder den Eisernen Vorhang noch die Sowjetunion mehr gab, drehte wieder ein holländischer Regisseur (bloß diesmal eine Frau), Ineke Smits (übrigens die Ehefrau des seligen Tato Kotetischwili und damit die Schwiegertochter Georgiens), diesmal einen Spielfilm, doch darin gab es nichts, was einem dabei geholfen hätte, die wahre Geschichte des georgischen Aufstands auf Texel zu erfahren. Was uns in der sowjetischen Zeit Rezo Tabukashvili und Schota Managadze übermittelt haben, war nur ein Teil der Wahrheit und doch das Maximum von dem, was möglich war (wenn man die Zensur durch den Kreml bedenkt). Auch wenn es keine Zensur gegeben hätte, wäre Herr Tabukashvili (davon bin ich zutiefst überzeugt) nicht alles losgeworden, was er über den Aufstand wußte. Der Aufstand auf Texel ist die Geschichte jener Menschen, die sich zu einer bestimmten Zeit und unter bestimmten Umständen zu Taten entschieden haben, zu denen sie sich unter anderen Bedingungen nicht entschieden hätten. Und das betrifft nicht nur die Georgier, sondern auch die Deutschen und die Holländer. Der Mensch ist doch das komplexeste aller Wesen, die unseren Planeten besiedeln, und man kann unsere Taten nicht aufgrund der ethnischen Zugehörigkeit voraussehen. Vor dem Sieg der Nationalsozialisten in Deutschland war komplett unvorstellbar, was die Deutschen im Zweiten Weltkrieg begehen würden, und man kann daraus schließen, daß so was bei jedem beliebigen Volk geschehen kann. Der Zweite Weltkrieg ging mit auf der Insel Texel geführten blutigen Kämpfen zu Ende, wo (auf derselben Insel) derselbe Krieg ziemlich friedlich begonnen hatte. Im Vergleich zum restlichen Teil von Holland war die deutsche Besatzung auf Texel etwas erträglicher. Die 9000 Bewohner der Insel hatten genug Lebensmittel, um sich durchzubringen.

Die deutschen Besatzer traten zwar mit der Bevölkerung in Kontakt, aber sie bemühten sich gleichzeitig, die Inselbewohner nicht allzusehr zu reizen. Sie mieden es sogar, mit den Einheimischen Alkohol zu trinken. Deshalb hatten die deutschen Offiziere einen getrennten Stammtisch im Restaurant des Hotels De Lindenboom. In der kleinen Stadt Den Burg gab es außer diesem Restaurant noch ein Kino, in dem sich die Deutschen zu versammeln pflegten. Als eines Tages die Deutschen vergnügt im Kino saßen und sich einen neuen Film (vielleicht mit Marika Rökk) anschauten, stahlen Mitglieder der lokalen Untergrundbewegung ihre Waffen. Zu jener Zeit gab es auf der Insel nur 200 Deutsche. Nach diesem Vorfall wuchs ihre Zahl bis auf 1000 an und nahm ab diesem Zeitpunkt noch ständig zu, weil die Insel Texel Teil des Atlantikwalls war und das Deutsche Reich sich gegen den Angriff der Alliierten hier, auf der Insel, verteidigen mußte. Allerdings hatten es die Amerikaner mit der Eröffnung der zweiten Front nicht so eilig. In dieser Zeit schafften es die Deutschen, auf der Insel etwa 500 Verteidigungsanlagen zu bauen. Dafür wurden (natürlich) die sowjetischen Kriegsgefangenen eingespannt, die aus verschiedenen Ländern Europas auf die Insel gebracht wurden. Allerdings glich ihr Leben auf Texel nicht demjenigen anderer Kriegsgefangener, denn offiziell waren sie Soldaten der Ostlegionen der Wehrmacht. Im Zweiten Weltkrieg haben die Deutschen 13 Legionen allein aus Georgiern zusammengestellt. Es gab die Nordkaukasische Legion, die Ukrainische und sogar eine mittelasiatische. Es gab den sowjetischen Generalleutnant Wlassow, der in deutscher Gefangenschaft mitsamt seiner Division die Seite wechselte und sich den Deutschen anschloß. Es gab auch einen georgischen Hauptmann namens Tschitschinadse, der in Gefangenschaft eine Kollaboration mit den Deutschen einging, sich dann aber mit sowjetischen Partisanen in Verbindung setzte. Die geplante Operation gelang, doch nach dem erfolgreichen Angriff auf die Deutschen erschossen die Russen jenen Tschitschinadse samt seiner Kompanie. Schon früher hatten die Deutschen einflußreiche Emigranten benutzt, um aus sowjetischen Kriegsgefangenen Legionen zusammenzustellen. Im Fall der Georgier brauchten sie sich nicht einmal besonders darum zu bemühen, weil es unter den 1921 zwangsweise Emigrierten genügend berühmte Georgier gab, die der Ansicht waren, daß man mit Hilfe der Deutschen ihre Heimat von der russischen Annexion befreien sollte. Deshalb besuchten sie Gefangenenlager und warben unter den georgischen Häftlingen für die Kollaboration mit den Deutschen. Bei einem Teil der Gefangenen bedurfte es einer solchen Propaganda gar nicht, denn sie haßten die Bolschewiken ohnehin und waren gegen ihren Willen in die sowjetische Armee eingegliedert worden. Allerdings gab es auch solche, die nur auf das Angebot der Emigranten eingingen, um die Bedingungen ihrer Gefangenschaft ein wenig zu verbessern. Ein auf solche Weise entstandenes georgisches Bataillon (Nr. 822) brachte man 1943 aus Frankreich in die holländische Stadt Zandvoort, wo es zur Verstärkung der Strandlinie eingesetzt wurde, doch in der arbeitsfreien Zeit versuchten die Georgier mit den holländischen Kommunisten Verbindung aufzunehmen. Manche von ihnen knüpften Kontakte mit der holländischen Widerstandsbewegung und begannen über einen gemeinsamen Aufstand nachzudenken. Mittlerweile ging das Jahr 1944 zu Ende. Am 10. Januar 1945 wurde das Bataillon Nr. 822 auf die Insel Texel verlegt, und die Georgier führten dort die Planung des Aufstands fort. Bereits im Februar vereinbarten sie mit der lokalen Untergrundbewegung einen Tarnnamen: »Tag der Geburt«. Allerdings begannen die Georgier erst später mit dem Aufstand, am 5. April 1945. Genau in der Nacht, die auf den Tag folgte, an dem 500 von den 800 auf der Insel befindlichen Georgier den Befehl erhalten hatten, in den Kampf gegen die Alliierten zu ziehen und zwar unverzüglich. Sie hatten keine Zeit zu vergeuden, und schon bei Tagesanbruch töteten sie (die Georgier) 400 Deutsche. Vier Georgier und einige Inselbewohner wurden in der Folge mit einem Boot nach England geschickt, um Hilfe zu holen, weil die aufgebrachten Deutschen bereits die ganze Insel bombardierten. Am 22. April bezwangen diese die letzte georgische Festung, die ihnen fast zwei Wochen lang standgehalten hatte. Den Leuchtturm am Strand von De Kocksdorp haben die Deutschen wie einen Menschen »erschossen«, doch im Unterschied zu einem Menschen blieb er bis zuletzt stehen, wie das Zeichen einer letzten Hoffnung. Die Hoffnung starb, doch die blutigen Kämpfe wurden weitergeführt. Sie suchten und fanden einander. Genauer gesagt suchten die Deutschen die ganze Insel nach Georgiern ab, und wo sie welche fanden, brachten sie sie um. Diese Kämpfe dauerten bis zum 20. Mai, obwohl der »Führer« nicht mehr am Leben war. Am 30. April 1945 hatte sich Adolf Hitler in einem Berliner Bunker erschossen, doch die auf der Insel Texel verstreuten Georgier wurden von den Deutschen, die sich weigerten die Waffen niederzulegen, weiterhin verfolgt und erschossen. Am 5. Mai hatte Deutschland offiziell kapituliert (und am 7. Mai war der Zweite Weltkrieg beendet worden). Der einzige Ort in Europa, wo die Deutschen sich dem Befehl nicht fügten und die blutigen Kämpfe fortsetzten, war die holländische Insel Texel. Das glich mehr einer Jagd als einer kriegerischen Auseinandersetzung, weil die Deutschen die auf der Insel verstreuten Georgier nur suchten, um sie zu erschießen. Ohne den Eingriff der Kanadier wären noch mehr Georgier auf dem georgischen Friedhof der Insel Texel geblieben. Die am 20. Mai auf der Insel eingetroffenen Kanadier entwaffneten die Deutschen sofort, aber es gelang ihnen nicht, die Georgier schnell in Sicherheit zu bringen. Diese verließen erst am 16. Juni die Insel. Die Mehrzahl der 228 Georgier, die es geschafft hatten, dem Tod zu entfliehen, konnten aber dem sowjetischen Gefängnis nicht entfliehen, denn in der Sowjetunion befand man, daß unter ihnen auch Verräter gewesen seien. Jedoch ist das nur die offizielle Version der Sache, und die Geschichte der 800 Georgier, die im Zweiten Weltkrieg auf der Insel Texel einen Aufstand organisierten, ist in Wirklichkeit viel trauriger.

26

Für heute morgen hatte ich völlig andere Pläne, aber durch die Recherchen im Internet war ich gestern mit einer Kraft in die georgische Geschichte Texels hineingezogen worden, wie sie nur Erforscher von *Der Recke im Tigerfell* oder des georgischen Alphabets kennen. Ich war bis Mitternacht wach geblieben und hatte alles gelesen, was ich über den Aufstand auf Texel finden konnte. Am Morgen, gleich nach dem Aufstehen, ging ich hinunter und verlangte in der Buchhandlung im Erdgeschoß das Buch von Dick van Reeuwijk über den Aufstand der Georgier. Ich habe seinen Namen bestimmt richtig ausgesprochen, aber das Buch bekam ich nicht. Man sagte mir, wo ich es bekommen könnte. Dort kaufte ich das Buch und begann es sofort (noch an der Kasse stehend) zu lesen. Ich las unterwegs, und ich konnte nicht aufhören, bis ich es ausgelesen hatte. Bevor ich mit dem Lesen begann, sah ich mir im Buch das erste Foto an und wunderte mich sehr darüber, daß die Deutschen auf der Insel Texel ein Blasorchester hatten. Auf derselben Seite entdeckte ich, daß sie in ihrer Freizeit Schwimmwettbewerbe veranstalteten, und offensichtlich hatten sie so viel freie Zeit, daß einer von ihnen aus einem alten Propeller Wasserski basteln konnte. Das bezeugt ein Foto, auf dem ein deutscher Soldat abgebildet ist, der im Sommer 1943 vor der Insel Texel an einem Boot mit deutscher Flagge angebunden ist und sich beim Wasserskifahren vergnügt. Eine holländische Widerstandsbewegung gab es natürlich auch auf Texel, doch anscheinend agierte sie dermaßen verdeckt, daß sie die Deutschen bei ihren Freizeitbeschäftigungen nie störte, und wenn nicht die Georgier einen Aufstand gewagt hätten, wäre der Krieg für diese Insel genauso friedlich zu Ende gegangen, wie er begonnen hatte. Deshalb waren viele Bewohner Texels den Georgiern sehr dankbar, denn ihr Aufstand befreite die Inselbevölkerung von der Stigmatisierung als Verräter, die mit den Nationalsozialisten unter einer Decke steckten. Allerdings wäre es manchem lieber gewesen (und manche denken immer noch so), daß der Krieg auch bei ihnen friedlich zu Ende gegangen wäre. Darüber zu streiten, was besser gewesen wäre, hat jetzt keinen Sinn mehr. Damals, 1941, als Adolf Hitler den Deutsch-Sowjetischen Krieg begann, in dessen Folge in deutschen Kriegsgefangenenlagern einige Millionen Insassen zusammenkamen, hatten jene sowjetischen Menschen keine andere Wahl, als ums Überleben zu kämpfen.

Sie trafen die Entscheidung: Sie zogen die deutsche Uniform an und wurden zu Soldaten in Ostlegionen der Wehrmacht. Der Weg zu dieser Entscheidung führte durch die Hölle. Uns fällt selbst die Vorstellung schwer, Tausende von Kilometern im frostigen Winter zu Fuß zurückzulegen, von Kälte, Hunger und Durst gequält. Wenn du diesen Weg durch die Hölle hungrig und durstig zurücklegst und überlebst und dir dann eine deutsche Uniform angeboten wird, wird es dir sehr schwerfallen, nein zu sagen, besonders wenn einer, dem man sein Zögern angemerkt hat, vor deinen Augen erschossen worden ist. Für diejenigen, die ohnehin dachten, daß für Georgien der schlimmste Besatzer die Sowjetunion sei und sie gemeinsam mit den Deutschen ihre Heimat von der russischen Okkupation befreien würden, gab es kein Zögern. Die Deutschen waren trotzdem sehr vorsichtig: In jedem georgischen Bataillon gab es mindestens 400 deutsche Soldaten. Und unser Bataillon 822 (das auf Texel den Aufstand organisierte) wurde im April 1943 im polnischen Deblin zusammengestellt. Mag sein, daß die Sympathie der Georgier den Deutschen gegenüber auch dadurch erzeugt wurde, daß die deutschen Kommandeure der georgischen Bataillone, um mit den Georgiern eine bessere Beziehung aufzubauen, die georgische Sprache zu lernen versuchten, was im Lauf der 200 Jahre kein einziger russischer Besatzer getan hatte. Ja, die Russen waren niemals auch nur auf eine solche Idee gekommen. Zum Kommandeur des Bataillons Nr. 822 wurde noch in Polen ein junger, aber (nach van Reeuwijk) vielversprechender Oberleutnant, Klaus Breitner, bestimmt. Die Geschichte dieses Bataillons hatte lange vor dem Zweiten Weltkrieg begonnen, als Georgier mit Unterstützung der

Deutschen ihre erste Legion gründeten. 1918 spielten die Deutschen eine entscheidende Rolle bei der Wiederherstellung der Unabhängigkeit Georgiens. Deutschland war auch der wichtigste Freund des unabhängigen georgischen Staates. Mag Paul Breitner davon nichts wissen, Klaus Breitner wußte das, und sogar viel mehr als die Mehrheit der georgischen Kriegsgefangenen, die Anfang 1945 auf die Insel Texel verlegt wurden. Sie wurden aus der holländischen Stadt Zandvoort dorthin gebracht. Das ist ein so wunderschöner Ort an der Küste, daß ich mir vorstellen kann, wie die Kriegsgefangenen nach ihrer Ankunft tief ausgeatmet und gedacht haben, daß sie (nach so vielen qualvollen Erfahrungen) Glück gehabt hätten. Die deutschen Kriegsgefangenen dagegen hatten Pech, weil Gefangenschaft zwar nirgendwo angenehm sein kann, aber nach statistischen Daten zu urteilen haben (zum Beispiel) von 100.000 Deutschen, die bei Stalingrad gefangengenommen wurden, nur 7 Prozent überlebt, und nur 7 Prozent sind aus den russischen Lagern heimgekehrt. Es ist auch eine Tatsache, daß mindestens ein Teil der sowjetischen Kriegsgefangenen es schaffte, von ihren Lagern aus (wo immer sich diese befanden) mit den lokalen Kommunisten Kontakt aufzunehmen; Vergleichbares war für ihre deutschen Leidensgenossen (in der sowjetischen Wirklichkeit) ausgeschlossen. In Tiflis allerdings war einiges möglich. Ich weiß von meiner Großmutter, daß sie meine Mutter als Kind zu den deutschen Kriegsgefangenen schickte, um ihnen Essen zu bringen. In Georgien konnte man sie auf jeder Baustelle arbeiten sehen. Meine Mutter konnte sich an die langen Hälse der Deutschen erinnern, und überhaupt, daß sie ihr viel größer vorkamen als die Georgier. Alle hatten einen so traurigen Blick, daß man Mitleid mit ihnen bekam und versuchte, ihnen auf irgendeine Weise zu helfen. In den Nachkriegsjahren gab es in Tiflis selbst nicht viele von ihnen, aber sie dachten, daß ihren guten Taten entsprechend vielleicht jemand meinen Großvater, der weit weg von seiner Heimat ebenfalls ein Kriegsgefangener war, anders behandeln und sein mühsam erobertes Brot mit ihm teilen würde. (Übrigens, wenn der gleich Meliton Maschulia in Kriegsgefangenschaft geratene Georgier Ewgeni Artemidze es schaffte, mit einem weiblichen Mitglied der holländischen Widerstandsbewegung mit dem Decknamen Anna Klein Kontakt aufzunehmen, warum hätte das mein Großvater Melenty mit einer anderen Holländerin nicht schaffen können?)

Partisanin Anna Klein (in Wirklichkeit Annie van Ommeren-Averink, später kommunistische Abgeordnete des holländischen Parlaments) hatte sich als klüger als viele Männer erwiesen (wie es öfter der Fall ist) und begann, gezielt für georgische Kriegsgefangene eine Agitationszeitung herauszugeben, weil sie wußte, daß nun bereits gesättigte und angezogene georgische Kriegsgefangene auch andere Wünsche haben würden. Sie wußte, daß die Georgier viel einfacher zu einem gegen die Deutschen gerichteten Aufstand zu überreden wären, wenn sie wüßten, daß die Verschwörer sich im Haus einer wunderschönen Frau versammelten. Welcher gesunde Georgier würde nein sagen, wenn er die Chance hätte, Marie Andriessen zu besuchen (und sei es heimlich)? Jan Brasser, Mitglied der holländischen Widerstandsbewegung und Teilnehmer und Augenzeuge der damaligen Ereignisse, behauptet (in van Reeuwijks Buch), daß Loladze und Artemidze bereits im Jahr 1944 heimlich von Zandvoort nach Haarlem gekommen waren und unverzüglich mit dem Aufstand in Amsterdam beginnen wollten, und fügt hinzu, daß man die aufgeregten Georgier an jenem Abend kaum habe beruhigen können. Es ist allzu verständlich, daß die georgischen Männer in Anwesenheit des weiblichen Geschlechts nicht ohne Aufregung sprechen konnten (und sie können es immer noch nicht), doch das Wichtigste an dieser Geschichte ist die Information, daß die Georgier den Aufstand schon planten, als noch nicht endgültig entschieden war, wie der Krieg ausgehen würde. Gemäß dem von mir mehrmals erwähnten Buch stellt Jan Brasser nicht ohne Verwunderung fest, daß er an jenem Abend Schwierigkeiten hatte, den Georgiern klarzumachen, daß es keinen Sinn hatte, gegen die Deutschen zu kämpfen, weil die Alliierten immer noch weit weg und sie, die holländischen Partisanen, zu wenige waren, um den Deutschen Paroli zu bieten, die Menschen würden völlig umsonst sterben müssen. Der ehrliche Mensch Jan Brasser kann unmöglich gewußt haben, daß er es an diesem Abend mit einer seltsamen Eigenschaft des georgischen Charakters zu tun hatte, die sich Eitelkeit nennt (und besonders in Anwesenheit schöner Frauen zum Vorschein kommt): Wenn eine Frau schön ist und ein Mann verliebt, so ist ihm auch der Kannibale Adolf Hitler schnurzegal.

Auch später (am 10. Januar 1945), als das georgische Bataillon vom Kontinent auf die Insel Texel gebracht wurde, war die erste Vertraute und Verbündete, welche die Georgier auf Texel fanden, eine Holländerin: Cornelia Boon-Verberg. Am Anfang gingen die Georgier zu ihr, um bei ihr Eier zu kaufen, und dann freundeten sie sich so mit ihr an, daß Frau Boon-Verberg nach dem Krieg die Texeler Georgier in ihrer Heimat besuchte. Anscheinend hatte diese Dame von Anfang an deutlich linke Neigungen und mochte die Deutschen als Besatzer nicht. Und die Deutschen waren entspannt, weil ihrer Meinung nach das georgische Bataillon nur aus antisowjetisch und antikommunistisch Gesinnten bestand. Zwar war der letztere Begriff von den Bolschewiken erfunden worden, aber auf jeden Fall hätten sich die Deutschen verständlicherweise niemals vorstellen können, daß sich Georgier, die deutsche Uniformen trugen, gegen Deutsche erheben würden.

27 Ja, es stimmt schon: Ich bin sauer auf Dich. Was mich empört hat und warum, ist übrigens nicht schwer zu erraten, auch wenn Du mir gegenüber zu nichts verpflichtet bist, und generell mag ich es nicht, wenn zwischen einem Mann und einer Frau Verpflichtungen jeglicher Art entstehen, denn nichts beschleunigt das Ende einer Beziehung so sehr wie irgendeine Verpflichtung. Das ist, glaube ich, auch der Grund, warum meine Eltern auseinandergegangen sind und ich mit einem Stiefvater anstatt mit meinem leiblichen Vater aufgewachsen bin. Weil ich nicht mehr so aufgebracht bin, werde ich Dir heute keine traurigen Geschichten mehr erzählen. Ich bin nicht einmal auf meinen Stiefvater wütend, und überhaupt neige ich dazu, Ärger schnell wieder zu vergessen (obwohl ich damals eher von meiner Mutter enttäuscht war als von meinem Stiefvater, der ihre Schwächen schamlos ausnutzte). Kannst Du Dich erinnern, wie ein Dichter schrieb, er habe ein Zimmer betreten und gespürt, daß jenes Zimmer von Stille und Reflexionen erfüllt sei? In unserem Haus war es ganz anders. Das Zimmer, in dem (als Dauerzustand) der Tisch gedeckt war und Gäste mit langen Trinksprüchen miteinander anstießen, war voll von Lärm und Falschheit. Bevor ich mein Zimmer betrat, mußte ich durch jene »Sala« gehen und diese »Sala« war von Lügen erfüllt, die nicht enden wollten. Ich wundere mich nach wie vor, daß sie es nicht sattbekamen, einander so viele Lügen zu erzählen (und zwar tagaus, tagein). Jeden Tag stießen sie aufeinander an, als ob sie sich zum ersten Mal treffen würden. Ich kann mich an die nachfolgenden Tage erinnern, an den Katzenjammer, der meinen Stiefvater, wie auch alle seine Tischgenossen, quälte, aber gleichzeitig mit Stolz erfüllte. Er liebte dieses Ritual: leiden, auf einen Anruf warten, dann sich lange unterhalten: »Was ist das gestern gewesen!«, »Wie viel wir gestern getrunken haben!«, »Heute wird uns Chaschi und Chinkali guttun«, »Oh, mir platzt der Schädel«, kurzum ein Schwachsinn, den er aber selbst nicht für Schwachsinn, sondern für etwas sehr Wichtiges hielt. Ich hörte solche Telefongespräche schon am frühen Morgen. Sie sprachen nicht miteinander, sie brüllten einander an. Keine Ahnung: Vielleicht taugten die sowjetischen Telefonhörer nichts, oder aber sie glaubten bloß, daß man sie schlecht höre. Ich kann mich sehr gut erinnern, wie mein verkaterter Stiefvater mit Idioten seinesgleichen telefonierte, um zu vereinbaren, wo, in welcher Kneipe, sie an diesem Tag das Ausleben ihrer »Freundschaft« fortsetzen sollten, dabei vom Fenster aus den zum Vake-Park joggenden Wiktor Sanejew sah und ihn bedauerte, der Arme müsse schon wieder zum Training. Der dreifache Olympiasieger Wiktor Sanejew wohnte damals, in meiner Kindheit, in der Paliaschwili-Straße, und wenn er zum Training in den Vake-Park ging, mußte er an unserem Haus vorbeilaufen. Mein Stiefvater bedauerte ihn ganz ehrlich, diesen Menschen, der seiner Meinung nach so viel Zeit mit dem Training vergeudete, anstatt schon früh am Morgen in irgendeiner urigen Kneipe Chaschi zu essen. Er (mein Stiefvater) konnte nicht kapieren, was ihn (Wiktor Sanejew) dazu zwang, sich so abzumühen. Vielleicht sprach er auch deswegen mit meinem jüngeren Bruder (eigentlich Halbbruder) ständig vom Mannsein, damit das Kind nicht aus Versehen als jemand wie Wiktor Sanejew (oder seinesgleichen) aufwachsen sollte. Wie oft habe ich gehört, wie er ihm dieses »Mannsein« erklärte. Wie er für das Seine kämpfen, auf dem Seinen bestehen müsse, sonst würde man ihn »kleinkriegen«.

Ein Freund meines Stiefvaters pflegte jedes Mal, wenn er sich betrunken hatte, (mit selbstgefälliger Miene) immer wieder dasselbe zu sagen: Warum Georgien wohl ein annektiertes Land sei, wie manche behaupteten, wenn die Georgier ihre Frauen seit eh und je gefickt hätten und es immer noch tun würden? Auch diese da (hier zeigte er auf seine russische Lebensgefährtin) habe er aus Rußland mitgebracht (was sonst hätte er in einem Bau-Bataillon machen können, als Frauen hinterherzulaufen). Während die anderen zwei Jahre lang mit Maschinengewehren in der Hand herumgerannt seien, hätten die Georgier sich darum bemüht, ihren Wehrdienst in einem Bau-Bataillon ableisten zu können. Es sei doch nicht schwer, die Russen zu bestechen oder über den Tisch zu ziehen. Jedes Mal, wenn er das sagte, lachten sie gemeinsam über die Russen. Diese Dummköpfe dachten wirklich, daß sie die Russen um den Finger gewickelt hätten, und kapierten nicht, daß es genau das war, was die Russen wollten: den jungen Georgiern den Umgang mit Waffen und Kampftechniken nicht beibringen. Deswegen nahmen sie sie gern in Bau-Bataillone auf und ließen sie dafür noch eine ganze Stange Geld bezahlen. Und die Georgier waren dankbar dafür. Im Wehrdienst (wie ich das neben vielem anderem von einem meiner Kommilitonen erfahren habe) versuchten die georgischen Rekruten für die zwei Jahre (der Wehrdienst in der sowjetischen Armee dauerte ja zwei Jahre) einen gemütlichen Dienstplatz zu finden (in einem Lager oder einer Kantine). Deswegen kehrten sie nach dem sowjetischen Militärdienst etwas beleibter zurück, und dann, in ihrer Heimat, ging es mit der Gewichtszunahme richtig los. In Georgien neigen die Menschen zu Fettleibigkeit, weil sie sich viel zuwenig bewegen. Vor einigen Tagen las ich in einer Lokalzeitung, daß die Holländer alljährlich etwa 14 Millionen Kilogramm Hagelslag verzehren. Wenn wir so viel Süßes essen würden, wären wir längst vom Erdboden verschwunden, aber die Holländer ... Ich bin schon so lange hier, und einen übergewichtigen Holländer habe ich selten gesehen. Das verdanken sie, glaube ich, hauptsächlich dem Radfahren. Ja, warum schreibe ich Dir über den sowjetischen Wehrdienst. Du solltest ihn doch aus eigener Erfahrung kennen. In der Zeit, als Du Student warst, wurde jeder rekrutiert, natürlich nur, wenn er nicht jemanden erfolgreich geschmiert hatte oder an einer Krankheit litt und ihn die medizinische Prüfstelle deshalb für wehrdienstuntauglich befunden hatte. Dabei wollte ich heute etwas ganz anderes erzählen, und jetzt weiß ich nicht mehr, was das war. Dafür fällt mir ein, was mein Stiefvater meiner Mutter geantwortet hat, als sie ihn eines Tages bat, sich nach einer Arbeit umzusehen. Diese Bitte meiner Mutter war übrigens auf meinem Mist gewachsen. Ich war es, die ihr eines Tages, als ich alles satthatte, direkt sagte, sie solle wählen: Entweder würde ihr Ehemann unser Haus verlassen oder ich. Ich war schon groß, und die betrunkenen Gäste glotzten mich widerlich an, obwohl sie unsere Beziehung väterlich nannten. Ich konnte sie wirklich nicht mehr ertragen. Nach meinem

Ultimatum fragte meine Mutter ihren idiotischen Ehemann fast jeden Tag, warum er nicht arbeiten gehe. Er antwortete ihr immer mit denselben zwei Worten: Ich warte. Diese zwei Worte benutzen die georgischen Männer (wenn nicht alle, so doch ihre Mehrzahl) nach wie vor viel zu oft und liebend gern. Heute noch warten sie auf die Beförderung (auf wundersame Weise) eines Verwandten, der ihnen zum »großen Geld« verhelfen wird. Dann werden sie »alle bisherigen Schulden begleichen können«, und somit werden alle Probleme gelöst sein. Was sie nicht wissen: Ihr Hauptproblem liegt in der Abwesenheit des Wunsches, ihr Leben selbst in die Hand zu nehmen und zu meistern, und in Erwartung des Erfolgs eines anderen, anstatt auf den eigenen Erfolg hinzuarbeiten.

Siehst Du, auf dieser Insel bin ich zur Philosophin geworden (das Klima hilft mir dabei). Jetzt werde ich Dir etwas Lustiges erzählen. Als ich das in Amsterdam erlebte, war ich selbst sehr belustigt. Vielleicht deshalb, weil ich damals neu in Amsterdam war und es sehr nötig hatte, etwas Lustiges zu erleben. Stell Dir mal vor: Ich komme vom Dam-Platz, möchte den Weg abkürzen, folge mit gesenktem Kopf in Gedanken versunken einer kleinen Nebenstraße im Rotlichtviertel, und plötzlich höre ich eine Frauenstimme auf Georgisch sagen:

»Schau nicht hin, sonst bring ich Dich um!«

Und sehe einen georgischen Ehemann, der heimlich einen Blick auf die Schaufenster zu erhaschen versucht und seiner Frau erschrocken erwidert:

»Wo soll ich denn sonst hingucken. Sie sind überall!«

Ja. Auf beiden Seiten der Straße gibt es nur Schaufenster und darin Frauen, die den erschöpften, schwere Koffer rollenden Mann mit verführerischen Gesten zu sich einladen. Eine Weile dachte ich sogar, daß dieser Georgier der Versuchung nicht mehr würde widerstehen können, die Koffer auf dem Gehweg stehenzulassen und sich ins Freudenhaus zu stürzen, aber die Angst vor seiner Frau war anscheinend viel größer. Bald darauf traf ich im Rotlichtviertel einen anderen Georgier, der betrunken mit auf seiner Wampe ruhender Krawatte vor einem Schaufenster stand und die Prostituierte verfluchte und ihr mit dem Finger drohte. Ich hätte gern erfahren, was ihn so wütend gemacht hatte, aber mir fehlte die Zeit, um stehenzubleiben. Zwei holländische Schwestern, beide ehemalige Prostituierte, haben über ihre Kunden ein so spannendes Buch geschrieben, daß es hier im vergangenen Jahr zum Bestseller wurde. Ich habe nur ein Kapitel dieses Buches gelesen. In diesem Kapitel beschreiben sie einen älteren Herrn, der immer wieder zu ihnen kam, mit einer der Schwestern ins Bett ging, sie umarmte und sofort einschlief. Als er ausgeschlafen war, bezahlte er den vollen Preis, und ohne auch nur ein einziges Wort über Sex verloren zu haben, ging er. Ihnen war klar, daß er sich in ihren Armen vor der Einsamkeit versteckte, und deswegen ist es den beiden immer sehr schwergefallen, das Geld anzunehmen. Wie mir ein Bekannter sagte (der das Buch zu Ende gelesen hat), haben diese über siebzig Jahre alten Frauen in ihrem Buch fünfzig Jahre ihrer Berufstätigkeit zusammengefaßt und über ihre Erfahrungen mit etwa 200.000 Kunden geschrieben. Uns fällt es zwar schwer, das zu glauben, aber wie man sieht, können auch Menschen mit einem solchen Beruf Bücher über das schreiben, was die anderen zu verheimlichen suchen.

Ich glaube, heute habe ich schon wieder übertrieben. Im Rotlichtviertel kannst Du sogar einer wahren Schönheit begegnen. Darüber werde ich Dir ein andermal schreiben.

28 Der Aufstand hieß »Tag der Geburt«, und die Georgier wollten ihn möglichst bald beginnen, doch die holländischen Partisanen warteten auf die Zustimmung der Engländer. In Wirklichkeit waren sie keine Partisanen (im wahrsten Sinne dieses Wortes), sondern Mitglieder der holländischen Widerstandsbewegung. Ihr Stabsquartier befand sich allerdings in London, und sie (und nicht nur die Widerstandsbewegung) wurden von dort gelenkt. Aber die Georgier waren eben auch nur Georgier und konnten sich aus mehreren Gründen nicht lange gedulden. Am Vorabend des Aufstands teilten sie den Holländern mit, sie müßten am nächsten Tag an die Front (500 Georgier von 800) und deshalb könnten sie den Aufstand nicht auf später verschieben. Die Holländer baten sie, nicht überstürzt zu handeln, aber da die Georgier (aus mehreren Gründen) keine Wahl hatten, begannen sie in der Nacht zum 5. April, die Deutschen mit Messern und Bajonetten zu töten, weil sie möglichst wenig Lärm machen wollten. Die Deutschen schafften es trotzdem, Alarm zu schlagen. So wurde die friedlichste Insel zum Schlachtfeld. Allerdings brachten die Georgier es bei manchen Deutschen nicht übers Herz, sie zu töten. Zum Beispiel einen Offizier namens Dieter Rohren (mit welchem sie eine sehr herzliche Beziehung hatten) ließen sie laufen. Doch viele andere hatten weniger Glück und konnten dem sicheren Tod nicht entgehen. Viele überlebten die Begegnung mit Waliko Jgenti, einem Riesen, nicht. Deutsche und Holländer mit der Körpergröße zu beeindrucken ist zwar nicht einfach, aber jener Jgenti muß ganz besonders riesenhaft gewesen sein. Nichts und niemand entging seinem wachen Blick, außer manche Deutsche, die sich vor den aufständischen Georgiern unter Wasser versteckten. In der ersten blutigen Nacht kamen allerdings auch einige Georgier um. Einer der ersten war jener Indschia, Breitners Stellvertreter. Breitner selbst überlebte nur deshalb, weil er früher einem georgischen Kriegsgefangenen das Leben gerettet hatte und während des Aufstands durch einen glücklichen Zufall genau auf jenen Georgier traf (auch mehrere Jahre nach Kriegsende wiederholte Klaus Breitner immer wieder, er hätte sich niemals vorstellen können, daß die ihm unterstellten Georgier einen Aufstand anzetteln würden. Er sei überzeugt gewesen, daß es die Inselbewohner waren, die angriffen, oder aber eine gewaltige, heimlich gelandete britische Truppe). Die aufständischen Georgier ihrerseits waren überzeugt, daß sie die Insel schnell in ihre Gewalt bringen könnten. Das behaupteten sie auch den Holländern gegenüber. Am nächsten Tag riefen sie die Inselbewohner zusammen und versprachen allen, die ihnen beim Kampf gegen die Deutschen helfen würden, eine Waffe. Viele aus der Inselbevölkerung schlossen sich dem Aufstand an, und deshalb hißten die Georgier auf dem Dach des deutschen Hauptquartiers Texla mit der Roten auch die Flagge der Niederlande.

Schnell (hier die deutsche Pünktlichkeit zu erwähnen wäre bestimmt fehl am Platz) wurden neue Truppen unter Führung des Majors Erich Neumann nach Texel versetzt. Auf der Insel begannen blutige Kämpfe, denn als die Nachricht vom Aufstand auf Texel Berlin erreichte, befahl Hitler, alle Georgier sofort zu liquidieren. Die Opfer waren auch auf georgischer Seite sehr groß. Außer den Erschossenen (auf beiden Seiten) gab es zahlreiche Verletzte, die von einem einzigen holländischen Arzt im Krankenhaus von Den Burg betreut wurden, wo es keinen Strom gab und man bei Kerzenlicht operieren mußte. Als die Deutschen mit der Bombardierung der Insel begannen, explodierte eine Bombe sehr nahe beim Hospital, aber der Arzt blieb dem Eid des Hippokrates treu und ließ, wie auch die Krankenschwestern, die Verletzten nicht im Stich. Die Deutschen beschuldigten die Holländer des Verrats und nahmen gleich nach Beginn des Aufstands etwa 14 Inselbewohner fest. Sie brachten sie an den Strand von De Mok und erschossen sie dort. Die Leichen jener 14 erschossenen Texelaner wurden erst gefunden, als die kriegerische Auseinandersetzung auf der Insel endgültig beendet war. Die Deutschen erschossen alle der Kollaboration mit den aufständischen Georgiern verdächtigen Holländer, die Georgier erschossen sie alle. Dem Arzt verboten sie, verletzte Georgier zu behandeln. Sechs davon, die sie im Krankenhaus fanden, schleiften sie nach draußen und erschossen sie. Doktor Weening war gezwungen, die verletzten Georgier heimlich dort zu besuchen, wo hilfsbereite Holländer sie versteckt hielten. Zu dieser Zeit vermuteten die Deutschen schon, daß der Krieg bald zu Ende sein würde, und zwar mit einem für sie ungünstigen Ergebnis. Wutentbrannt, wie sie waren, nahmen sie das Kriegsende nicht zur Kenntnis und suchten die ganze Insel nach Georgiern ab, die nun als Partisanen gegen die Deutschen kämpften. Da die Georgier annahmen, daß der Flugplatz »De Vlijt« einen idealen Landeplatz für die alliierten Flugzeuge darstellen würde, beschlossen sie, vor allem diesen so lange wie möglich gegen die Deutschen zu verteidigen. Die Deutschen wollten keine Kriegsgefangenen. Sie zwangen die Georgier, ihre eigenen Gräber auszuheben, und sobald sie damit fertig waren, befahlen sie ihnen, die deutschen Uniformen auszuziehen. Weil sie nicht auf deutsche Uniformen schießen wollten, zogen sie die Georgier nackt aus. Einige der Hinrichtung entkommene Georgier wurden von gutherzigen, mutigen Holländern so splitternackt bei sich aufgenommen. Die Holländer wie die Georgier hatten am meisten auf die Hilfe Englands gehofft und deshalb heimlich BBC gehört, doch der britische Rundfunk brachte keine Nachrichten über den Aufstand auf der Insel Texel. Als immer noch keine Unterstützung aus England erschien, beschloß Wim Kender, der Anführer der Untergrundbewegung auf Texel, ein Boot nach England zu schicken, was gar nicht so einfach zu bewerkstelligen war. Nichtsdestotrotz riskierten sechs Insulaner und vier Georgier ihr Leben und verließen in der Nacht zum 8. April heimlich die Insel. Nach 32 Stunden landete das holländisch-georgische Boot am englischen Ufer. Die Georgier waren seekrank, aber auch aus einem anderen (verständlichen) Grund berieten sich die Engländer nur mit den Holländern. Anschließend stellten sie diese Holländer der niederländischen Königin Wilhelmina vor, die sich damals in London aufhielt. Zu der Zeit konnten weder die Holländer von Texel noch die Engländer in London wissen, was das niederländische Königshaus mit Georgien und den Georgiern verband. Die Engländer versagten den aufständischen Georgiern die Hilfe, und zwar aus einem einfachen Grund: Es wurden mit Deutschland bereits intensive Verhandlungen bezüglich der Kapitulation geführt, und wegen des Schicksals einer Insel wollten sie nicht auf den Weltfrieden verzichten. Dabei ist manchmal das Schicksal nicht nur einer Insel, sondern auch eines einzelnen Menschen wichtiger als das ganze Universum. Doch damals dachte man anders und traf eine entsprechende Entscheidung. Den Georgiern blieb nichts übrig, als sich in Gruppen von fünf bis zehn Leuten aufzuteilen, um die Überlebenschance zu vergrößern. Ebenfalls zum Überleben brauchten sie den Flugplatz, den die Deutschen (wenn ich mich recht erinnere) am 17. April dann doch eroberten. Der letzte Stützpunkt der Georgier war der Leuchtturm am nördlichen Ende der Insel, den sie mit aller Kraft verteidigten. Im Gefecht um diesen kamen viele Georgier um, weil er von beiden Seiten für ein strategisch sehr wichtiges Objekt gehalten wurde. Eine dritte Seite im Konflikt gab es nicht mehr, denn diesmal wußten die Deutschen ganz genau, daß die Texelaner den Georgiern halfen. Sie boten ihnen Unterschlupf, versorgten sie mit Lebensmitteln und Medikamenten. Kein Insulaner hat jemals einen Georgier an die Deutschen verraten. Die Deutschen töteten den Kommandeur der Georgier, Schalwa Loladze, ohne zu wissen, daß dieser vor Erschöpfung kurz eingenickte Mann ihr Hauptgegner auf der Insel war. Drei Tage nachdem sie ihn erschossen hatten (im Schlaf erschossen), ordneten sie an, Schalwa Loladze lebend festzunehmen. Sie setzten die Suche nach ihm und nach einigen anderen Georgiern auch nach dem 20. April fort, als die wichtigsten Kämpfe bereits beendet waren und die Aufständischen sich auf den Farmen und in den Wäldern versteckt hatten. Mit Hilfe der Inselbewohner sind von den 800 Georgiern 228 am Leben geblieben. Nach dem 30. April (nach der ersten Kapitulation) hätten die Deutschen einen Grund gehabt, die Waffenruhe einzuhalten. Mindestens nach dem 5. Mai, als im ganzen Land die Befreiung Hollands gefeiert wurde, hätten sie es tun sollen. Aber als am 7. Mai die endgültige Kapitulation Deutschlands bekanntgemacht wurde, änderte sich auf Texel nichts. Obwohl eigentlich auch auf Texel Waffenruhe herrschen sollte, weigerten sich die Deutschen, ihre Waffen niederzulegen. Die Georgier erwiesen sich als nicht minder stur. Nach und nach kamen sie aus ihren Verstecken im Wald. Sie beschlossen sogar, den Flugplatz zurückzuerobern. Es war im Monat Mai. Ganz Europa feierte das Ende des Krieges, nur die Georgier und die Deutschen bekriegten einander auf Texel und ließen in dieser absurden Auseinandersetzung noch mehr Menschen umkommen. Weil sie nicht aufhören wollten, aufeinander zu schießen, erreichten die Insulaner wenigstens, daß die verfeindeten Seiten einander bewußt mieden: Die Deutschen sollten nur tagsüber unterwegs sein, die Georgier hingegen nur in der Nacht. Mag sein, daß das einige Leser zum Schmunzeln bringt, aber in jener Zeit geschah auf Texel wesentlich mehr Trauriges als Komisches.

Und die Geschichte von Theo Smit ist unter den traurigen Geschichten eine besonders tragische ...

29

Theo Smit war Bäcker. Es ist allerdings nicht wichtig, was er von Beruf war. Wichtig ist, daß die Georgier zu diesem Mann großes Vertrauen hatten. Am Tag vor dem Aufstand brachten sie ihm vierzig Kilo Mehl. Von da an, einen Monat lang, während die Georgier sich vor den wutentbrannten Deutschen verstecken mußten, war es Theo, der für die Verpflegung der Aufständischen sorgte und mit Hilfe seiner Familienmitglieder den Georgiern das beste Brot auf der Insel zukommen ließ. Außer den Mitgliedern der Smit-Familie waren weitere Holländerinnen beteiligt, die das Brot in Körben zu den im Wald versteckten Georgiern brachten. Auch wenn man die Flora auf der Insel schwerlich als Wald bezeichnen kann, man muß, wie Wiktor Pelewin einst schrieb, in den Wald laufen wollen, und dann taucht der Wald von selbst auf. Damals, im April 1945, haben sich bestimmt viele Georgier den Märchenstier Tsikara herbeigewünscht oder zumindest den Kamm, der dem von Tsikara geretteten Jungen gehörte. Übrigens hat einem georgischen Aufständischen der Kamm, den er von seiner holländischen Geliebten geschenkt bekommen hatte, wirklich das Leben gerettet. Dieses holländische Mädchen brachte ihm bei, wie sie einander mit Hilfe des Kamms im Wald schnell finden konnten. Wenn du verliebt bist und dein Auserwählter sich im Wald versteckt, wirst du ihn auch ohne jeglichen Kamm (und auch ohne Kompaß) leicht finden, doch diese Geschichte ist viel romantischer, zumal es damals keine Zeit für Romantik und keinen richtigen Wald auf Texel gab. Deshalb versteckten sich die Georgier meistens auf den Bauernhöfen. Da hatten die Insulaner ihre Treibhäuser, in denen manche Aufständische mehr als einen Monat verbrachten, bis die Deutschen ihre Kapitulation verkündeten. Nach der Kapitulation Deutschlands wurden die Georgier übermütig, und am 17. Mai besuchte ein Aufständischer in Begleitung eines Holländers, bei dem er sich vor den Deutschen versteckt hielt, Theo Smit und seine Familie, um sich bei ihnen zu bedanken. Diesen jungen Georgier hatte Theos Familie besonders gern (der Name dieses gutherzigen und höflichen Menschen ist mir übrigens bekannt, im Unterschied zu demjenigen, der sich mit dem Kamm in der Tasche im Wald versteckte, doch ich werde mich beherrschen, ihn hier zu nennen. Die Gründe dafür möchte ich auch nicht preisgeben. Das würde uns zu sehr vom Hauptthema abbringen).

Ich werde lieber erzählen, was sich am 17. Mai 1945 in Theo Smits Familie ereignete, als sich der (wie die Insulaner ihn charakterisierten) bescheidenste aller Georgier im Namen aller seiner Landsleute bei Herrn Theo für die Hilfe bedankte, die er den Aufständischen geleistet hatte. Die Familie Smit war um eine lange Tafel versammelt. Sie bat die Besucher, sich dazuzusetzen. Ein Familienmitglied sagte freudestrahlend zu dem Georgier, es sei so großartig, daß er seine Waffe nicht mehr nötig hat, doch der Georgier erwiderte, es sei noch nicht so weit, daß man die Waffe endgültig ablegen könnte, denn wie sollte er sich dann, wenn er einem Deutschen begegnen würde, verteidigen. Da sagte Herr Theo, der Krieg sei auch auf der Insel vorbei und er würde seine Waffe wirklich nicht mehr brauchen. Der junge Georgier entleerte das Magazin vor den Augen aller und richtete dann die Waffe auf ihn, um ihm zu zeigen, daß sie nicht mehr geladen sei. Da traf eine versehentlich darin übriggebliebene Kugel das letzte Opfer des Zweiten Weltkrieges auf der Insel Texel: Herrn Theo Smit, der am 18. Mai bei Tagesanbruch verstarb. Anstatt dem jungen Georgier Vorwürfe zu machen, versuchten die Familienmitglieder des Verstorbenen ihn zu beruhigen. Nach einigen Jahren, als er bereits nach Georgien zurückgekehrt war, schrieb Theo Smits Frau ihm einen Brief, um ihn zu trösten, und sagte ihm, sie habe ihm den Tod ihres Mannes längst verziehen.

Theo Smit war (wie ich schon erwähnte) das 89. und damit letzte Opfer unter der friedlichen Inselbevölkerung. Ich habe auch bereits gesagt, daß von 800 Georgiern auf der Insel Texel nur 228 überlebt haben. Wie viele Deutsche während des Aufstands umgekommen sind, ist nicht genau bekannt, auch wenn die Kanadier in ihren Berichten die Zahl der getöteten Deutschen mit 2347 angegeben haben. Das ist viel, doch anderseits ist es eine Tatsache, daß die Georgier, die auf der Insel den Aufstand organisiert hatten, als einzige in ihre Heimat zurückkehren durften und nicht wie die anderen sowjetischen Kriegsgefangenen in den Lagern Sibiriens eingesperrt wurden. Ob es eine gute oder schlechte Entscheidung war, den Aufstand zu wagen, kann niemand mit Sicherheit sagen, weil niemand mit Sicherheit weiß, wie er sich an ihrer Stelle verhalten hätte. Außerdem hat ein Mensch in Gefangenschaft das Recht, auch dann zu rebellieren, wenn das Ende des Krieges naht. Zwar fielen diesem Aufstand auch friedliche Inselbewohner zum Opfer, die fünf Jahre lang keinerlei Schrecken des Krieges mitbekommen hatten, aber später waren auch die Holländer stolz auf den Aufstand, weil in mehreren von Deutschland besetzten Ländern gleich Aufstände begonnen hatten, doch in Holland geschah nichts, wenn wir die ersten fünf Tage außer acht lassen wollen, in denen die Holländer den Deutschen heldenhaften Widerstand geleistet haben; danach setzten sie ihren Widerstand im Untergrund fort. Deshalb wird in den Niederlanden heute noch darüber gesprochen, daß während des Zweiten Weltkriegs auch einige Kollaborateure unter den Holländern gewesen seien. Nicht jeder ist fähig zu rebellieren, aber unter gewissen Bedingungen ist manche gewöhnliche Tat eine Heldentat. Zum Beispiel haben die Musiker eines auf Texel ansässigen Orchesters ihre Instrumente (die ganzen fünf Jahre lang) im Meer versteckt, um nicht für die Deutschen spielen zu müssen. Diese Musiker spielten erst wieder, nachdem die Deutschen die Insel verlassen hatten. Die Deutschen allerdings verließen die Insel nicht auf eigenen Wunsch, sie waren erst nach der Ankunft der kanadischen Alliierten entwaffnet worden. Die Kanadier übernahmen zwar gleich nach ihrer Ankunft am 20. Mai die Kontrolle über die Insel, aber die Deutschen schafften es trotzdem, die Flagge Tamars zu verbrennen, die das Unabhängigkeitskomitee der Georgischen Exilregierung dem georgischen Bataillon im Jahre 1943 noch überreicht hatte.

Was den kühlen Wind betrifft, der damals bei Unwetter auf Texel wehte und heute noch weht, so hat er die Dünen geformt. Diese Dünen hatten die Deutschen vermint, und sie gingen in der Folge nicht mehr dorthin, weil sie hofften, daß die Georgier den explodierenden Minen von selbst zum Opfer fallen würden. Doch viele sind dieser Gefahr unversehrt entkommen, und als die Kanadier die Insel von den Deutschen säuberten, sammelten die am Leben gebliebenen Georgier die Leichen der in den Kämpfen gefallenen oder von den Deutschen erschossenen Landsleute und setzten sie in einem Sammelgrab bei. Anschließend, am 16. Juni, verließen sie die Insel auf einem kleinen Schiff. Mit Erlaubnis der Kanadier durften die georgischen Offiziere das Schiff bewaffnet besteigen. In einer Rede vom Schiff aus bedankten sich Gongadze und Artemidze bei den Inselbewohnern. Die Kanadier brachten die Georgier in die deutsche Stadt Wilhelmshaven und übergaben sie als Sowjetbürger den offiziellen Vertretern der Sowjetunion. Sie sind erst 1946 in Georgien angekommen. Vermutlich durften nicht alle sofort in ihre Heimat reisen, obwohl sie auf dem Weg nach Moskau überall als Helden begrüßt wurden. In Moskau untersuchten die Bolschewiken sehr aufmerksam ihre Taten und hielten sie als ehemalige Kriegsgefangene (sprich: Verbrecher) noch einige Monate in Rußland zurück. Zum Glück sind die Texeler Georgier dem Schicksal von Hunderttausenden sowjetischer Soldaten entkommen, die wegen ihrer Kriegsgefangenschaft noch eine jahrzehntelange Haft in den in Sibirien gelegenen sowjetischen Lagern absitzen mußten und deren Großteil das nicht überlebt hat.

Der georgische Aufstand brachte den Texelern zwar viele Probleme, aber trotz allem standen sie auf der Seite der Aufständischen, und das können wir Georgier leicht nachvollziehen. Wer die Georgier nicht kennt, wird damit Schwierigkeiten haben. Die Holländer hatten nicht nur subjektive, sondern auch objektive Gründe dafür, sich so zu verhalten. Einer davon war die Strenge und Brutalität, mit der die Deutschen die Inselbewohner behandelten. Weil ein holländisches Ehepaar (namens Segel) einen jungen Georgier bei sich aufgenommen und versteckt hatte, erschossen sie es auf einem Dorfplatz. Auf Befehl der Deutschen mußten ihre Mitbürger bei der Exekution anwesend sein, und von dieser Pflicht waren nicht einmal die Kinder ausgenommen. Danach wunderten sie sich, daß sie gehaßt wurden (in den Niederlanden und auch sonstwo). Seltsam. Seltsam finde ich auch die Meinung mancher, die behaupten, daß der Aufstand auf Texel verspätet erfolgt sei. Warum die georgischen Kriegsgefangenen wohl nicht rebelliert hätten, als sie noch in Polen oder Frankreich gewesen seien. Sie bedenken nicht, daß die Georgier das damals aus mehreren Gründen nicht tun konnten, und sobald sie eine Gelegenheit dazu bekamen, haben sie sofort mit dem Aufstand begonnen. Das war ihre einzige Chance, um das Tragen deutscher Uniformen zu rechtfertigen und heimkehren zu dürfen. Wenn jemand denkt, ich sei in diesem Fall auf der Seite der Georgier, so irrt er sich. Ich bin auf der Seite der Menschen, und die Georgier haben ihre menschlichen Schwächen wie alle Menschen. Auch wenn der Aufstand viele Opfer forderte und alle Beteiligten dafür einen sehr hohen Preis bezahlen mußten, wurden die Georgier am härtesten bestraft, und deshalb halte ich es nicht für richtig, sie (besonders jetzt, nach so vielen Jahren) zu verurteilen, weil niemand mit Sicherheit weiß, wie er sich auf einer fernen, fremden Insel verhalten würde, wenn es nur einen einzigen Weg gäbe, um heimzukehren.

30

Keti Devdariani ging in meine Parallelklasse, aber ich war mit ihr enger befreundet als mit meinen Klassenkameradinnen. Genau diese Keti hat mir als erste gesagt, daß Gott die Welt erschaffen hat, die Niederlande allerdings sind von den Holländern erschaffen worden, und dieser Satz blieb mir für immer im Gedächtnis. Warum wir über Holland gesprochen haben, daran kann ich mich nicht mehr erinnern, aber am Vortag hatte man uns einen Film über den Texeler Aufstand gezeigt, und vielleicht kamen wir deswegen darauf. Hier auf Texel hat man mir gesagt, früher haben nur nordische Seeleute und Abenteurer die Insel gekannt, und nach dem Aufstand der Georgier hat die ganze Welt von ihr gehört. Ich glaube, ich habe Dir nicht erzählt, daß es in Den Burg eine nach den Georgiern benannte Straße gibt und ein Bürger der Stadt Michele Natroschwili heißt. Er ist Holländer, obwohl weder sein Name noch sein Nachname holländisch sind, und mit Georgien verbindet ihn sein georgischer Vater. Und was verbindet mich mit Georgien?

Kannst Du Dich erinnern, daß ich Dir von einem jungen

Mann geschrieben habe, in den ich mich in Georgien verliebt hatte? Ich weiß bis heute nicht, warum ich ihn nicht geheiratet habe (und einen anderen, den ich nicht liebte), aber wenn ich jetzt daran denke, was mich mit meiner Heimat verbindet, ist es immer noch dieser junge Mann, den ich noch heute liebe. Um es genauer auszudrücken, ich konnte alles aus meinem Gedächtnis verdrängen, was ich in Georgien geliebt habe, doch ihn kann ich nicht vergessen. Kennst Du den Geschmack der Tränen, wenn man weinend einschläft?

Manchmal, wenn ich mich ins Bett lege und nachzudenken beginne, fällt mir ein, wie ich mich selbst belogen habe (von jenem netten jungen Mann ganz zu schweigen), und meine Augen füllen sich mit Tränen. Das geschieht mehr aus Ärger. Ich ärgere mich, daß ich meinem Traummann begegnet bin und es nicht erkannt habe, und als ich es erkannte, war es bereits zu spät – ich hatte ihn verloren. Ich habe es nicht einmal geschafft, ihm die Briefe zu geben, die ich an ihn geschrieben und nicht abgeschickt habe, geschweige denn, um diese Liebe zu kämpfen. Du wirst bestimmt lachen, aber ich habe diese Briefe bei mir. Ich habe sie mitgenommen. Auch wenn ich sie nicht lesen kann, manchmal sehe ich sie durch. Du weißt noch nicht viel über mich, nur das, was ich Dir selbst geschrieben habe. Um ehrlich zu sein, alles über mich weiß nicht einmal ich.

Mir fällt das erste Date mit diesem Jungen ein. Wir saßen in einem Park, und plötzlich fragte er, ob er mich auf den Mund küssen dürfe, aber er wartete meine Antwort nicht ab. Er küßte mich, und anschließend fragte er, warum ich seinen Kuß nicht erwidert hätte. Erstens habe ich das nicht getan, weil sein Kuß so unerwartet kam, besonders von einem Jungen, den ich nicht lange genug kannte (auch wenn ich seinen Kuß hätte erwidern wollen, hätte ich es aus lauter Verwirrtheit nicht tun können), und zweitens, ich wollte ihn nicht küssen, weil ich ihn damals noch nicht liebte und nichts Ernsthaftes mit ihm vorhatte. Zu dem Date war ich nur aus Höflichkeit und vielleicht aus Neugier gegangen, und deshalb gab ich ihm eine kurze strenge Antwort:

»Ich küsse keine mir unbekannten Jungs auf den Mund!«

Darauf antwortete er gelassen, ohne zu lächeln:

»Ich auch nicht. Ich küsse überhaupt keine Jungs auf den Mund.«

Später, als wir uns nähergekommen waren, nach dem Sex im Bett lagen und rauchten, fragte er mich, ob ich jemals mit einer Frau hätte Sex haben wollen. Ich stellte ihm die Gegenfrage, ob er sich dasselbe mit einem Mann vorstellen könne. Weißt Du, was er mir darauf geantwortet hat?

Er würde mit einem Mann keinen Sex haben, weil er ihn nicht küssen könne, und ohne Küssen habe Sex für ihn keinen Sinn.

War das vernünftig, auf einen so Liberalen zu verzichten?

Der Versuch, es mit Humor zu nehmen, ist mir schon wieder mißlungen. Ja, manchmal bin ich so wütend auf mich, weil ich mit ihm einen Teil meiner Seele verloren habe (wie pathetisch und trivial das auch klingen mag), daß mir Tränen in die Augen steigen. Nein, ich weine nicht, es kommen mir nur die Tränen, und wenn sie nicht von selbst aufhören zu fließen, kann ich nichts dagegen tun. Klar ich ärgere mich über mich selbst, weil ich damals nicht kapiert habe, daß man nicht einen Teil seiner Seele weggeben darf. Es fühlt sich viel schlimmer an, als wenn man sich einen Körperteil abgerissen hätte. Körperlichen Schmerz kann die Zeit heilen, seelische Wunden können nicht geheilt werden.

Wenn ich damals so pathetische Äußerungen von jemand anderem gehört hätte, so hätte ich denjenigen für bescheuert gehalten, aber je mehr Zeit vergeht, desto mehr bin ich überzeugt, daß er das Wichtigste für mich gewesen ist. Davor sowie danach gab es in meinem Leben nichts. Kannst Du Dir vorstellen, was ich verloren habe?

Leider habe ich das zu spät verstanden. Kannst Du Dich an Bulgakows Worte erinnern? Wie er Glücklichsein mit Gesundheit vergleicht? So ist es: Wenn man glücklich ist, schätzt man es nicht. Ich habe erst verstanden, wie glücklich ich gewesen war, als ich ihn verloren hatte.

Und die Zeit vergeht im Nu.

Weißt Du, wann die Zeit langsam vergeht? (Du wirst auch das nicht erraten. Ich frage wohl völlig umsonst.)

Manchmal denke ich, daß diese Tränen die Sehnsucht nach ihm sind, die mein Körper nicht mehr ertragen kann, und so muß sie in Tränenform ausfließen. Ich hoffe, daß Du diesen Satz nicht als pathetisch empfindest. Das ist genau das, was ich dabei fühle. Es gibt Tage, an denen ich diesen Jungen einfach nur so vermisse, doch an manchen Tagen wird die Sehnsucht unerträglich. An solchen Tagen trage ich eine Sonnenbrille, und die Holländer wundern sich, daß ihre Nachbarin, die sie ohnehin für seltsam halten, auch bei Regenwetter eine Sonnenbrille trägt. Sie wissen nicht, daß ich dahinter meine Tränen verstecke.

Es erstaunt mich immer noch, daß ich damals immer gespürt habe, wann er mich anrufen würde, und war ich zu Hause, so nahm ich stets den Anruf entgegen, obwohl ich normalerweise nie ans Telefon gegangen bin, das im Flur an der Wand hing. Bevor es Mobiltelefone gab, gelang es mir, mich mit ihm in meinen Gedanken zu verbinden und ihm zu befehlen, er solle meine Nummer wählen. Wäre das nicht ein Anlaß gewesen zu kapieren, daß, wenn die Gedanken sich so materialisieren können, du den Menschen gefunden hast, den du in deinem Leben am meisten brauchst?

Vielleicht verwende ich nicht die richtigen Worte, um mich auszudrücken. Vielleicht bist Du mich schon leid mit meinen Abschweifungen, aber wenn ich Dir das alles schreibe, fühle ich eine gewisse Erleichterung und kann diese unerträgliche Sehnsucht für eine Weile in Schach halten. Das fühlt sich gut an. Die Ärzte hier (im Unterschied zu den georgischen Ärzten) raten ihren Patienten, sie sollen über das sprechen, was sie bedrückt, auch wenn sie damit das Problem selbst nicht loswerden, so werden sie sich doch etwas erleichtert fühlen. Weißt Du, was mir noch Erleichterung und ein bißchen Glück verschafft?

Jener Junge ist nun ein Mann. Er ist verheiratet und hat Kinder. Er hat eine gute Frau, und ich freue mich darüber. Das beruhigt mich, und ich denke, daß diese Wertschätzung seiner Familie daher kommt, daß ich ihn so liebe. Manchmal bin ich stolz darauf, daß ich so edelmütig sein kann. Obschon mich hin und wieder der Ärger packt. Einmal habe ich gedacht, wenn er eine schlechte Frau geheiratet hätte, hätte er sich scheiden lassen (früher oder später) und wäre dann bestimmt zu mir zurückgekehrt, aber das ist mir nur ein einziges Mal passiert. Meistens denke ich, wenigstens er soll eine gute Familie haben und sich daran erfreuen.

Was das Glück betrifft, so ist es eine schwierige Sache, auch wenn man aus den banalsten Gründen glücklich sein kann. Ich habe viel darüber nachgedacht, daß es vielleicht an den amerikanischen Filmen liegt, wenn man denkt, man sei glücklich, weil man erfolgreich geheiratet hat. Ich finde es auch sehr amerikanisch zu denken, daß wir alle eine erfolgreiche Karriere anstreben sollten. Das Leben ist so kurz, daß es keinen Sinn hat, es für die Karriere zu vergeuden. Ich ziehe es vor, so zu leben, wie ich will, und nicht, wie die Gesellschaft es von mir verlangt.

Vielleicht gefällt es mir deshalb so sehr, daß es hier in Europa so viele Menschen gibt, die kein Fernsehen schauen. Jetzt, während ich Dir diese Worte schreibe, höre ich von draußen den Regen, was eigentlich eine Seltenheit ist, weil es hier auf der Insel meistens still und unaufhörlich nieselt. Dieser geräuschvolle Regen gefällt mir viel besser und stimmt mich froh. Da ich mich nun in einer guten Stimmung befinde, kann ich Dich womöglich auch erheitern. Einmal in meiner Kindheit habe ich im Fernsehen ein Gedicht gehört und es mir für immer gemerkt. Eigentlich nur die letzte Zeile dieses Gedichts: »Du wirst hochfliegen und dann zisch!« Später, als ich groß wurde, erfuhr ich, daß der Mann, der dieses Gedicht im Fernsehen rezitiert hatte, sein Autor, der Dichter Moris Potskhishvili, war. Während meiner Studentenzeit habe ich sogar das Haus gesehen, in dem er lebte. Ich ging die Larsi-Straße entlang und sah ein Schild an der Hauswand, auf dem zwei Zeilen jenes Gedichts geschrieben standen: »Ich muß trotzdem hochfliegen. Ich fliege hoch und zisch!«

Heute trägt diese Straße den Namen von Guram Rtscheulischwili, aber das Schild befindet sich bestimmt immer noch dort. Wenn Du nach Tiflis zurückkehrst, kannst Du hingehen und es selbst sehen. Seitdem fällt mir jedes Mal, wenn ich im Flugzeug sitze, dieses Gedicht ein. Ich bin mir ziemlich sicher, daß es mir auch künftig, wenn ich irgendwohin fliegen muß, wieder einfallen wird: Ich werde hochfliegen und zisch! Sollte mir mein Geliebter nach so vielen Jahren doch noch schreiben und mir ein Date vorschlagen, werde ich von hier aus, vom Flugplatz der Insel aus, fliegen, der übrigens im Jahre 1945 für einen Monat in den Händen der Georgier war; sie haben ihn im Kampf erobert. Wenn es von hier zu dem Ort, wo mein Geliebter mich hinbestellt, keinen direkten Flug gibt, werde ich in eine beliebige Richtung fliegen und dann zu ihm eilen, und sei es zu Fuß. Meine Reise zu ihm kann ich allerdings nicht zu Fuß beginnen (aus verständlichen Gründen). Das erste, was ich machen werde, wenn er mich in die Arme schließt: Ich werde mich bei ihm entschuldigen und ihn bitten, er solle mir jede einzelne Träne verzeihen, die er meinetwegen (und nicht meinetwegen) vergießen mußte. Meine eigenen Tränen werde ich ihm nicht vorwerfen. Ich werde ihm überhaupt nichts vorwerfen. Ich werde ihm bloß von meinen Tränen erzählen und alles weitere, was ich ihm während all dieser Jahre mitteilen wollte.

Ich möchte meinem geliebten Jungen (der, mag sein, schon graue Haare hat) sagen, daß ich ihn damals vielleicht nur deshalb nicht geheiratet habe, weil ich Angst hatte, seine Liebe zu verlieren. Weil ich glaubte, daß er mich, wenn ich seine Frau wäre, nicht mehr lieben würde. Ich wollte aber, daß er mich ewig liebte. Vielleicht war das der Grund, warum ich ihm damals verschwiegen habe, daß ich ihn ebenfalls liebte.

Ich wollte Dich doch erheitern, und schau, was ist aus diesem Vorhaben geworden ...

Verzeih mir, bitte!

Wenn es rein zufällig doch so kommt und wir uns begegnen? Nur einmal ... ein letztes Mal?

31 Wenn ich eine Magen-Darm-Störung bekomme, bekomme ich gleichzeitig auch eine Nervenstörung (manchmal passiert das auch in umgekehrter Richtung). Wenn ich die Nervenstörung bekomme, verliere ich ein paar Tage (außer Lesen und Schreiben), und deshalb mag ich die Darmprobleme, die durch ungesunde Ernährung verursacht werden, nicht. In Georgien geschieht das oft, weil man dort keinen Wert auf Bioprodukte legt. In Amsterdam ist alles umgekehrt. In den wenigen Wochen meines bisherigen Aufenthalts in Amsterdam habe ich keine Verdauungsstörungen bekommen. So entspannt ging ich auf den Flohmarkt, den es in jeder europäischen Stadt gibt. In Amsterdam findet er direkt in der Stadtmitte statt, beim Opernhaus. Dort wird alles verkauft, was die Menschheit jemals erfunden und angefertigt hat. Es ist eine holländische »Trockene Brücke«.* Ich ging dorthin, um alte Fotos zu kaufen, auf denen womöglich mein Großvater zu sehen wäre oder aber die Frau, deretwegen mein Großvater nach Amsterdam gekommen war. Anscheinend ist bei uns in Tiflis ein so großer Flohmarkt am Ort des jetzigen Sportpalastes (in Saburtalo) entstanden, nachdem die zurückgekehrten Soldaten irgendwelche »Trophäen« mitgebracht hatten. Jene Sachen wurden vom Sportpalast bis zu dem Platz, auf dem später das Hotel »Atschara« gebaut wurde, ausgebreitet. (Von Herrn Waja Nadiradze weiß ich, daß nach dem Krieg ein deutscher Kriegsgefangener jeden Tag zu ihnen nach Hause kam und höflich fragte, ob er Klavier spielen dürfe.) Bis zum Jahr 1921 konnte man in Georgien

* Die Trockene Brücke (auf Georgisch: *mschrali chidi*) ist eine Straßenbrücke in der georgischen Hauptstadt Tiflis mit einem beliebten Flohmarkt.

beliebige Produkte beliebiger europäischer Marken kaufen, in der gleichen Qualität wie in Europa selbst, aber etwa 25 Jahre später sahen die Sowjetbürger staunend die aus Deutschland (und nicht nur aus Deutschland) mitgebrachten Dinge, und manch eines davon hielten sie für einen Luxusgegenstand. Vielleicht begannen sie damals zu vermuten (und wer es bereits vermutet hatte, fühlte sich in seiner Annahme bestätigt), daß die besiegten Deutschen womöglich besser angezogen und mit schöneren Sachen umgeben waren als die Sowjetbürger. Doch im Jahre 1945 hatten die Georgier über Wichtigeres nachzudenken. Alle spürten schon, daß die sowjetische Armee bald die Grenze zur Türkei überschreiten würde, und zwar mit einer ganz bestimmten Absicht. Diese Absicht zu erraten war ohnehin nicht schwer, denn gleich nach Ende des Zweiten Weltkriegs begannen die sowjetischen Zeitschriften von Georgiern (und Nichtgeorgiern) gezeichnete Artikel zu drucken, in denen Wissenschaftler zitiert wurden, welche die georgischen (und nichtgeorgischen) Leser darauf aufmerksam machten, daß ein historischer Teil Georgiens, Tao-Klardschetien, sich nun auf dem Territorium der Türkei befinde. Diese Artikel wurden alle fast identisch beendet: Am Schluß stand immer ein bestimmter Aufruf, diese historische Ungerechtigkeit rückgängig zu machen. Unter dem Diktat der sowjetischen Macht wurden zu diesem Thema auch zahlreiche Gedichte geschrieben und veröffentlicht, das Gedicht eines berühmten georgischen Dichters mit dem Titel *Ein Anruf aus Trabzon* war damals besonders populär. Es erzählte von einer Berichterstattung (per Telefon) des Bürgermeisters von Trabzon an das Zentralkomitee der Kommunistischen Partei Georgiens über die in Trabzon ablaufenden Ereignisse, obwohl diese Ereignisse nicht in der Türkei, sondern in Georgien (an der türkischen Grenze) stattfanden, wo ein ziemlich großer Teil der sowjetischen Armee stationiert war und nur auf den Befehl aus Moskau wartete, um mit dem Angriff zu beginnen. Dieses Warten auf den Befehl dauerte einige Monate. Am Ende verzichtete Stalin dann jedoch auf die Idee, Tao-Klardschetien zurückzuerobern, und somit hat er seine einzige Chance, seiner Heimat etwas Gutes zu tun, nicht genutzt. Einmal in meiner Studentenzeit zeigte mir Soso Kotoreischwili einen ziemlich betagten Universitätsangestellten, der in seiner Jugend als Georgier und Soldat anscheinend mit besonderer Freude auf jenen Befehl der sowjetischen Oberbefehlshaber (um die historische Gerechtigkeit wiederherzustellen) gewartet hatte. Als der Befehl für den Angriff nicht kam, feuerte er einen symbolischen Schuß in Richtung der türkischen Soldaten, und dafür wurde er mit einer langjährigen Haft bestraft. Auf jeden Fall ist er mit dem Leben davongekommen, im Unterschied zu türkischen Kommunisten, die verdächtigt wurden, sowjetische Agenten zu sein, und ohne Prozeß hingerichtet wurden. Damals, im Jahre 1945, war an der türkisch-georgischen Grenze (eigentlich türkisch-sowjetischen Grenze, da Georgien damals der Sowjetunion angehörte) ein gewisser Nikita Karazupa, ein russischer Scharfschütze, noch nicht tätig. Er diente anderswo als Grenzsoldat, und dann wurde er nach Georgien versetzt, denn hier gab es häufiger Fälle von gesetzwidriger Grenzüberschreitung. Seltsam, nicht wahr, daß die Menschen aus dem Gebiet einer Siegermacht fliehen wollten? Doch nach dem Ende des Zweiten Weltkriegs begann eine neue Welle von Repressionen, obwohl viele gehofft hatten, daß das Siegerland humaner (als in der Vergangenheit) werden würde. Natürlich hatten sich die Sowjetbürger wieder einmal geirrt, und viele von ihnen wurden nach Sibirien oder Zentralasien verbannt, wo auf die unschuldigen Bürger eine Hölle wartete. Meinen nach Moskau zurückgekehrten Großvater Meliton Maschulia hat man in die weite Ferne geschickt, die jeder Georgier seit seiner Kindheit als Redensart kannte: »Die Russen schleudern ihn weiter als nach Sibirien.« Das haben sie auch getan und Meliton Maschulia nur mit seinem Ausweis in der Tasche irgendwo am Ufer des Irtysch abgesetzt. Nach Tiflis, genauer gesagt nach Georgien (sich in Tiflis anzusiedeln hatte man ihm verboten), kehrte mein Großvater erst zehn Jahren später zurück, nach jahrelanger Arbeit unter Tage leider gesundheitlich sehr angeschlagen. Über ihm allerdings nahm die Zahl der Bürger, die aus der Sowjetunion (besonders aus Georgien) fliehen wollten, schon wieder zu. Deswegen brachte man Nikita Karazupa nach Georgien, um unsere Grenze zu bewachen. Nach offiziellen Angaben des sowjetischen Staates, die in den Archiven gefunden wurden, hat er von 338 Menschen, die versucht hatten, die Grenze illegal zu passieren, 129 erschossen und damit den sowjetischen Grenzsoldaten ihre Arbeit ziemlich »erleichtert«, denn es war nicht einfach, jene Menschen festzunehmen. Wem dieser »geniale« Einfall zu verdanken war, wissen wir nicht, aber was jener Karazupa an der georgisch-türkischen Grenze trieb, hat woanders wohl niemand gemacht. Übrigens war ein wahrer Champion unter den Scharfschützen der Finne Simo Häyhä, der im Jahre 1939 im Russisch-Finnischen Krieg 505 sowjetische Soldaten tötete, aber das war im Krieg und nicht in der Friedenszeit. Der finnische Verteidiger seiner Heimat (im Unterschied zu jenem Arschloch) benutzte kein Zielfernrohr. Weil die Sowjetmacht ihre Kampfmethoden verschärfte, tauschten die antisowjetischen Elemente (wie sie genannt wurden) das Land gegen das Wasser. Diese verzweifelten Menschen versuchten über das Schwarze Meer in die Türkei zu gelangen, auch wenn das wesentlich schwieriger war, als durch Schluchten, Wanderpfaden folgend, über die Grenze zu kommen. Eine eindeutige Statistik gibt es natürlich nicht, und darum weiß niemand genau, wie viele Menschen im Wasser erschossen oder bereits verhaftet aus dem Wasser gezogen wurden, wie viele ertranken, weil die Entfernung sehr groß war, und einen Irakli Tscharkwiani, der sie ermutigt hätte, gab es damals nicht. Doch nichts ist unmöglich, und es gab auch Ausnahmen, die ihr Ziel erreichten. Zum Beispiel ein junger Mann namens (wenn ich mich nicht irre) Charlamow zog nach Batumi, um dort die Arbeit im Hafen und auch diejenige der Grenzpolizei zu beobachten, und nach zwei Jahren intensiven Trainings schwamm er bis zur türkischen Stadt Rize. Klatschnaß, aber überglücklich ging er direkt auf das nächste Polizeirevier, aber man glaubte ihm nicht, daß er kein sowjetischer Agent sei. Die Türken verurteilten den »Agenten« zu drei Jahren Haft, er bat sie darum, ihn einer Schwimmprüfung zu unterziehen und von Rize bis nach Istanbul schwimmen zu lassen (die Prüfer sollten ihn mit Motorbooten begleiten), doch man versagte ihm auch das und konnte überhaupt nicht glauben, daß ein Mensch (auch ein gesunder, durchtrainierter Schwimmer) von Batumi aus Rize schwimmend erreichen kann. Der Angeklagte Charlamow wiederholte sein einziges Argument (mit Hilfe eines Dolmetschers) mehrmals, aber die Türken glaubten ihm auch das nicht: Sie wüßten nicht, was es bedeute, in der Sowjetunion zu leben, er sei so verzweifelt, daß er bereit sei, nicht nur das Schwarze Meer, sondern selbst den Pazifik zu durchschwimmen.

Der verzweifelte Charlamow erwähnte den Pazifik nicht umsonst, denn es war sein Traum, in die USA zu gelangen. Nach drei Jahren, als er seine Haft abgesessen hatte, übergab man ihn den Amerikanern, und somit ging sein großer Traum in Erfüllung. Später, in den 60ern, lernte Reso Mcheidze den Kapitän eines holländischen Schiffes kennen, dem er sein Geheimnis anvertraute: Reso und sein Freund wollten aus der Sowjetunion flüchten und waren überzeugt, daß sie, wenn man ihnen erlauben würde, das holländische Schiff zu besteigen, in der Lage wären, schwimmend internationale Gewässer zu erreichen. Der Kapitän gab Reso sein Wort, daß er ihnen auf jeden Fall helfen würde, wenn sie es schafften, in die Nähe seines Schiffes zu gelangen (in internationalen Gewässern). Sie gaben sich die Hand darauf, und Reso war überzeugt, daß ein Verrat ausgeschlossen sei. In der Nacht schwammen die beiden ununterbrochen mehrere Stunden im Meer (beide waren sehr gute Schwimmer), doch bei Tagesanbruch wurde Resos Freund schlecht, und sie waren gezwungen das Schiff zu nehmen, das am nächsten bei der Stelle war, die sie bereits erreicht hatten. Dieses Schiff war allerdings bulgarisch und nicht holländisch. Doch einen anderen Ausweg gab es (leider) nicht. Resos Freund entkam dem sicheren Tod, aber der Kapitän des bulgarischen Schiffes alarmierte die sowjetische Küstenwache und übergab die beiden Flüchtlinge der Gerichtsbarkeit von Batumi. Die beiden wurden zu neun Jahren Haft verurteilt. Reso Mcheidze überlebte im Lager dank Gemüse und Kräutern, die von georgischen Häftlingen angebaut wurden. Hier muß man unbedingt erwähnen, daß der Name Mcheidze schon in zwölf Jahrhunderte alten historischen Quellen vorkommt, und aus diesem Grund konnte er nicht so schnell sterben. Holland konnte auch nicht so einfach von der Landkarte (und sei es eine Traumlandkarte) der Familie Mcheidze verschwinden, und was der Vater nicht erreicht hatte, hat seine Tochter geschafft und ist nach Holland gezogen. Eka Mcheidze tat das sofort nach dem Zerfall der Sowjetunion.

Vor dem Zerfall der Sowjetunion sang eine georgische Rockband einen Song, in dem es ebenfalls um einen Anruf ging, aber nicht aus Trabzon, sondern aus Moskau. Dieses Lied hieß auch so: *Ein Anruf aus Moskau.* Der Name des Frontmanns war Wachtang Makalatia, und als ich in Amsterdam über den Dam-Platz ging, dachte ich plötzlich an ihn und fragte mich, wohin er und seine Band wohl verschwunden waren, denn seit den Tifliser Ereignissen im Jahr 1989 hatte ich sie weder gesehen noch gehört.

32

Ich bin schon so lange in Amsterdam. Heute ging ich mehrere Male am berühmten Museum *Madame Tussauds* vorbei. Ich glaube, daß es das schlechteste Museum ist, das die Menschheit je geschaffen hat, und es ist der einzige Ort in Amsterdam, der mich überhaupt nicht interessiert. Dafür interessiert mich alles, was mit Holland in Verbindung steht, ganz besonders, wie dieses Volk, das so wenig Land hat, es zustande bringt, mit dem Export von landwirtschaftlichen Produkten weltweit den zweiten Platz zu belegen.

Auf Platz eins liegt, glaube ich, Mexiko. Es ist erstaunlich, daß sie hier in Holland eine so große Ernte einbringen können. Um ehrlich zu sein, ich finde in diesem Land einiges erstaunlich. Zum Beispiel wundere ich mich, daß die Menschen hier so tolerant sein können und sich an einem direkt neben einer Kirche errichteten Denkmal einer berühmten Prostituierten nicht stören, und zwar neben der Kirche, in der die tugendhafte Gattin Rembrandts bestattet ist. Das ist die älteste Kirche Amsterdams, und die Frau Rembrandts hieß (wenn ich mich recht erinnere) Saskia. Plötzlich wollte ich unbedingt in diese Kirche hineingehen. Drinnen fand ich wenige Kirchenbesucher und viel Stille vor, die ich sehr gern habe. Ich genoß die dortige Ruhe so sehr, daß ich nicht einmal weiß, wie lange ich in der Kirche geblieben bin. Dabei dachte ich darüber nach, warum es unmöglich ist, in einer georgisch-orthodoxen Kirche zu sitzen. Warum muß ein Mensch immer stehen oder knien und darf nur in dieser Position der Messe beiwohnen? Es ist klar, daß die Vorschrift, in der Kirche beim Beten zu knien, von den Russen nach Georgien gebracht wurde (statt, wie es in Georgien üblich war, als Zeichen des Respekts nur das Knie zu beugen), aber uns von dieser Regel zu befreien liegt doch in unserer Macht, nicht wahr!?

Was ich sonst noch in Amsterdam erstaunlich finde?

Warum ich in Amsterdam bei schönem Wetter vom Herumspazieren nie genug bekomme, und warum ich in dieser Stadt nie müde werde, egal, wie lange ich ihre Straßen und Brücken bewandert habe?

Ich wundere mich darüber, wie sehr dieses Volk seine Geschichte liebt und schätzt, wie stolz sie auf ihre Vergangenheit sind. Wie gut sie alles können (im Unterschied zu uns), was sie wichtig finden. Zum Beispiel kennen sie sogar den Namen des Menschen, der zum ersten Mal Fisch in Salz einlegte und das schon im 13. Jahrhundert (genau auf diesen »Haringerfinder« Willem Bökels bin ich in Amsterdam mehrmals gestoßen, genauso wie auf den ersten Georgier, der Weintrauben preßte und daraus Wein machte).

In Amsterdam wundert mich, daß die holländischen Frauen ihre Männer auch vor Jahrhunderten sehr lieb hatten, und wenn die Seeleute für lange Zeit in See stachen, stellten sich ihre Frauen beim Abschied auf den »Turm der Tränen« und weinten. So weinten sie jahrhundertelang so viel, daß der Wasserspiegel unter dem Turm wesentlich gestiegen ist. Erstaunlich ist, wie diese holländischen Seeleute es fertiggebracht haben, die Meere und Ozeane zu durchqueren und fremde Länder zu bereisen, wenn sie so verzweifelt weinende Frauen zurückließen. Vielleicht ist Amsterdam von besonders gefühlvollen, sensiblen Menschen besiedelt. Vielleicht gingen die Amsterdamer deshalb auf die Straße, als im Jahre 1941 die Deutschen mit der Festnahme und Verfolgung der Juden begannen. Somit waren die Niederlande bestimmt der einzige europäische Staat, in dem man dagegen protestierte. Dabei halten viele die Holländer für ein gefühlskaltes Volk. Mag sein, daß es an den endlosen Windböen und Regenfällen liegt, an der nördlichen Lage, aber sobald das Unwetter vorbei ist, sind die Amsterdamer Grachten sofort voller Boote, in denen fröhliche Menschen sitzen. Diese Menschen haben dermaßen vergnügte Gesichter, daß ihre gute Laune geradezu ansteckend wirkt. Man wünscht sich, es gäbe nur noch schönes Wetter. Keiner von denen, die in den Booten sitzen, bleibt am Ende nüchtern, und wenn du mitten in der Nacht (wenn du bereits im Bett liegst) die Stimme eines angetrunkenen Passanten hörst, weißt du, daß er den ganzen Tag in einem von Sonnenstrahlen überströmten Boot verbracht hat und nun müde, aber vergnügt nach Hause geht. Allerdings sind im nächtlichen Amsterdam auch andere Geräusche zu vernehmen. Zum Beispiel schien mir einmal, daß Aguli Eristavi, der Bildhauer aus Kutaissi, rumpelnd einen riesigen Granitstein durch die Straßen Amsterdams ziehen würde. Und ich stellte mir vor, daß jemand aus einem offenen Fenster ihm mit gereizt-höhnischer Stimme zurufen würde:

Тоже мне Тинторетто!*

In den 90er Jahren, als einer meiner Freunde ins Gefängnis gekommen war (wo ich ihn mit Büchern und Fleischküchlein belieferte), lernte ich dort einen jungen Mann kennen. Auf Anhieb merkte ich, daß er, wie auch mein Freund, ganz andere Interessen hatte als die anderen Häftlinge, deshalb genoß ich es richtig, mich mit ihm zu unterhalten. Anscheinend freute er sich ebenfalls über meinen Besuch, weil er sonst niemanden hatte, mit dem er über Literatur sprechen konnte Einmal sagte er direkt zu mir:

»Ich bin dir bestimmt schon lästig, aber ich habe hier sonst niemanden, mit dem ich mich ernsthaft unterhalten kann. Worüber soll ich denn mit ihnen sprechen? Sie sind wegen irgend etwas inhaftiert worden und ich, mein Lieber, habe einen Tintoretto gestohlen. Sie wissen nicht einmal, wer Tintoretto war ...«

Er sei mir überhaupt nicht lästig, erwiderte ich. Im historischen (Guberski genannten) Gefängnis in Ortatschala habe ich damals zum ersten Mal erfahren, daß wir in Geor-

* Russisch für: Auch mir einen Tintoretto!

gien einen Tintoretto hatten. Daß jemand in Telawi einen Kandinsky besaß, wußte ich schon. Von einem Rembrandt habe ich auch gewußt, aber Tintoretto war mir neu. Pipinia Eristavi in einem offenen Fenster Amsterdams brachte mir die Spanier in den Sinn, die angeblich deshalb den Amsterdamern verboten haben, ihre Fensterläden und Vorhänge zu schließen, damit niemand unbemerkt auf sie schoß. Wenn man von Fenstern spricht, kann man eine Episode aus der neuesten Geschichte Georgiens nicht vergessen, die ich gleich, Gott weiß zum wievielten Mal, erzählen werde:

Im Februar 1921, nachdem die Russen die georgische Hauptstadt besetzt hatten, machte sich die Rote Armee der Bolschewiken daran, Westgeorgien zu erobern. Bis Kutaissi mußten sie sich kämpfend den Weg bahnen, weil die Georgier dem Feind starken Widerstand leisteten. In der Nähe von Kutaissi wich die georgische Armee Richtung Batumi zurück, die Russen aber marschierten in die Stadt ein. Die Frauen von Kutaissi öffneten die Fenster sperrangelweit, um die sowjetischen Okkupanten aus den offenen Fenstern Musik von Beethoven und Mozart hören zu lassen als Zeichen des Protests. Damals besaß fast jede Familie in Kutaissi einen Flügel oder zumindest ein Klavier. Auf diesen Instrumenten bei offenen Fenstern in der Februarkälte zu spielen war die Art jener Frauen, sich mit erhabener Musik dem Feind zu widersetzen. Mozart hat bei den Soldaten der Roten Armee angeblich sogar Wunder gewirkt. Sie (die Soldaten) hätten ganz beschämt auf ihre Füße geschaut, und die Erklärung für dieses Beschämtsein ist in Tiflis, im »Museum der sowjetischen Okkupation«, zu sehen, und zwar auf vergrößerten Fotos der im Jahre 1921 im Kampf gegen die Bolschewiken gefallenen georgischen Soldaten.

Auf den Fotos kann man deutlich sehen, daß die toten Soldaten nackte Füße haben. Wenn man weiß, daß 2008 während der Okkupation die Russen mit dem Haushaltskram auch die Toilettenschüsseln aus Georgien mitnahmen, so wundert man sich nicht darüber, daß sie 1921 den gefallenen georgischen Soldaten die Stiefel ausgezogen haben.

Warum mir diese Geschichte nun in Amsterdam einfiel? Weil mir hier, bei der Präsentation meines Buches, ein holländischer Leser die Frage stellte, warum wir die Russen nicht mochten. Natürlich hätte ich ihm ausführlich erklären können, daß wir Georgier eigentlich nur die imperialistischen Bestrebungen des russischen Staates nicht mögen (und nicht das russische Volk), aber ich fand einen simpleren Ausweg und stellte dem Leser eine Gegenfrage:

Warum sie wohl die Deutschen nicht mögen würden?

Weil sie hier zwei Jahre lang schreckliche Taten begangen, seiner Großmutter ihr Fahrrad weggenommen hätten, und sie sollten ihm erst das Fahrrad zurückgeben, dann würde er vielleicht mit sich reden lassen. Zwei Jahre ... und bei uns dauerte es bereits zweihundert Jahre, und das, was die Russen uns alles weggenommen haben, würden wir womöglich nie zurückbekommen. Er stellte mir keine weiteren Fragen mehr, aber als die Buchpräsentation zu Ende war, blieb ein betagter Holländer noch auf ein Gläschen mit uns stehen und erzählte mir eine rührende Geschichte. Willem Austerfield (ich habe mir seinen Namen aufgeschrieben) hatte in seiner Kindheit Briefmarken gesammelt, und jemand hatte mit ihm eine georgische Briefmarke gegen eine holländische getauscht. Er war mit diesem Tausch sehr zufrieden, weil die Briefmarke so selten war. Doch darauf folgte eine große Enttäuschung, weil er das Land Georgien auf der Weltkarte suchte und nicht fand. Er war sicher, daß man ihm eine gefälschte Briefmarke angedreht hatte, und beschloß, jenen Jungen aufzusuchen, von dem er die Briefmarke erhalten hatte. Doch der Junge war mit seinen Eltern in eine andere Stadt gezogen, und Willem Austerfield blieb fast sein Leben lang wütend auf ihn. Und daran hätte sich nichts geändert, wenn er nicht eines Tages im Fernsehen gehört hätte, daß sich das kleine Land Georgien von der Sowjetunion lösen und seine Unabhängigkeit wiedergewinnen würde. So habe Herr Willem noch am selben Abend die im Jahre 1920 gedruckte georgische Briefmarke gesucht und gefunden. Und was mir viel wichtiger erscheint, er hat auch den Mann gesucht und gefunden, den er für einen Betrüger gehalten hatte, und sich bei ihm entschuldigt.

33 Weißt Du, wann die Zeit am langsamsten vergeht? Während eines Erdbebens. Schade, daß Du auch das nicht erraten konntest, und überhaupt, was ist mit euch georgischen Männern los?!

Oder ist im allgemeinen etwas mit der Männerwelt los?

Jetzt fällt mir ein, daß auch das Meer die Zeit anhalten kann. Hast Du das nie bemerkt – wenn man am Meer ist, kommt einem eine Woche wie eine halbe Ewigkeit vor.

Was ich Dir bezüglich Texel zu schreiben vergessen habe:

Nach Neuseeland und Australien, sprich überallhin, wo es die besten Schafe gibt (mit der besten Wolle und dem besten Fleisch), haben die Holländer vor einigen Jahrhunderten Schafe aus Texel gebracht. Die Texeler Schafe sind weltberühmt. Das haben mir die Inselbewohner gesagt, denn selbst habe ich davon keine Ahnung. Wenn ich, noch in Georgien, ein Schaf sah, kamen mir die Tränen. Dort hatte ich eine Freundin (ich habe sie immer noch, wenn auch weit entfernt von hier), und ich kann mich erinnern, wie ihre Eltern mit ihr in die Berge fuhren, zu einem Fest, zu Lomisoba, wenn ich mich nicht irre. Die Menschen dort schlachteten die zum Opfern bestimmten Schafe so brutal ab, daß meine Freundin einen absoluten Schock bekam. Danach mußte sie eine Therapie machen, um sich von dieser schrecklichen Erfahrung zu befreien. Einige Male habe ich sie zum Psychotherapeuten begleitet, und ich denke, daß dieser Mensch nicht nur Psychologe, sondern auch Philosoph war. Einige Sätze von ihm habe ich für immer im Gedächtnis behalten: Wenn man sich an die Dunkelheit gewöhnt, fürchtet man sich nicht mehr davor; ein Mensch wird unglücklich, wenn er entdeckt, daß sein Glück in der Vergangenheit liegt; Tränen sind edel, weil sie aus Wasser und Salz bestehen.

Dieser Mensch (der Psychotherapeut) hat furchtbar viel geraucht. Einmal hat er sogar selbst gesagt, wenn es zu Moses' Zeiten Tabak gegeben hätte, so hätten wir auch ein elftes Gebot, und zwar: »Du sollst nicht rauchen!«

Da verstanden wir, daß der Psychotherapeut genauso Hilfe brauchte wie meine Freundin, und gingen nicht mehr zu ihm. Meine Freundin nahm nur noch die Medikamente. Im allgemeinen ging es ihr schon besser, aber manchmal fiel ihr das Erlebnis mit den georgischen Schafen wieder ein und sie meinte, so wie unsere Landsleute würden sich nicht einmal Wölfe verhalten, denn ein Wolf reiße ein Schaf nur dann, wenn er Hunger habe. Diese Behauptung habe ich nicht überprüft, denn damals war ich mit einem Menschen zusammen, der mich unendlich glücklich machte. Ich wollte Hand in Hand mit meinem geliebten Jungen ganz Georgien und die ganze Welt bewandern. Und ich hätte das auch gemacht, wenn ich nicht so jung und unerfahren gewesen wäre, denn ich denke, mein Alter war schuld, daß ich nicht auf meine Liebe aufgepaßt habe. Dabei gibt es kein größeres Geschenk als die Liebe. Als ich sie verloren hatte, merkte ich, wie glücklich ich gewesen war. Als wir nicht mehr zusammen waren, brach ich auf jeder Straße, in der wir früher zusammen gegangen waren, in Tränen aus. Auch wenn ich Dich mit meinem ständigen Gejammer langweile, schreibe ich Dir zu diesem Thema trotzdem noch das Eine: Ich pflegte, wenn ich fern von zu Hause war, auf irgendeinen Friedhof zu gehen, um mich dort an einem beliebigen Grab hinzusetzen und mir die Augen aus dem Kopf zu heulen. Dort wurde ich in Ruhe gelassen, weil man mich für eine verzweifelte Hinterbliebene hielt. Ich war das auch, bloß beweinte ich keinen Menschen, sondern meine verlorene Liebe.

Ich irrte mich, wenn ich dachte, daß die Zeit alle Wunden heilt. Das stimmt (zu meinem Leidwesen) nicht. Es hat sich herausgestellt, daß ich eine furchtbare Egoistin bin und sogar das zurückerobern möchte, was ich selbst aufgegeben habe. Vor Jahren las ich einen alten Brief von einer Georgierin, den sie ihrem nach Sibirien verbannten Geliebten geschrieben hat. In dem Brief versuchte sie ihm zu erklären, daß die grenzenlose Liebe zu ihm ihr helfen würde, die Jahre der Einsamkeit durchzustehen und auf ihn zu warten. Damals habe ich gedacht, daß es vielleicht gar nicht so nötig sei, mit dem geliebten Menschen zusammenzuleben. Vielleicht ist die Liebe selbst viel wichtiger. Vielleicht genügt es zu lieben.

Vielleicht ist es eine Strafe für mich, und ich wurde für die Liebe mit der Liebe bestraft.

Ist das gut oder schlecht?

Wenn ich nur genau wüßte, was gut und was schlecht ist, würde ich große Taten vollbringen, aber ich habe noch nichts getan, außer zu lieben. Ich glaube, daß zur großen Liebe nur Frauen fähig sind (sieh da, ich rede schon wieder schlecht von den Männern).

Als ich noch in Tiflis lebte, ging ich mit meiner Mutter eine alte Verwandte besuchen. Zwar sagte diese Verwandte, es sei gut, daß wir gekommen seien, weil sie bald sterben würde, aber von ihrem Unwohlsein merkte ich nichts. Als ich das auf dem Rückweg zu meiner Mutter sagte, lächelte sie mitfühlend und erzählte mir, daß die Bolschewiken den Verlobten der Verwandten erschossen hätten, sie habe ihr Leben lang um ihn getrauert, und nun habe sie keine Angst vor dem Sterben, weil sie überzeugt sei, daß sie im Jenseits ihren Geliebten endlich wiedersehen werde. Als sie starb, war ich sogar bei der Beerdigung und sah sie im Sarg liegen mit solch einem friedlichen, lächelnden, ja vergnügten Gesichtsausdruck, wie ich ihn nie zuvor und auch nie danach gesehen habe. Nach der Beerdigung sagte mir meine Mutter, man habe die Verstorbene sogar mit einem anderen verheiratet, aber sie habe diesen Mann dermaßen abgelehnt, daß sie ihn sein Leben lang gesiezt habe. Ich kann mich erinnern, daß ich sie, als sie mir das erzählte, fragen wollte, ob sie ihren Mann auch nach dem Sex gesiezt habe, aber da fiel mir ein, daß ich das Wort Sex im Gespräch mit meiner Mutter noch nie, nicht einmal zum Spaß, ausgesprochen hatte, und ich stellte ihr eine ganz andere Frage:

»Vielleicht siezten sie einander, weil sie so viel Respekt voreinander hatten?«

Meine Mutter hat mir nicht geantwortet, aber ich merkte, daß sie diese Frage sehr persönlich nahm. Als ob ich damit andeuten wollte, daß es in ihrer Beziehung mit meinem Vater und später mit meinem Stiefvater keine Spur von gegenseitigem Respekt gab.

Warum habe ich Dir das erzählt? Was wollte ich eigentlich schreiben?

Ah, ja! Es ist mir wieder eingefallen.

Ich schrieb, daß nur Frauen zur großen Liebe fähig seien. Und Du hast mich schon zum zweiten Mal gefragt, ob es stimmt, daß jede Frau mindestens einmal im Leben Lust verspürt, mit einer anderen Frau Sex zu haben. Siehst Du? Ich unterhalte mich mit Dir über die Liebe, und Du schreibst mir ständig über Sex. Wer weiß, vielleicht werde ich Dir eines Tages auch diese Frage beantworten, aber jetzt werde ich das bestimmt nicht tun.

Jetzt möchte ich schon wieder mit Dir über die Liebe sprechen, die ich nicht verdrängen und vergessen kann, auch wenn mein Geliebter und ich uns jahrelang nicht mehr gesehen haben. Diese Liebe hat mir so viel Schmerz zugefügt, aber gleichzeitig hat sie mich befreit. Die Liebe ist wie die Wahrheit. Sie kann einem Menschen Freiheit schenken. Könnte ich freier sein als jetzt? Ich, die ich sogar die Frau meines Geliebten liebhabe. Und wenn ich sie auch nicht gerade liebe, so bin ich doch nicht eifersüchtig auf sie. Nein. Ich bin überhaupt nicht eifersüchtig.

Weißt Du, was mir gerade einfällt?

Als junges Mädchen fragte ich mich, ob ich mich in einen Jungen verlieben könnte, der eine saloppe Sprache gebrauchte. Aber als ich mich verliebte und er mich zum ersten Mal auf den Mund küßte, schloß ich die Augen (sie gingen von selbst zu) und wünschte, es wäre immer so: wortlos.

Ich hatte Angst vor den Worten, besonders während des Sex, weil ich mir nicht vorstellen konnte, daß die georgischen Jungs mit ihrem saloppen Wortschatz so nette und liebevolle Worte aussprechen könnten (im Bett), wie ich sie aus Kinofilmen oder Büchern kannte. Schau, ich schreibe Dir über Sex, damit Du nicht denkst, daß ich in der Beziehung mit Dir manche Themen meiden möchte. Es stimmt schon (so weit), daß unsere Beziehung einen epistolarischen Charakter hat, und ich weiß nicht einmal, ob wir uns jemals treffen werden (wenn Du es von Amsterdam hierher, auf die Insel, schaffst), aber da Du mich in einem Brief gefragt hast, wie ich es ohne Sex aushalten könne, werde ich Dir auf diese Frage eine ebenfalls schriftliche Antwort geben: Das ist einfach.

Das ist einfach, weil ich niemanden habe, den ich liebe. Deshalb ist es auch einfach auszuhalten, keinen Sex zu haben. Wenn ich jemanden, den ich liebe, in meiner Nähe hätte, würde es mir sehr schwerfallen. Um Dir ein anschauliches Beispiel zu nennen: Stell Dir mal vor, Du liebst das Meer und Du wünschst Dir am Strand zu sein. Wenn Du nicht in der Nähe des Meeres bist, kannst Du leichter verzichten, aber wenn Du am Strand sitzt und jemand Dir verbietet, ins Wasser zu gehen, wird es Dir unerträglich erscheinen. Ah, vielleicht habe ich es Dir doch nicht so recht verständlich erklärt, aber so fühle ich mich. Manchmal hilft mir Dimitri Usnadse (aus der Ferne zwar, aber immerhin). Ich bin auf diese Weise (zu manchen Ereignissen) eingestellt, daß ich alles, was mir fehlt, ruhig, gelassen, als nicht tragisch ansehe und die Tatsachen so hinnehme, wie sie sind. Ja, ich bedauere die ohne gesunden Sex verflossenen Jahre, Monate und sogar Tage, aber ich versuche nicht allzuviel daran zu denken.

Was Deine ewige Frage betrifft, ob Frauen mindestens einmal in ihrem Leben den Wunsch bekämen, mit einer anderen Frau Sex zu haben, sage ich: Mag sein, aber um Deine Frage eindeutig zu beantworten, fehlt mir die Kompetenz, und im Namen anderer Frauen werde ich mich nicht äußern.

Wenn Du nach meiner eigenen Erfahrung fragst (diesbezüglich), muß ich Dich enttäuschen, denn einen solchen Wunsch habe ich noch nie verspürt. Aber nun darf ich Dir eine Gegenfrage stellen: Warum interessierst Du Dich dafür? Bist Du neugierig, weil Du Schriftsteller bist, oder sammelst Du Informationen, weil Du eine wissenschaftliche Studie durchführen möchtest? Vielleicht willst Du mich mit einer netten Frau verkuppeln?

PS: Nein, ich habe keinen Sex mit einer Frau gehabt, aber dafür habe ich in der Tifliser U-Bahn eine sehr seltsame Erfahrung gemacht, doch davon werde ich Dir ein andermal erzählen ...

34 In Amsterdam kannst du vor so gut wie allem Angst haben, aber nicht davor, daß deine Frau dich besuchen kommt, denn Amsterdam ist voller Blumen, und ich halte in Wirklichkeit eher Holland als Georgien für das Land der Blumen. Während ich am Flughafen mit einem Blumenstrauß in der Hand auf Maka wartete, dachte ich an ein Abenteuer der Schwaben. Im Jahre 1817 glaubten die Schwaben (genauer gesagt ein Teil von ihnen), der Weltuntergang sei bereits so nahe, daß alle gläubigen Christen alles stehen und liegen lassen und nach Jerusalem pilgern sollten. So brachen Tausende Deutsche aus Schwaben nach Palästina auf, und zwar führte der Weg durch das Russische Imperium. Aber der russische Kaiser verbot den bereits in Georgien angelangten Schwaben (aus mehreren Gründen), ihren Weg nach Jerusalem fortzusetzen, und befahl ihnen, sich in Georgien anzusiedeln. Die deutschen Pilger ließen sich in Tiflis nieder, am linken Ufer des Flusses Kura, es entstanden ein neuer Bezirk, eine deutsche Kolonie und dann noch etwa zehn deutsche Dörfer in verschiedenen Regionen Georgiens. Wo sie sich ansiedelten, gründeten sie eine Brauerei, bauten eine evangelisch-lutherische Kirche, pflanzten Blumen in ihren im Gegensatz zu den georgischen sehr gepflegten Vorgärten. Ihre auf deutsche Art gebauten Häuser unterschieden sich sehr von unseren georgischen Hütten, und während bei uns nur Fürsten und vermögende Bauern anständige Häuser besaßen, hatten alle Deutschen so schöne Behausungen, daß man kaum den Blick davon abwenden konnte. Es war buchstäblich so: Man stand vor ihren Häusern und platzte vor Neid, daß die Fremden besser wohnten, und weil man nicht kapierte, daß es an einer gut organisierten Arbeitsteilung und dem Fleiß der Deutschen lag, bewarf man die in den wunderschönen Gärten der Schwaben wachsenden Blumen mit Mist und Steinen.

Maka rettete meine Seele (um es genauer zu sagen, mein Fleisch). Wenn sie nicht gekommen wäre, hätte ich eines Tages meine junge Nachbarin, die ich jeden Tag vom Fenster meiner Amsterdamer Wohnung aus sah, mit einem ganz konkreten Vorschlag aufgesucht. Ich habe Maka meine schöne Nachbarin auch gezeigt (schon am nächsten Morgen), als diese wie üblich ihre Haare kämmte (ich glaube, mit einem blauen Kamm). Sie fragte, wer das sei, auf eine Art und Weise, wie es eifersüchtige Frauen tun, obwohl sie noch nie eifersüchtig gewesen war. Ich hatte mich öfter aufgeregt, weil sie in ziemlich eindeutigen Situationen keine Eifersucht zeigte, aber nun staunte ich über einen ganz neuen Tonfall in ihrer Stimme. Als Antwort gab ich ihr einen freundlichen Rat: Falls sie in Amsterdam eine Buchhandlung betrete, so sollte sie sich danach erkundigen, ob mein Buch sich gut verkaufe, und dann würde sie wissen, ob sie stolz auf mich sein könne oder nicht.

Sie blieb eine Woche in Amsterdam, und am Tag vor ihrer Abreise beichtete sie, daß sie in jede Buchhandlung gegangen sei, die sie unterwegs gesehen habe, aber mein Buch habe sie in keiner entdeckt.

Da brachte ich sie nach unten, in die Buchhandlung im Erdgeschoß unseres Hauses, in der mein Buch an einem sehr exponierten Platz lag, gleich neben der Kasse. Genauso war es in anderen Buchhandlungen, weil die Holländer damit ihren Respekt für die ausländischen Autoren und ihre Solidarität mit ihnen zeigen wollen, aber meine Frau hatte das natürlich nicht bemerkt. Wie man sieht, im eigenen Land gilt nicht nur der Prophet, sondern auch der Schriftsteller nichts.

Ich zeigte Maka in Amsterdam alles, wofür ich mich selbst interessierte. Wir begannen mit dem Anne-Frank-Museum. In Wirklichkeit ist das ein Haus und kein Museum. Sie wohnte nicht weit von mir – im Haus an der Prinsengracht 263, aber das war vor etwa 70 Jahren. Es ist ein gewöhnliches Amsterdamer Haus, in welchem ein ungewöhnliches heranwachsendes Mädchen ein erstaunliches Tagebuch führte, während sie sich mit ihrer Familie zwei Jahre lang vor den deutschen Faschisten versteckte. Von Anfang an führte sie ein Tagebuch, weil sie eines Tages (oder eines Nachts) im Radio die Ansprache eines (nach England) geflüchteten holländischen Ministers gehört hatte, der sagte, die Holländer (und Nicht-Holländer) sollten jedes Dokument aufbewahren (unter anderem auch Tagebücher), das später, nach dem Ende des Krieges, als Beweismaterial in den Gerichtsverhandlungen gegen gewalttätige Kriegsverbrecher gebraucht werden könnte. Und Anne beschloß, ihre eigenen Tagebücher mit besonderer Sorgfalt zu führen, weil sie verstand, daß sie künftig viele Leser haben würden. Aber was im Jahr 1947 geschah, konnte sie sich damals nicht vorstellen: Gleich nach seinem Erscheinen übersetzte man das Buch in mehrere Sprachen, und wenig später wurde es zu einem Weltbestseller. Leider erlebte Anne selbst nicht einmal das Erscheinen ihres Buches. Kurz vor Kriegsende starb die sechzehn Jahre alte Anne Frank in einem Konzentrationslager. Anne und ihre Familienmitglieder (und die befreundeten Juden, die sich zusammen mit der Frank-Familie versteckt hatten), insgesamt acht Personen wurden im Sommer 1944 festgenommen. Es ist bis heute nicht bekannt, wer diese wehrlosen Menschen angezeigt hat.

Bekannt ist nur die Tatsache, daß jemand die Polizei anrief, die Gestapo alarmierte und mitteilte, daß sich im Haus an der angegebenen Adresse einige Juden versteckten. Anne und die anderen lebten im obersten Stockwerk, in einer Wohnung des Hinterhauses, und in die Wohnung gelangen konnte man nur durch einen Bücherschrank, der in Wirklichkeit eine Tür war. Jetzt, im Museum, ist es leicht vorstellbar, wie sich hinter dem Bücherschrank eine Wohnung verbarg, aber damals war es nicht einfach, hinter das geheime Versteck der Juden zu kommen, weil sich im Haus das sehr vertrauenswürdige Büro eines Unternehmens befand, das über eine gute Bibliothek verfügte.

Von jenen acht unschuldigen Juden, die im Haus an der Prinsengracht 263 verhaftet wurden, hat nur Annes Vater, Otto Frank, überlebt, dem man nach seiner Rückkehr nach Amsterdam die Tagebücher seiner Tochter überreichte. Er erkannte, daß es die beste Art war, um mit der erlebten Tragödie fertigzuwerden, wenn er sein Leben dem Buch seiner Tochter widmete. Er tat es, auch wenn er sich nicht traute, alle ihre Texte zu veröffentlichen. Sie waren eine jüdische, aber keine chassidische Familie, und die in einem liberalen Umfeld aufgewachsene Anne hatte in ihren Tagebüchern auch Dinge geschrieben, die ihr Vater nicht unbedingt als für ein breites Publikum bestimmt betrachtete. Auf georgisch ist Annes Text in seiner vollständigen Fassung erst vor einigen Jahren erschienen. Auch in anderen Ländern (glaube ich jedenfalls) hat man die ungekürzte Fassung der Tagebücher erst nach dem Tod Otto Franks veröffentlicht. Merkwürdig. Im Zweiten Weltkrieg gab es so viele Tote, aber die Geschichte dieses jungen Mädchens hat über alle Tragödien gesiegt, weil sie eine geborene Schriftstellerin war und das Leben auch mehr als die anderen liebte. Dieses Museum würde ich jedem Kind zeigen. Disneyland kann warten. Maka hat die ganze Zeit gemeckert: Wenn ich so eine große Wohnung bekommen hätte, so hätte ich doch das Geld für die Tickets auftreiben und auch unsere Kinder nach Amsterdam mitnehmen können. Ich wollte erwidern, ob ich ihrer Meinung nach nicht auch noch meine Schwiegermutter hätte mitnehmen sollen, aber biß mir rechtzeitig auf die Zunge, weil mir ein weiser Satz von Baruch Spinoza einfiel. Wo kann einem die Weisheit eines holländischen Philosophen hilfreicher erscheinen als in Holland selbst?! Deshalb unterband ich nicht nur diese Diskussion, sondern überhaupt den Dialog mit Maka und folgte schweigend den Amsterdamer Straßen. Wir gingen über die Brükken, die ich besonders mochte. Vielleicht nicht hier und jetzt, aber im Laufe der 21 Jahre unseres Zusammenlebens haben Maka und ich bereits tausendundeine Brücke hinter uns gelassen, und zwar ohne jemals ernsthaft miteinander gestritten zu haben. Dabei gibt es im ganzen Universum nichts, worüber wir gleicher Meinung wären. Ganz im Gegenteil: Unser Geschmack, unsere Charaktere, unsere Interessen sind komplett unterschiedlich, und das Geheimnis dieser Harmonie liegt bestimmt in unserer Toleranz. Wenn man von Anfang an weiß, daß es sich nicht lohnt, an einen Partnerwechsel zu denken, daß man seine Frau so hinnehmen muß, wie sie war, als man sich in sie verliebte, und den Mann so in Erinnerung behalten, wie er vor der Eheschließung war. Wenn ich nicht an den Satz Spinozas gedacht hätte (auf einer der kleinen Brücken Amsterdams), hätte ich so einen philosophischen Tag nie mehr gehabt. Wie viele Tage und Nächte vergehen, ohne in unserem Gedächtnis eine Spur zu hinterlassen? Aber dieser Tag blieb mir für immer in Erinnerung. Wie sollte ich den Abend vergessen, an dem wir während eines Spaziergangs im Rotlichtviertel ein georgisches Ehepaar sahen, das einen genialen Dialog führte. Die Frau schimpfte, ihr Mann solle die sich in den Schaufenstern räkelnden Prostituierten nicht anschauen, und der Mann erwiderte mit einem ganz ehrlichen Staunen, wo er sonst hinschauen solle, die seien doch überall.

Ja, die Schaufenster befinden sich auf beiden Seiten der Straße, und an jenem Abend sah ich in einem davon eine so wunderschöne Frau (liegend), daß ich Maka fast schluchzend fragte, ob ich hineingehen, ihr die Hand geben, ihr aufhelfen, sie nach Georgien einladen und dann gleich wieder hinausgehen dürfe. Maka antwortete mir mit einer Gegenfrage, die mich bis zum nächsten Morgen stummschaltete. Ich dachte nach, versuchte eine plausible Antwort darauf zu finden, aber es gelang mir nicht. Es ist tatsächlich interessant: Wenn wir von Liberalismus, Freiheit und Gleichberechtigung sprechen, warum gibt es dann in der Stadtmitte von Amsterdam keine Schaufenster mit Männern? Vielleicht hat die holländische Demokratie eine solche Achillesferse, wie vor hundert Jahren die ortatschalische Demokratie eine hatte?

Übrigens, vor etwa hundert Jahren, 1918, war der Hauptgönner der unabhängigen Demokratischen Republik Georgien ein holländischer Investor, ein gewisser Herr van Mal, der, um Georgien zu unterstützen, die »Niederländisch-Georgische Seegesellschaft« gründete. Wenige Jahre vor der Wiederherstellung der Unabhängigkeit (genau im Jahre 1915) hatte Europa mit Hilfe eines holländischen Schiffes, das Sirius hieß, die gegen das Russische Kaiserreich kämpfenden Georgier mit Waffen beliefert. Der Anfang dieser großartigen Sache (was kann wichtiger sein als Freiheit und Unabhängigkeit) war zwar europäisch, aber das Finale ist eindeutig georgisch geraten. Auf jene Waffenlieferung in der Poti-Gegend warteten Tausende von Georgiern, was der Gendarmerie nicht entgehen konnte, deshalb wurden viele Wartende bereits im Hafen festgenommen.

35

Auch am nächsten Tag sind Maka und ich in Amsterdam viel gelaufen. Diesmal begannen wir mit dem Van-Gogh-Museum, aber ich mußte den ganzen Tag an Anne Frank denken, die zusammen mit sieben anderen Personen in einer kleinen Zweizimmerwohnung zwei Jahre und sogar mehr verbrachte.

Woran ich am meisten dachte, das war das einzige Fenster, durch das die junge Anne den Amsterdamer Himmel sehen konnte.

Ich selbst blieb an jenem Tag immer wieder auf der Straße stehen und schaute zum Himmel. Maka fragte, was mit mir los sei. Ich erwiderte, einen so warmen Winter habe es in Amsterdam seit hundert Jahren nicht gegeben. Da fiel mir ein, daß eine für mich dermaßen erfreuliche Feststellung für Maka völlig uninteressant war, weil es Maka ohnehin immer zu warm ist, mir immer zu kalt, und so geht es seit mehr als 21 Jahren. Es war die globale Erwärmung, die unsere Familie intakt bleiben ließ. Das war knapp!

»Das ist überhaupt nicht lustig«, unterbrach Maka meinen Gedankengang und blieb stehen.

»Jetzt magst du auch meinen Humor nicht mehr?«

»Was können wir uns heute noch ansehen?«

»Ich kann dir das Haus zeigen, wo die Liebe meines Großvaters lebte.«

»Die Liebe oder die Flamme?«

»Man kann eine Flamme auch lieben.«

»Wenn man dich fragt, so kann auch eine Ehefrau eine Flamme sein.«

»Naja, wenn man mich fragt, sollte gerade eine Ehefrau gleichzeitig eine Flamme sein.«

»Wenn man dich so gut kennen würde, wie ich dich kenne, würdest du weltweit keinen einzigen Leser finden.«

Klar, dieser Dialog hätte sich unendlich lange hinziehen können, wenn ich auf Makas letzten Satz nicht mit Schweigen geantwortet hätte. Was sollte ich meiner Frau darauf antworten, mit der ich die schwierigsten Jahre der schwierigsten Zeit durchlebt habe. Ich weiß noch, wie wir an einem heißen Sommertag entdeckten, daß wir nicht einmal genügend Geld im Haus hatten, um ein Brot zu kaufen. Maka sagte, wir sollten die Winterkleider aus dem Schrank holen und ihre Taschen durchsuchen. Vielleicht seien dort ein paar Münzen übrig geblieben. Wir haben alle Taschen überprüft und in einer davon 50 Tetri gefunden. Damals kostete ein Laib Brot genau 50 Tetri.

Unter anderem wegen dieser Erfahrung habe ich nichts mehr zu ihr gesagt, außer daß die Amsterdamer Kanäle voller hineingeworfener alter Fahrräder seien. Wenn die Tiefe eines solchen Kanals drei Meter beträgt, so gibt es darin eine ein Meter hohe Schicht aus alten Drahteseln. Erstaunlich ist dabei, daß ein noch älteres Fahrrad als diejenigen, mit denen die Amsterdamer zu fahren pflegen, schwer vorstellbar ist. Deshalb ist es unverständlich, was sie dort entsorgen. Zum Überprüfen dieser Tatsache taugt ein Taucher, wie ich einer bin, auch im Sommer nichts. Was den Winter betrifft, ist mir ein so milder Winter schon recht, aber den Amsterdamern selbst ist auch ein frostiger willkommen, weil in jeder Familie ein Paar Schlittschuhe vorhanden ist. Man sagt, die auf den zugefrorenen Kanälen schlittschuhlaufenden Leute hätten überglückliche Gesichter. Obwohl das Glücklichsein der Holländer noch mehrere andere Gründe hat. In einem Land, wo es so viele Buchhandlungen gibt, ist es auch nicht verwunderlich, daß die Menschen glücklich sind. Vielleicht auch deswegen sind in den 60er Jahren des vergangenen Jahrhunderts so viele junge Menschen nach Amsterdam gekommen. Auch hier, direkt am Dam-Platz, lebten bis 1970 viele Hippies, bevor die Regierung es verbot, auf den Straßen Amsterdams zu schlafen. Daraufhin mußte ein Teil von ihnen nach Katmandu ziehen. Nach wenigen Jahren lagen hier auf dem

Dam-Platz schon wieder unzählige Menschen, allerdings waren das diesmal keine Hippies, sondern Bürger Amsterdams, die gegen den Bau der U-Bahn protestierten. In Tiflis war das Gegenteil der Fall. Die Georgier freuten sich darüber, daß nach Moskau und Leningrad auch in Tiflis eine U-Bahn gebaut wurde. Vielleicht hindert uns die Mentalität eines eroberten Volkes daran, eine gute Entscheidung von einer schlechten zu unterscheiden.

Um nicht an unerfreuliche Ereignisse zu denken, fragte ich Maka (mit der Absicht, mich zu belustigen), ob sie wisse, was Holland und Georgien miteinander gemein hätten. Ich weiß nicht wieso, aber Maka gab mir sofort die richtige Antwort: Die öffentlichen Toiletten sind auch hier gebührenpflichtig. Genauso ist das, und weil sie eine so schwierige Frage sofort hatte beantworten können, fragte ich sie nichts zu dem Finger Hans Brinkers (dessen Denkmal wir gerade passierten). Ein Teil der Georgier hält Hans Brinker für einen der jüngsten und berühmtesten holländischen Urologen, dem seine dankbaren Patienten ein Denkmal errichtet hätten. Naja, man kann sie nicht verurteilen, denn wer dieses Denkmal sieht, zweifelt nicht daran, daß der Zeigefinger seiner rechten Hand eine wichtige Rolle in seinem Leben (wie in demjenigen jedes beliebigen Urologen) gespielt hat. So war das auch. Einmal, bei furchtbarem Hochwasser, hat dieser mutige Junge seinen Finger in eine bestimmte Stelle hineingesteckt und damit einige Dörfer vor der Überschwemmung gerettet. Mit seiner Tat rettete er so viele Leben, daß die dankbaren Nachkommen ihm ein Denkmal gesetzt haben.

Seine Heldentat ist allen Holländern von Kindesbeinen an aus den Schulbüchern bekannt und dient ihnen als Beispiel. Natürlich haben sie auch viele andere Helden, aber die Holländer sind im Unterschied zu den Georgiern nicht ständig auf der Suche nach einem Helden, der nur deshalb irgendwo aufwächst (oder liegt, zum Beispiel auf dem Boden des Basaleti-Sees), um später plötzlich aufzutauchen (oder dem Wasser zu entsteigen) und den Rest (sprich: den faulen Teil) der Bevölkerung zu retten und seinem Land den Aufschwung zu bescheren. In den Niederlanden denkt man überhaupt nicht, daß jemand anderes als die Bewohner selbst die Verantwortung übernehmen solle, weil diese überzeugt sind, daß jeder beliebige Bürger für den Erfolg des Landes und der Gesellschaft verantwortlich ist und keine mythische oder abstrakte Figur.

»Nun haben ich und diese Menschen dich endgültig satt!« unterbrach mich Maka schon wieder, und ich sah mich aufmerksam um.

»Diesen Menschen sieht man nichts dergleichen an.«

»Aber mir sieht man es an, nicht?«

»Der Herrgott hat die Welt erschaffen, aber die Niederlande wurden von den Holländern erschaffen.«

»Das weiß ich schon. Zum wievielten Mal mußt du mir dasselbe sagen?«

»Okay. Und was habe ich dir bitteschön noch nicht gesagt? Vielleicht das: Welcher Holländer ist berühmter: van Gogh oder Johan Cruyff?«

»Und wer ist dieser Cruyff?«

»Die Holländer sprechen den Namen Cruyff ganz anders aus.«

»Und wie?«

»Etwa so: Kraiff.«

»Na und?«

»Was na und? Ich spreche mit dir über Cruyff.«

»Mich interessiert das nicht.«

Das, was Maka uninteressant findet, läßt mich (seit meiner Kindheit) nicht in Ruhe, und zwar: warum Johan Cruyff an der Weltmeisterschaft 1978 nicht teilgenommen hat. Das war meine allererste Weltmeisterschaft, die bei mir einen unauslöschlichen Eindruck hinterlassen hat.

Die Antwort auf diese Frage weiß keiner, ich habe sie jedem Holländer gestellt, den ich hier kennenlernte. Die ganze Wahrheit hätte man wohl auch nicht erfahren können, wenn man diese Frage Cruyff selbst gestellt hätte. Die Mehrheit der von mir befragten Holländer meinte, daß es mit Cruyffs Ehefrau zusammenhänge. Ihrer Meinung nach hatte diese Gattin den besten Fußballer aller Zeiten nicht zur Weltmeisterschaft nach Brasilien fahren lassen. Ebenfalls ihrer Meinung nach hätte die niederländische Elf, wenn Cruyff damals dabeigewesen wäre, das argentinische Team im Finale besiegt und wäre Weltmeister geworden. Das hätten sie Schalwa Djochadze zufolge ohnehin verdient. Doch das Schicksal hatte Johan Cruyff vor ein schweres Dilemma gestellt: Ehefrau oder Heimat. Er hätte natürlich die Heimat gewählt, aber um der Heimat zu dienen (wenn man ein Fußballspieler ist), muß man auch in entsprechender Form sein. Cruyff fand, er sei nicht mehr in dem Alter, in dem ein Spieler für den Ausgang des Spiels entscheidend sein kann. Das Spiel Cruyffs habe ich persönlich nie gesehen (Aufzeichnungen zählen hier nicht), und wenn ich diese traumhafte Erfahrung nur wegen seiner Ehefrau nicht machen durfte, so ist mindestens meine Frau es mir schuldig, die Wahrheit zu sagen:

»Ja, was willst du denn genau wissen?« fragte sie erstaunt.

»Warum ist das immer so, daß du genau dann vor dem Fernseher vorbeigehst, wenn ich Fußball schaue, und warum passiert das immer im spannendsten Moment des Spiels, wenn es gerade kein Tor gibt, so trifft der Ball die Latte?«

»Latte oder Torstange?«

»Das ist doch jetzt nicht wichtig!«

»Oder gar Torpfosten?«

»Ich meine es ernst.«

»Na ja, Latte solltest du nun wirklich nicht sagen. Ich meine es auch ernst. Stell dich für Eintrittskarten an.«

Wir standen bereits vor dem Van-Gogh-Museum.

36 Das ist toll, daß Du mit Maka im Anne-Frank-Haus warst, und es ist überhaupt toll, daß Du mit Deiner Frau in Amsterdam bist. Hier nennt man sie Anne, aber für mich ist sie Anna Frank. Weißt Du, wieviel ich geweint habe, als ich in meiner Kindheit ihr Tagebuch las? Unsagbar viel.

Dabei haben so viele Menschen ein Tagebuch geführt, und niemand wird je ihren Namen erfahren. Und das Tagebuch unserer Maro Makashvili wird auch nur von uns Georgiern gelesen.

Als ich wegen Maro weinte, war ich schon erwachsen. Das Buch habe ich bei der Philharmonie in der Straßenunterführung gekauft. In jener Nacht habe ich kein Auge zugetan. Ich weinte und dachte, was gewesen wäre, wenn die Russen damals den Krieg nicht gewonnen hätten, vielleicht wäre Maro am Leben geblieben. Vielleicht wäre unsere Mentalität, unser Geschmack nun anders. Zumindest hätten wir weniger häßliche Häuser gebaut. Zeige Maka schöne Amsterdamer Häuser. Wenn Du willst, erstelle ich für Euch eine Liste der

Straßen, obwohl, das hat keinen Sinn. In Amsterdam gibt es keine unschönen Häuser und »wenn sie nicht schön sind, so sind sie bezaubernd«, wie Baadur Balardschischwili sagte, und zwar damals, als er im Theaterkeller seine Gedichte rezitierte. An jenem Tag, als ich zum ersten Mal zu einer Autorenlesung von ihm ging, war er betrunken, aber ich habe es ihm, als einem Dichter, großzügig verziehen, und im Unterschied zu manchen anderen habe ich mich deswegen auch nicht aufgeregt. Ganz im Gegenteil, als ich hörte, daß er aus Telawi stammt, beschloß ich, schon am nächsten Wochenende dorthin zu fahren. Am nächsten Wochenende schaffte ich es nicht und verschob es aufs übernächste, dann noch einmal, und dann habe ich Georgien für immer verlassen. Als Kind war ich in Schuamta (auf einer Klassenfahrt) und Gombori. Der Magrani-Wald hat mich so tief beeindruckt, daß ich mehrmals von ihm geträumt habe, aber mein Wunsch, Telawi zu besuchen, blieb unerfüllt, und wenn ich nach Georgien zurückkehre, werde ich es bestimmt tun. Nun muß ich Dir etwas Wichtiges sagen. Mach Dich auf etwas gefaßt!

Als ich vorhin »wenn ich zurückkehre« schrieb, wollte ich »wenn es mir vergönnt sein wird zurückzukehren« schreiben, aber ich habe es mir doch anders überlegt, weil ich Dir keine Angst einjagen (ihr georgischen Männer seid mir zu ängstlich) und noch einen Grund nennen wollte, warum ich Georgien verlassen habe. Es gab dafür so viele andere Gründe, daß ich es ohnehin getan hätte. Wenn ich an jene Jahre zurückdenke, weine ich manchmal heute noch. Damals in den 90ern, als ich noch klein war, bekam ich mit, wie Erwachsene erzählten, daß jemand im Zoo einem Hirsch das Bein abgeschnitten, es gleich auf dem Feuer gebraten und gegessen hätte, und ich habe die ganze Nacht durchgeheult. Ebenfalls von den

Erwachsenen hörte ich, daß die Menschen alles stahlen, was sie zu Geld machen konnten, und deshalb verschwanden aus unserer Stadt nach und nach Büsten aus Bronze, Straßenbahngleise usw. Was sie nicht so, wie es war, mitnehmen konnten, zerschlugen sie und nahmen es in Bruchstücken mit. Deshalb blieben bei uns manchmal Statuen ohne Beine zurück (übrigens fiel mein Lieblingselefant dem Eifer des Zoodirektors zum Opfer: Um das Tier im Winter vor der Kälte zu schützen, gab er ihm Alkohol zu trinken, was dem Armen eine Leberzirrhose bescherte). Ich kann mich an Statuen ohne Beine und Autos ohne Räder erinnern ... Es gab damals einen Song eines französischen Sängers über unser Auto *Schiguli.* Ich weiß nicht mehr, wie er hieß. Dieser junge Mann kam in den 90ern aus Frankreich nach Georgien, lernte Georgisch und begann auf georgisch zu singen. Am besten gefiel mir sein Song *Maroschni;** alle, die den gehört hatten, wollten sogar mitten im Winter Eis essen. Die Band des Franzosen hieß »Der Strom ist wieder da«.

Denk bloß nicht, daß ich die ganzen 90er nur heulend zugebracht habe. Ich kann mich auch erinnern, was für einen Riesenspaß ich auf der Hochzeit eines Verwandten hatte, sehr nah beim Rustaweli-Boulevard, wo in jener Zeit der Bürgerkrieg tobte. Die Leute nahmen keine Notiz von dem, was in einem anderen Bezirk der Stadt geschah. Und woher sollte ich als Kind wissen, was für ein Grauen der Krieg bedeutete? Meine Verwandten hatten ein großes Haus, und die Hochzeitsfeier fand bei ihnen zu Hause statt. Ich erinnere mich an einen Jungen, der auch auf der Feier war und in der einen Hand eine Gurke und in der anderen eine Flasche Limonade

* Russisch für Eis.

hielt. Zuerst mochte ich ihn nicht, aber später hatten wir doch sehr viel Spaß miteinander. Dieser Junge brachte mir bei, wie wir die Hochzeitsgäste mit Tortenstücken bewerfen konnten, ohne dabei gesehen zu werden. Einer unserer Nachbarn sah übrigens jeden Tag mit einem Fernrohr dem Krieg zu, und weiß Gott, er war nicht der einzige. Doch noch schlimmer, als dem Krieg zuzuschauen, war es, daran teilzunehmen. Von den Söhnen einer unserer Nachbarsfamilien kämpfte der eine auf der einen, der andere auf der anderen Seite. Und obwohl beide Seiten die Waffen bei den Russen kauften, haben sie nicht kapiert, daß aus diesem Krieg nur Rußland als Sieger hervorgehen würde. Diese Erkenntnis ist mir erst später, als erwachsener Mensch, gekommen. In der Kindheit verstand ich natürlich nicht viel. Später, als man Schlange stehen mußte, um Brot zu kaufen, verbrachte meine Mutter manchmal ganze Nächte in einer solchen Schlange. Als ich schon etwas älter war, begleitete ich sie einmal. Ich kann mich nicht nur an traurige, sondern auch an fröhliche Gesichter der in der Schlange stehenden Menschen erinnern. Vielleicht plauderten sie, erzählten Witze, um kurz nicht mehr an ihre Probleme denken zu müssen. Ich allerdings stand da und ärgerte mich, weil der Mann meiner Mutter noch nie Schlange gestanden hatte. Ich ärgerte mich, weil meine Mutter ihm nicht sagte, daß in einer Schlange anzustehen nicht allein die Pflicht einer Frau war. (Hast Du darauf geachtet, daß ich bewußt das Wort »Stiefvater« meide? Seitdem ich erwachsen bin, bezeichne ich ihn bewußt als den Mann meiner Mutter.) Außer an die Schlangen fürs Brot kann ich mich an die Schlangen fürs Benzin erinnern, wo die Leute wesentlich häufiger miteinander stritten. Damals wurden die Autos so oft gestohlen, daß ihre Besitzer auf sie aufpassen mußten, wenn sie sie irgendwo geparkt hatten. Wenn wir Besuch hatten, standen unsere Gäste immer am Fenster und schauten, ob ihre Autos noch im Hof parkten.

Man bereitete alles aus Sojabohnen zu: sogar Fleischküchlein und Chinkali. Am Anfang schmeckte es mir, aber mit der Zeit konnte ich sie genausowenig leiden wie diese Leute, die zum Mann meiner Mutter zu Besuch kamen. Einmal hat einer von ihnen mir als Geburtstagsgeschenk eine Pistole mitgebracht, und meine Mutter hat so aufgeschrien, daß der Idiot regelrecht Angst vor ihr bekam. Das war, glaube ich, das zweite Mal, daß meine Mutter überhaupt gegen etwas protestierte. An jenem Abend erfuhr ich auch, daß diese Pistole Stetschkin hieß. Wesentlich später, nach einigen Jahren, hörte ich, daß der Idiot dieselbe Stetschkin einem anderen geschenkt und dieser damit gleich einen Siebzehnjährigen erschossen hatte. Warum? Weil er dessen Stimme nicht mochte. Vielleicht lag es nicht an der Stimme selbst, sondern an seinem Tonfall oder an sonst etwas. Es gab damals ja mehr als hundert Gründe, warum man aufeinander schoß. Habe ich Dir die Laune verdorben?

Wenn ich Dir die Laune verdorben habe, werde ich versuchen Dich wieder aufzuheitern. Vielleicht wird es sie etwas aufhellen, wenn ich Dich daran erinnere, daß man damals nicht nur Menschen, sondern auch Kredite aus der Welt schaffte. Diesen Begriff habe ich auch von dem Mann meiner Mutter gehört, als er einen seiner Kumpels fragte, ob er jemanden kenne, der ihm dabei helfen würde, einen Kredit aufzunehmen. Er wiederum kenne jemanden, der diesen Kredit aus der Welt schaffen würde, damit man ihn nicht mehr zurückzahlen müsse. Das Problem bestand darin, daß es damals sehr wenige Banken gab, dafür mehrten sich die

Unternehmen, die den Menschen ein superschnelles Wachstum ihres Vermögens versprachen, wenn sie ihnen ihr Geld anvertrauten. Man hat sein Geld jenen Menschen überlassen, und sie versprachen, das Geld in Kürze mit zehnfachem Gewinn zurückzuzahlen. Diese Vereinbarung wurde sogar schriftlich festgehalten, aber wenn man eines Tages mit seinem Vertrag in der Hand zu jenem Unternehmen ging, um sein Geld abzuholen, traf man unter der alten Adresse niemanden mehr an, obwohl die Werbung immer noch auf allen Fernsehkanälen lief.

Dann gab es noch solche, die Wohnhäuser bauten (natürlich mit dem Geld der künftigen Bewohner), aber kurz vor der Übergabe des Neubaus spurlos verschwanden, und die künftigen Bewohner entdeckten, daß ihre Wohnung nicht nur an eine (ihre), sondern an mehrere Familien verkauft worden war.

Plötzlich fällt mir ein, daß ich Dir das alles gar nicht zu erzählen brauche. Du kannst Dich doch bestimmt viel besser als ich an alles erinnern. Vielleicht weißt Du auch, warum der Brotmangel so ein Riesenproblem für das Volk war, das am meisten Brot ißt. In manchen Ländern würde man das Verschwinden des Brotes aus den Ladenregalen nicht einmal bemerken.

Zu den heiteren Erlebnissen jener Zeit zähle ich die damaligen Fernsehsendungen, in welchen immer wieder verschiedenste Heiler und Wahrsager auftraten und die meisten von ihnen die Zuschauer direkt vom Bildschirm aus lenkten. Es mehrte sich die Werbung, die während eines beliebigen Programms im unteren Teil des Bildschirms eingeblendet wurde, und zwar mit unkontrollierbarer Häufigkeit, was auch ein Merkmal jener Epoche war. Zum Beispiel: »Heile Hämorrhoiden mit intensivem Blick.«

37 Die Georgierin, die auf Texel lebt, schrieb mir, daß die Schafe von Texel ganz besonders seien und andere Arten sich nicht mit ihnen vergleichen ließen. Ich dachte, die besten Schafe kämen aus Telefa. Irgendwo habe ich sogar gelesen, daß man Stalin neben anderen Lebensmitteln aus Georgien auch ein Schaf aus Telefa in den Kreml geliefert habe (vielleicht um Tschakapuli zu kochen), aber wenn man in Amsterdam im Van-Gogh-Museum an Stalin denkt, hat man womöglich ein psychisches Problem. Mit Maka sprach ich an jenem Tag ausschließlich über van Goghs Probleme. Gott weiß, daß der Selige nicht gerade an Problemmangel gelitten hat. Auf allen 35 Selbstbildnissen, die er geschaffen hat, ist ihm die quälende Melancholie anzusehen. Nachdem wir das Museum verlassen hatten, schwiegen Maka und ich eine ganze Weile. Wortlos und betrübt gingen wir die Straßen entlang. Und weil an jenem Tag besonders schönes Wetter war, beschlossen wir, in den Vondelpark zu gehen. Grünanlagen (in einer Stadt) sind das einzige Thema, bei dem Maka und ich gleicher Meinung sind. Wie erwartet war sie hingerissen, als sie den Vondelpark erblickte. Als sie ihn (endlich) genug bestaunt hatte, begann sie sich über das Rathaus von Tiflis aufzuregen, und das mit Recht. Wie kann es sein, daß es in einer auf Wasser gebauten Stadt, wie Amsterdam eine ist, mehr Grünanlagen gibt als in Tiflis, wo man alles, was grün ist, mit dem gleichen Eifer bekämpft. Überall, wo es noch grün gewesen ist, bauen wir diese häßlichen Wohnblocks, damit glauben wir unseren Kindern etwas Gutes zu tun. Ja, natürlich, sie werden große Wohnungen haben, sie werden große schwarze Geländewagen fahren. Was sie bestimmt nicht haben werden, ist Sauerstoff. Ohne Sauer-

stoff kann man nicht leben. In Tiflis kann man bereits nicht mehr atmen. In Amsterdam entdeckte ich, daß ich mich hier (und auch in anderen Ländern) aus dem Grund gern aufhalte, weil es mehr Sauerstoff gibt. Darum verlasse ich Tiflis immer häufiger und reise in andere Gegenden Georgiens. In Tiflis kann man nicht mehr leben. Man kann dort lediglich existieren. Wir merken nicht einmal, daß aus unserer Hauptstadt, die einmal eine grüne Stadt gewesen ist, diese hoffnungsfrohe Farbe allmählich völlig verschwindet. Wir lassen nicht einmal so viel Gras übrig, daß wir es unseren Kindern zeigen könnten. Ich betone das erneut, daß hier in Amsterdam (und in anderen europäischen Ländern) alles anders ist. Ein Großteil der Stadtfläche ist für die Erholungsgebiete bestimmt, wo ein gepflegter grüner Rasen wächst, und auf diesem wachsen die Generationen auf. Damals, in unserer Kindheit, gab es in Tiflis wesentlich mehr Grünflächen, aber den Rasen zu betreten verbot die sowjetische Regierung (leider) sogar den Kindern. Überall in den Parkanlagen waren die entsprechenden Verbotsschilder zu sehen. Jetzt gibt es fast keine Grünflächen mehr, und den hie und da auf wundersame Weise erhaltenen Rasen darf man weiterhin nicht betreten. Es gibt keine Sowjetunion mehr, aber um unsere sowjetische Mentalität zu ändern, reicht die bloße Deklaration der Freiheit nicht aus. Man muß frei wie die Holländer sein, um zu verstehen, was für ein Glück es ist, auf dem Rasen des Vondelparks zu liegen, wenn einige Meter entfernt (zum Beispiel) Mick Jagger singt. Jeder beliebige Georgier könnte auch glücklich sein, wenn er begänne, auf die Natur zu achten. Das ist der Hauptunterschied zwischen uns und den Europäern, daß wir Galaktion Tabidse bloß für unsere Trinksprüche benutzen und die Holländer so leben, wie es ihnen zum Beispiel Baruch Spinoza gewünscht hätte. Nach dem Zerfall der Sowjetunion und der Wiederherstellung der Unabhängigkeit Georgiens hatten wir mehrere Regierungen, aber alle hatten die gleiche Angst vor dem Grün. Ich weiß noch, daß ich in meiner Kindheit ein Buch mit dem Titel *Die Grasharfe* von Truman Capote gelesen habe. Ich erinnere mich immer noch an den Geruch dieses Buches. Daran, an diesen Geruch, dachte ich sogar heute, hier in Amsterdam. Jedes Mal, wenn ich in Georgien das Schild sehe, das mir das Betreten des Rasens untersagt, denke ich (sofort) an Truman Capote. Heute noch sind in Georgien in den Parks und Gärten Schilder angebracht, auf denen steht, daß den Rasen zu betreten strengstens verboten sei. Der Unterschied zwischen damals und jetzt liegt einzig und allein in der Sprache. In sowjetischer Zeit war die Inschrift auf den Schildern russisch, jetzt ist sie georgisch und englisch. Die Sprache der Besatzer wurde gegen Georgisch getauscht, aber der Inhalt blieb derselbe. Offenbar liegt unser Hauptproblem in der geerbten sowjetischen Mentalität. Marihuana ist allerdings auch ein Gras, und zwar eins, das in manchen Ländern als Heilmittel gilt. Vielen ist unbekannt, daß in Georgien manche Kräuter seit uralten Zeiten als Heilmittel gebraucht wurden. Die schlimmen Folgen des Alkoholmißbrauchs werde ich hier erst gar nicht erwähnen. Tausende Georgier sind dem Vinozid bereits zum Opfer gefallen. Wein wird in mehreren europäischen Ländern auch als Heilmittel genutzt (in kleinen Mengen genossen), und das mit einem sehr guten Ergebnis. In Georgien wird diese wunderbare Flüssigkeit zu einem häufigen Grund für frühzeitigen Tod (wenn maßlos konsumiert). In einem Land, in dem alles maßlos zugehen muß, ist es schwer vorstellbar, auch nur die leichtesten Rauschmittel zu legalisieren.

Ja, das ist schwer.

Was ist denn einfach?

Einfach ist es, im Vondelpark (auch in der Winterzeit) auf dem Rasen zu liegen und die Amsterdamer um ihre strahlenden Gesichter zu beneiden, weil man sich wünscht, daß in der eigenen Heimat die Menschen auch so fröhliche und vergnügte Gesichter hätten. Und weil das nicht der Fall ist, denkt man über mögliche Gründe nach. Die Mehrheit der aggressiv gestimmten Georgier denkt, ihre schlechte Laune sei auf soziale Probleme zurückzuführen, aber ich weiß, weil ich es mit eigenen Augen gesehen habe, daß in Katmandu die Menschen wesentlich ärmer sind als in Georgien, und dort kann man kein Gesicht ohne ein Lächeln sehen; im Gegensatz zu den Georgiern sind sie überhaupt nicht wutgeladen. In Amsterdam sah ich auch nur lächelnde Menschen, aber das mag vielleicht daran liegen, daß ich an jenem Tag von Maka ein Wort hörte (mit einer Verspätung von 20 Jahren), das sie mir nie zuvor gesagt hatte, und plötzlich begann ich wie die Amsterdamer zu strahlen. Ich hätte sogar vor Glück geweint, wenn ich mich nicht vor Maka geschämt hätte.

Ja, ich habe mich vor Maka geschämt, obwohl sie mir jenes Wort nicht gesagt, sondern geschrieben hat. Das Wort, das mich so glücklich machte, erhielt ich als Kurznachricht von meiner in einem wunderschönen Park von Amsterdam neben mir sitzenden Frau.

38 An dem Tag, als man in Tiflis Pako Svimonishvili beerdigte, ging ich in Amsterdam das Hotel suchen, in dem David Jaschwili (Jaschka) gestorben ist. Ich mochte Jaschka (genauso wie Pako) sehr. Im allgemeinen mag ich begabte Menschen. Als ich von Jaschkas Tod erfuhr, wurde ich sehr traurig.

Maka war bereits nach Tiflis zurückgekehrt und wollte zu Pakos Beerdigung gehen. Ich allerdings blieb in Amsterdam und hatte außer dem üblichen Kram mit Lesen und Schreiben noch eine Aufgabe zu erledigen, und zwar das Hotel aufzusuchen, in dem Jaschka gestorben ist. Warum ich mich entschloß, zu jenem Hotel zu gehen, weiß ich nicht. Warum ich überhaupt nach Amsterdam gekommen war, darüber dachte ich auch den ganzen Tag nach und erwog sogar, daß ich mir alles nur ausgedacht hätte: das Amsterdamer Abenteuer meines Großvaters, die auf der holländischen Insel lebende Georgierin, die mir E-Mails schreibt. Ich konnte es kaum erwarten, auf die Insel Texel zu fahren und sie kennenzulernen. Mich interessierte, wie die Schreiberin dieser E-Mails in Wirklichkeit war, aber ich hatte vor, erst in ein paar Tagen aufzubrechen. Heute mußte ich das Hotel sehen, in dem David Jaschwili starb. Da es allerdings vor einigen Jahren geschah, wußte vielleicht niemand mehr, in welchem Zimmer er gewohnt hatte. Und auch wenn man mir dieses Zimmer zeigen konnte, was hätte das in meinem Leben verändert? Außer daß ich mir noch einmal eingestanden hätte, daß ich diesen talentierten Schauspieler sehr gemocht habe. Was wollte ich mir damit beweisen? Vielleicht dasselbe, was ich auch Pako beweisen wollte, als ich mich am 1. Januar nicht an eine Neujahrstafel setzte, sondern ins Krankenhaus ging, um Pako Svimonishvili zu besuchen, und nachdem ich gedacht hatte, ich sei der einzige, stieß ich dort auf mehrere andere, die mir zuvorgekommen waren. Im Hotel wird natürlich kein anderer sein, und Jaschka wird auch nie erfahren, daß ich aus Liebe zu ihm in Amsterdam in das Hotel gegangen bin, in dem er gestorben ist. Mag sein, daß ich das nur unternehme, um vor meinem eigenen Tod keine so große Angst mehr zu haben!? Vielleicht bin ich solch ein Egoist, daß ich auch nur aus Eigennutz so gerne auf die Friedhöfe gehe: Damit ich mich rechtzeitig an die Stelle gewöhnen kann, wo ich lange liegen muß. Wenn man mich fragt, würde ich es bevorzugen, eingeäschert zu werden, aber in Georgien gibt es nicht einmal ein Krematorium. Man kann nur darauf hoffen, als Häretiker auf dem Scheiterhaufen verbrannt zu werden. Warum soll jemand in einer der schönsten, glücklichsten und erotischsten Städte der Welt ausgerechnet an Einäscherung denken, wenn er nicht verrückt ist?

Amsterdam war meine Traumstadt und auch diejenige Makas. Unsere Hochzeitsreise hatte zwar Telawi zum Ziel, aber auf dem Weg nach Telawi haben wir einander versprochen, daß wir, sobald wir zu Geld kommen würden, nach Amsterdam fliegen wollten. Wir haben sogar ein Foto von der damaligen Amsterdamreise. Darauf sind wir beide sehr jung und stehen auf einer der Amsterdamer Brücken (auf einer von den tausendundeinen), aber jetzt werde ich, auch wenn ich mich sehr darum bemühe, nicht mehr so lächeln können und auch nicht mehr so glücklich sein, deshalb vermeide ich es immer, dieses Foto anzusehen.

Was vermeide ich in Amsterdam anzusehen?

Die Ruhe, welche die Menschen ausstrahlen, die mit entspannten Gesichtern in Cafés sitzen und (im Unterschied zu unseren Cafés) nicht von laut plärrender Musik und Zigarettenqualm belästigt werden; die Buchhandlungen an jeder Ecke, und zwar seit dem 17. Jahrhundert, das für die Niederlande ein goldenes Zeitalter war. Mit dem Großteil des damals verdienten Geldes haben die Holländer Bücher gedruckt. Das läßt mich denken, daß das Geheimnis ihres Glücks und ihrer Freiheit in den Büchern liegt; das Foto, das auf der Spui an einer Hauswand hängt mit Bep van Klaveren darauf, den man Windmühle nannte, wahrscheinlich deswegen, weil er während des Boxens seine Beine (wie Herr Dschemal Kartschchadze sagen würde) »genauso eifrig bewegte wie seine Hände«.

Übrigens sind die Windmühlen nicht von den Holländern erfunden worden. Dafür waren sie es, die die Kraft des Windes am besten nutzten. Wind gab es bei uns auch, aber Windmühlen haben wir nicht gehabt (im Gegensatz zu Wassermühlen). Zum Beispiel der Großvater meiner Mutter, Jagor Sartania, besaß sogar mehrere, aber kleine Wassermühlen. Und als er in Tiflis, dem Fluß Kura entlang, (beidseitig) eine Reihe von Wassermühlen gesehen hatte, wiederholte er sein Leben lang, wie das wohl möglich sei, daß das Wasser so große Mühlen immer wieder mitreiße. Dabei geschah das fast jeden Frühling (bei Hochwasser). Der Fluß riß die Wassermühlen mit und trug sie (meistens in Teile zerlegt) ins Kaspische Meer. Die georgischen Müller bauten neue Mühlen in der Hoffnung, daß der Fluß Kura im nächsten Frühling nicht wieder ihre Haupteinkommensquelle wegschwemmen würde. Im 20. Jahrhundert verschwanden die Wassermühlen für immer, und im 21. ist die Kura selbst vom Verschwinden bedroht.

Die Holländer allerdings behielten in den Niederlanden ihre tausendundeine Windmühlen. Manche davon stehen unter dem Schutz der UNESCO. Und ich frage mich: Wenn wir damals nicht mitsamt den Wassermühlen auch die Freiheit verloren hätten, wären wir dann jetzt so fleißig und gesund wie die Holländer?

Dabei hätten wir dafür bis 1921 ganz gute Voraussetzungen gehabt. 1919, als die Sozialdemokraten (ich glaube, zum ersten Mal in Europa) die Wahl gewonnen hatten, führten sie einige sehr bedeutsame Reformen durch. Von anderen Dingen abgesehen genossen Frauen und Männer im damaligen Georgien Gleichberechtigung. Deshalb, um bei dem Anblick der Mühlen nicht an den Verlust unserer Unabhängigkeit zu denken und dadurch eine Nervenstörung (und als Folge auch eine Darmstörung) zu bekommen, meide ich es, die Mühlen anzusehen.

Und was noch vermeide ich in Amsterdam anzusehen?

Vor allem die Schaufenster von De Wallen (besonders nach Makas Abreise), in denen die Frauen stehen. Heute sah ich einen Teenager, der so gleichgültig an diesen Schaufenstern vorbeiging, daß ich an mich im gleichen Alter dachte und mir vorzustellen versuchte, was für eine Reaktion ich damals gehabt hätte, wenn ich unterwegs zur Schule an den halbnackten Frauen hätte vorbeilaufen müssen, gar nicht davon zu reden, ob ich noch Lust gehabt hätte, den Weg (und zwar in Richtung Schule) fortzusetzen. Neulich sah ich vor einem Schaufenster einen betagten Deutschen stehen, der aufgeregt mit einer sichtlich müden Prostituierten sprach. Da fiel mir noch ein schlechter Witz darüber ein, daß die holländische Sprache von betrunkenen Deutschen erfunden worden sei. Betrunkene Deutsche habe ich auch oft genug gesehen. Einmal sogar viele zusammen, und das war ein wirklich beeindruckendes Bild. Im Frankfurter Bahnhof beschloß ich, mir eine echte Frankfurter zu gönnen (das, was wir als Hot dog bezeichnen), und urplötzlich hörte ich ein ohrenbetäubendes Dröhnen. Ich wußte nicht, mit was für einer Erscheinung ich es zu tun hatte. Ich wußte bloß, daß diese Erscheinung mir immer näher kam. Was mir nicht gefiel, war, daß die bunt angezogenen Leute mit angespannten Gesichtern nervös zu einem Bahnsteig blickten, und den Polizisten, die sich dort versammelt hatten, war eine gewisse Unruhe anzumerken. Wie ich später erfuhr, stand für einen Frankfurter Fußballclub ein Heimspiel an, und im Bahnhof wurde die Ankunft eines Zuges erwartet, in dem die Fans der anderen Mannschaft anreisten und laut grölten, um den Fans der Frankfurter Mannschaft Angst einzujagen, auch wenn ich so ziemlich der einzige war, der an jenem Tag Angst bekommen hat. Genau in dieser Situation begriff ich, wie die Deutschen seinerzeit ganz Europa erobert haben. Während die helmtragenden Polizisten sich zwischen die Fans der Gastmannschaft und die Frankfurter Fans stellten, stand ich mit offenem Mund da, mit einem unberührten Hot dog in der Hand, und hoffte, daß sie es schaffen würden, eine mögliche Auseinandersetzung zwischen den verfeindeten Fanclubs zu schlichten. Mit dieser Hoffnung stieg ich in den Zug nach München, und nun fiel mir diese Geschichte hier in Amsterdam wieder ein, als ich auf der Spui eine uralte Werbung für »Haring« entdeckte. Wenn nicht uralt, so ist sie bestimmt eine der ältesten. Aber warum ich es vermeide, diese Werbung anzusehen, wird für Sie bestimmt sofort verständlich werden, auch wenn ich ihre Form und ihren

Inhalt nur sehr oberflächlich beschreibe: Auf dem Werbeplakat ist eine glückliche Frau zu sehen, mit weit aufgesperrtem Mund, die drauf und dran ist, in einen »Haring« hineinzubeißen. Vielleicht jetzt nicht mehr, aber damals, als diese Werbung zum ersten Mal auf den Straßen Amsterdams erschien, haben die Männer es (bestimmt) vermieden, sie anzusehen, und zwar aus ganz anderen Gründen, als ich es tue.

Mich würde interessieren, ob jene Georgierin, die auf Texel lebt, »Haring« mag.

39 Meinen jüngeren Bruder (um genau zu sein, Halbbruder) meldete der Mann meiner Mutter nur deshalb zum Fußball an, um ihn später als einen guten Fußballer »verkaufen« zu können. Einmal bin ich zu einem seiner Spiele mitgegangen, und deshalb kann ich behaupten, daß ich die harte Vergangenheit des georgischen Fußballs mit eigenen Augen gesehen habe: Das Kind, das für einen anderen Spieler eingewechselt werden sollte, stand barfuß an der äußeren Linie des Fußballfeldes und wartete darauf, die Schuhe des Ausgewechselten anzuziehen, um den Rasen zu betreten. Einmal bekam ich mit, wie ein Kumpel des Mannes meiner Mutter zu diesem sagte, er würde ihm dabei helfen, das Kind in der Nachwuchsfußballschule des FC Barcelona unterzubringen, aber um das Weitere müsse er sich selbst bemühen. In die Hauptmannschaft zu kommen sei zwar unmöglich (wer sollte schon so viel Kohle auftreiben und wo), aber ihn zu einem Reservespieler zu machen sei durchaus vorstellbar. Nur weil er selbst ein Taugenichts und Faulpelz war, meldete er seinen Sohn zum Fußball an. Mein Bruder selbst hatte keinerlei Interesse an Fußball, dafür brannte er fürs Ballett, aber das konnte er unmöglich laut sagen. Einmal, während einer der nächsten Feiern, erzählte der Mann meiner Mutter den dort Versammelten, jemand habe seinen Sohn in die Ballettschule gebracht, und schon regten sich seine Tischgesellen auf:

»Will dieses bescheuerte Arschloch das Kind ins Unglück stürzen? Will er, daß es zu einer Tunte heranwächst?!«

Ich weiß, daß ich Dir versprochen habe, etwas sehr Wichtiges zu offenbaren. Denk bitte nicht, daß ich Dich belogen hätte. Ich will es unbedingt noch tun. Aber da ich meine heutige E-Mail mit Fußball angefangen habe, muß ich Dir gleich noch etwas erzählen: In der Fußballmannschaft einer georgischen Stadt spielte ein dunkelhäutiger Spieler aus einem afrikanischen Land, der auch seine Frau nach Georgien mitgebracht hatte. Eines Tages vergewaltigten seine Mitspieler diese arme Frau. Diese Tat fand in der Presse viel Beachtung, obwohl man versuchte, das Ganze geheimzuhalten. Mag sein, daß ein junger Journalist oder eine junge Journalistin in jene Stadt fuhr (sogar ohne Einverständnis des Chefredakteurs) und zu recherchieren begann. Auf jeden Fall haben alle Befragten zugegeben, daß bei ihnen in der Stadt etwas Derartiges geschehen sei, und fast alle haben der Frau die Schuld daran gegeben, weil sie angeblich viel zu kurze Röcke trage.

Siehst Du? Sogar im Fußballwesen bin ich einigermaßen kompetent.

Jener dunkelhäutige Fußballer war damals, glaube ich, überhaupt der erste Dunkelhäutige in Georgien. Den allerersten Mohren habe ich in Tiflis gesehen, als er auf dem Rustaweli-Boulevard stand und mit anderen die »fliegenden Untertassen« beobachtete. Jeder, der nicht gerade zum Himmel sah, starrte ihn an (genauso wie ich). Die »fliegenden

Untertassen« waren damals ein häufiger Anblick. Was damals wirklich am Tifliser Himmel geschah, konnte niemand mit Sicherheit sagen. Diesen Mohren sah ich noch einige Male im Mtazminda-Bezirk. Einmal sah ich ihn die Ingorokva-Straße entlanggehen, so gemächlich, daß ich stehenblieb und ihn mit dem Blick verfolgte. Das finde ich auch toll, daß wir in unserer Sprache das Wort Mohr haben und nicht so eines, das direkt auf die Hautfarbe hindeutet wie z. B. Dunkelhäutiger, Schwarzamerikaner ... Das Wort »Mohr« hat sich, glaube ich, Schota Rustaweli ausgedacht. Auf jeden Fall benutzt er es in *Der Recke im Tigerfell.* »Der Recke« seinerseits erinnert mich an meinen Klassenkameraden, den man schon in der achten Klasse zum ersten Mal verhaftet hat. Wir mußten bei der Gerichtsverhandlung dabeisein. Als der Richter fragte, was der Angeklagte zu sagen habe, antwortete er mit tiefem Bedauern, daß wir vor einer Woche mit *Der Recke im Tigerfell* angefangen hätten und er sehr gespannt sei, ob und wie Avtandil Tariel finden würde, und nun, bei diesem Pech, das er habe, würde er das wohl noch lange nicht erfahren. Der Richter, der während der ganzen Verhandlung ein sehr strenges Gesicht gemacht hatte, lächelte plötzlich und sagte zu unserem angeklagten Klassenkameraden, wenn er so gern lese, solle er sich keine Sorgen machen, denn an Zeit zum Lesen würde es ihm schon nicht mangeln.

Daran habe er gar nicht gedacht – nun lächelte auch unser Klassenkamerad, und wir spürten Erleichterung. Aber der Richter wurde gleich wieder ernst:

Wenn er daran und auch an viele andere Dinge gedacht hätte, würde er jetzt nicht im Gerichtssaal sitzen. Und wir verstanden sogleich die Ernsthaftigkeit des Ganzen, weil unser Klassenkamerad eines Diebstahls angeklagt war, und zwar von Jeans. Sogar der Staatsanwalt sagte (während der Gerichtsverhandlung), wäre es Brot gewesen, so hätte er noch ein Auge zugedrückt, aber einem Menschen die Hose zu stehlen und ungestraft davonzukommen, das könne er sich persönlich nicht vorstellen. Sasa (unser Klassenkamerad) hatte keinen Vater, der ihm die Jeans hätte kaufen können, und seine Mutter arbeitete irgendwo als Putzfrau (und verdiente elende Groschen), er allerdings war in dem Alter, in dem man Jeans dringender braucht als Brot.

Beim ersten Mal hat man ihn übrigens aus der Jugendstrafanstalt oder der Justizvollzugsanstalt für jugendliche Straftäter (keine Ahnung, wie man das in Wirklichkeit nannte) bald wieder entlassen, und als ich ihn traf, meinte er, der Aufenthalt dort sei für ihn überhaupt nicht schwierig gewesen, denn dort gebe es auch einen strengen Tagesablauf wie in einer Schule, aber halt einen beschissenen. Dann fügte er noch hinzu, daß das Gebäude der Anstalt auch äußerlich einem Schulgebäude sehr ähnlich sei. Ich stellte ihm noch eine, wie sich zeigte, sehr naive Frage: an wen oder woran er in der Anstalt am häufigsten gedacht habe. Daran, möglichst bald in die richtige, für Erwachsene bestimmte Haftanstalt zu wechseln, war die Antwort, und als er meine erstaunte Miene sah, folgte eine weitere Erläuterung:

»Du solltest wissen, daß jeder Fußballer, der in einer Jugendmannschaft spielt, nur davon träumt, in die Mannschaft der Erwachsenen zu wechseln.«

Da wußte ich schon, daß er (leider) nicht mehr lange auf freiem Fuß bleiben würde, und ja, er wurde bald wieder festgenommen. Schade! Denn ich hielt ihn für einen netten Jungen. Einmal hat er mir aus dem Gefängnis sogar einen Brief geschrieben. Nein, ich glaube nicht, daß er auf mich stand.

Das war seinerseits nur eine freundliche Geste. Er fragte, ob ich geheiratet hätte. Später habe ich ihn nicht mehr gesehen. Hie und da erfuhr ich von anderen, wo er war und wie es ihm ging. Nach vielen Jahren sah ich ihn wieder, und er hatte sich so verändert, daß ich ihn kaum wiedererkannte. Ich bin nicht zu ihm gegangen. Er selbst hat mich bestimmt übersehen, sonst hätte er mich angesprochen. Ich stand auf dem Platz der Kolchose (genauer gesagt auf dem ehemaligen Platz der Kolchose), und mir war zum Heulen. Gott sei Dank war Sasa genauso schnell verschwunden, wie er aufgetaucht war. Tschurtschchela zu kaufen, wofür ich eigentlich dorthin gegangen war, hatte ich völlig vergessen und kam mit leeren Händen nach Hause. Wenn Du Tschurtschchela genauso magst wie ich, kann ich Dir verraten, wo es wirklich traumhafte zu kaufen gibt. Ich kann Dir (sollte es Dir an Süßem mangeln) den Namen von jenem Tschurtschchela-Verkäufer schreiben und hoffe, Du wirst ihn finden, und wenn Du ihn findest und seine Tschurtschchela kostest, ich schwöre, Du wirst nie mehr andere essen wollen.

Mag sein, daß mir an jenem Tag auch aus einem ganz anderen Grund zum Weinen zumute war: Eigentlich hatte ich gerade beschlossen, Georgien für immer zu verlassen, was für mich vor allem bedeutete, daß ich meine Liebe aufgegeben hatte. Eine größere Sünde, als die Liebe aufzugeben, gibt es nicht, aber das weiß man im voraus nicht. Man denkt, man habe eine sehr mutige Entscheidung getroffen, eine sehr großzügige, indem man seine Liebe jemand anderem überließ.

Später, mit der Zeit, merkst du, daß du mit diesem Schritt das Hauptgebot der Liebe gebrochen hast, und kommst dir wie aus dem Paradies vertrieben vor. Die Liebe ist überall das

Wichtigste: im Paradies, in Nestans Schwur, den du schon damals auswendig gekonnt hast, als man deinen Klassenkameraden verhaftete. Nach Sasa wurden unzählige andere Freunde, dir bekannte und unbekannte Jungs verhaftet, getötet, viele davon haben sich umgebracht. Unter so vielen verlorenen Seelen fand sich in meiner Heimat ein einziger netter und lieber junger Mann, und ich habe ihn, genauso wie meine Heimat, freiwillig aufgegeben.

Wenn Du immer noch vorhast hierher zu kommen, beeile Dich und bring mir mindestens ein Stückchen meiner Heimat mit.

Bring mir mindestens ein Stückchen meiner Heimat mit ...

40 Das Geheimnis des deutschen Erfolgs (in den 30er Jahren des 20. Jahrhunderts) war nicht nur jene Energie, deren Ausdruck ich in Frankfurt erlebt habe, sondern auch das Talent und die Fähigkeit, die ein Deutscher bei der Organisation von diesem und jenem zeigt (im Unterschied zu uns Georgiern). Die Georgier (wie Herr Dimitri Usnadse geschrieben hat) können sich nur dann engagieren, wenn sie finden, daß die (zu erledigende) Aufgabe groß und wichtig ist und einem edlen Zweck dient, und sie wollen nicht glauben, daß auch kleine Aufgaben mit Liebe, Verantwortungsgefühl und Professionalismus angegangen werden müssen. Nichts deprimiert mich hier in Amsterdam mehr als die Erkenntnis, daß die Niederlande, ein Staat mit praktisch keinem Ackerland, eine so gut entwickelte Landwirtschaft haben, daß sie in der Welt als Exporteur von Landwirtschaftserzeugnissen den zweiten Platz belegen, und wir es auf unserem Boden, den man roh essen kann, nicht einmal schaffen, so viel Ernte einzubringen, daß sie den Eigenbedarf deckt. Das einzige, was wir seit Jahrhunderten perfekt organisieren können, ist der Leichenschmaus, und das läßt sich nicht nur mit unserer subjektiven Beziehung zum Tod erklären, sondern man kann auch einen durchaus objektiven Grund nennen, der zur Entstehung dieser Tradition geführt hat. Gott weiß, daß es uns an Feinden und Eroberern nie gemangelt hat. Wenn das Leben eines Volkes durch die Eroberer bestimmt wird, versucht das Volk die aufgezwungenen Regeln zu brechen, statt sie zu akzeptieren und zu befolgen. Dadurch hat es auch keine Erfahrung darin, sein eigenes Leben zu organisieren. Das einzige, was uns der Feind selbst in die Hand zu nehmen erlaubte, war die Organisation der mit dem Tod verbundenen Dinge, daher können wir jedes mit dem Tod assoziierte Ritual haargenau befolgen, und dessen Krönung ist natürlich der Leichenschmaus. Wenn unser Leben den anderen gehörte, so war unser Tod ausschließlich unser Eigentum. Wir befolgten die mit dem Tod verbundenen Regeln, weil wir sie selbst aufgestellt hatten. Jahrhunderte hindurch haben wir sie verbessert, ausgefeilt. Sich nach der Beerdigung gemeinsam an den gedeckten Tisch zu setzen ist einer der wichtigsten Bräuche, ein ungeschriebenes Gesetz, und wen wundert's, daß in einem Land, in dem ein ganzes Epos (so voluminös wie ein großer Roman) auswendig von einer Generation zur nächsten weitergereicht wurde, das Auswendigwissen der Rituale eine Selbstverständlichkeit ist. Obwohl ich gedacht habe, daß man die Regeln eines gelungenen Leichenschmauses wie die Gesetze Hammurabis irgendwo in einen Felsen (oder wenigstens in einen großen Stein) meißeln könnte.

Nicht nur in Amsterdam habe ich nie eine Trauerprozession gesehen, sondern auch in keinem anderen Land (in dem ich gewesen bin), was natürlich nicht bedeutet, daß Menschen nur noch in Georgien sterben. Tatsache ist, daß man den Tod nirgendwo so ernst nimmt wie in Georgien. Wo wird sonst das Leben eines Menschen mit der gleichen Ernsthaftigkeit wahrgenommen wie sein Tod? Bei uns gibt es einen Kult des Todes, und die Liebe und Verehrung für die Verstorbenen ist grenzenlos (was man im Fall der Lebenden nicht behaupten kann).

Was hat mich heute morgen gezwungen, über dieses schwierige Thema nachzugrübeln? Das war ein auf den ersten Blick völlig harmloser Satz dieser auf Texel lebenden Georgierin, den sie mir gestern nacht schrieb: Der Tod ist der Traum des Lebens, und wenn das stimmt, so lebt der Mensch auch nach seinem Tode, denn träumen kann man nur zu Lebzeiten. Letzteres wird wohl niemand anfechten wollen. Ja, vielleicht lebe ich auch falsch, denn die Beziehung der Menschen zum Leben und zum Organisieren des Lebens unterscheidet sich hier in Amsterdam definitiv von meiner, unserer Vorstellung bezüglich desselben. Die Menschen hier wohnen sogar in einem kleinen Boot, ohne davon zu träumen, eine Fünfzimmerwohnung in einem Neubau zu erwerben. Wenn man in einem Boot wohnt, so heißt das Wohnzimmer wohl eher Kajüte, aber hier ist nicht der Name wichtig, sondern der Inhalt. Ich interessiere mich derart für das Leben von solchen Menschen, daß ich (wenn ich an irgendeinem Kanal entlangspaziere) stehenbleibe und die Boote aufmerksam betrachte.

In Amsterdam spazierenzugehen ist nicht einfach, weil man den Begriff »Touristensaison« hier wohl nicht kennt und die Straßen zu jeder Tages- und Nachtzeit mit Menschen überfüllt sind. Niemand besucht Amsterdam nur einmal, und wenn jemand einmal hier gewesen ist, träumt er davon wiederzukehren. Mag sein, daß dieser Wunsch nach Wiederkehr in den Besuchern Amsterdams deshalb entsteht, weil sie das Gefühl haben, beim ersten Mal etwas verpaßt, nicht gefunden, nicht gesehen zu haben. Man meint damit natürlich nicht das Wasser und die Boote. Solches kann man auch in einem anderen Land und einer anderen Stadt (zum Beispiel in Venedig) sehen. Ich habe gehört oder vielleicht auch gelesen, Amsterdam sei das Venedig des Nordens. Diese Behauptung warf eine ganz logische Frage auf: Und was, wenn es umgekehrt ist? Vielleicht ist Venedig das Amsterdam des Südens?

Übrigens fragte mich die auf Texel lebende Georgierin (natürlich schriftlich), was mir in Amsterdam am besten gefalle. Ich weiß es nicht. Vielleicht die Stille des Alleinlebens, auch wenn ich (hauptsächlich wegen der Kinder) immer wieder ganz plötzlich den lauten Alltag einer Großfamilie vermisse.

Außerdem mag ich (ich glaube, ich habe das bereits erwähnt) in Amsterdam sogar das Schlafen. Nirgendwo sonst habe ich so gut geschlafen wie hier, obwohl ich mitten in der Stadt wohne und von Ruhe nicht die Rede sein kann. Manchmal weckt mich das Geräusch von Pferdehufen. Ich weiß, woher das Geräusch stammt, aber ich stehe immer wieder auf, um aus dem Fenster zu schauen. Den Transport der Heineken-Fässer erledigen besonders gesunde und gepflegte Pferde, die (seit mehreren Jahrhunderten) geduldig durch die Straßen Amsterdams traben. In Amsterdam gibt es noch ein anderes mit Bier verbundenes Transportmittel, an dessen Namen ich mich nicht erinnern kann. Es wird allerdings von den Menschen angetrieben, die darin sitzen, Bier schlürfen und gleichzeitig in die Pedale treten. Manchmal trinken sie so viel Bier, daß sie die Beine nicht mehr bewegen können und ihr Gefährt mitten auf der Straße stehenbleibt, und die davon gestörten Passanten trösten sich damit, daß man sich eine solche Disziplinlosigkeit nur am Wochenende erlaubt.

An diesem Sonntag dachte ich schon seit dem frühen Morgen an die georgische Disziplinlosigkeit, deren einer Ausdruck Erholung ist oder genauer gesagt das, was wir Georgier Erholung nennen und was in Wirklichkeit nichts anderes als eine Folter ist. Natürlich fiel mir dabei eine Gruppe von Freunden ein.

Die Mitglieder jener Gruppe beschlossen das Weltwunder wahrzumachen, die Stadt Istanbul mit eigenen Augen zu sehen und sich auf diese Weise vom Alltag zu erholen. Noch von Tiflis aus buchten sie in einem Hotel ein großes Gemeinschaftszimmer, das sie nicht zum Schlafen brauchten, sondern um dort eine große Tafel zu decken; das taten sie gleich nach ihrer Ankunft in Stambul, worauf sie drei Tage um diese Tafel herumsitzend verbrachten. Am vierten Tag sagte einer von ihnen, sie seien doch nicht so bescheuert, die ganze Zeit im Hotelzimmer zu sitzen. Also gingen sie in die Hotellobby hinunter. Die nächsten drei Tage feierten sie in der Lobby, am vierten Tag (also nach einer Woche ihres Gesamtaufenthalts in Istanbul) riefen sie einige Taxis und fuhren mit sehr unzufriedenen Mienen zum Flughafen zurück, weil sie die Menge der Getränke, die sie aus Tiflis mitgenommen hatten, nicht genau berechnet hatten und am letzten Tag in Istanbul welche nachkaufen mußten. Istanbul haben sie natürlich nicht gesehen.

Wie sich zeigt, hatte die 200 Jahre lange russische Propaganda (gegen die Türkei) doch Früchte getragen, und deshalb hält mindestens ein gewisser Teil der Georgier die Türkei für ein Entwicklungsland. Meine Freunde haben sich die Chance entgehen lassen, sich darüber eine eigene Meinung zu bilden und das türkische Wunder, das in den letzten 30 Jahren geschehen ist, mit eigenen Augen zu erblicken. Die Türken, die von den Georgiern für hinterwäldlerisch gehalten werden, haben auf allen Gebieten große Erfolge erzielt. Heute besitzen sie eine besser entwickelte Medizin, Landwirtschaft und sogar zivile Luftfahrt. Sie haben die Welt nicht nur mit ihren Fernsehserien, sondern auch mit zeitgenössischer Literatur erobert, und die Museen Istanbuls bieten Ausstellungen an, von denen wir in Tiflis nur träumen können, auch wenn wir weiter so seelenruhig schlummern.

Vor meiner Abreise aus Amsterdam wollte ich noch ein Museum besuchen.

Obwohl, vor meiner Abreise sollte ich auch unbedingt noch auf die Insel Texel fahren ...

41

Heute habe ich aus Georgien einen Brief bekommen, den die Chewsuren am 23. Juni 1936 an die amerikanische Regierung geschickt haben. Der Brief beinhaltet folgenden traurigen Hilferuf:

»Wir, die Bevölkerung von Chewsuretien, fühlen uns von den Bolschewiken sehr bedrängt. Sie verbieten uns unseren Glauben. Sie wollen bei uns Kolchosen gründen und uns mit hohen Steuerabgaben belasten. Wir sind damit nicht einverstanden. Solange noch jemand von uns am Leben ist, werden wir es nie zulassen. Wir haben keine Schußwaffen, aber wenn es nötig sein wird, werden wir uns mit unseren Schwertern und Dolchen verteidigen. Von daher unsere inbrünstige Bitte an Amerika: Ihr seid ein mächtiger Staat. Kommt uns zu Hilfe! Wir hoffen, daß ihr uns nicht im Stich laßt. Wenn nicht ihr, so kann uns keiner mehr helfen. Brüder, wir sind in Not. Im Namen von ganz Chewsuretien: Giga Liqokeli, Gerena Liqokeli, Giorgi Liqokeli.«

Als ich den Brief las, nahm ich den Geruch Chewsuretiens wahr und mußte an einen Helden von Heinrich Böll denken, der beim Telefonieren Gerüche wahrnimmt. Mir ist das beim Internetsurfen passiert. Mitten in Amsterdam roch ich plötzlich Ardoti, und zwar so intensiv, daß ich mich sofort an alles erinnerte, was ich an Chewsuretien liebe (seit meinem ersten Besuch dort, während meiner Studentenzeit). Außerdem fiel mir noch die Geschichte einiger Georgier ein, die mit einem bestimmten Ziel nach Amsterdam kamen, aber nun muß ich eine andere, etwas poetischere Version dieser Geschichte erzählen: Um es kürzer zu machen, die Georgier kamen, gingen in einen Coffeeshop, begannen zu rauchen und entspannten sich, und weil die Holländer noch entspannter und offener sind als die Georgier, fragte der holländische Verkäufer sie direkt, woher sie kamen. Als er die Antwort hörte, schüttelte er seinen wohlgeformten holländischen Kopf und meinte, sie hätten in ihrem eigenen Land so einen Stoff (in Swanetien, in Gali oder selbst in der Hauptstadt Tiflis), daß er sich frage, warum sie dafür (er deutete mit dem Finger auf das Cannabis) nach Amsterdam gekommen seien. Da er keine Antwort bekam, fuhr der Verkäufer mit dem heiklen Thema selbst fort, es möge sein, daß sie ein nicht besonders fleißiges Volk seien und sich nicht um den Anbau und die Ernte bemühen würden, denn er verstehe sonst nicht, warum ein Georgier ein in Amsterdam erworbenes Marihuana rauchen sollte. Der am logischsten denkende unter jenen Georgiern stellte dem Verkäufer eine logische Frage: Woher er denn wisse, was für ein Marihuana in Swanetien zu ernten sei? Der Verkäufer zog, als ob er auf diese Frage gewartet hätte, eine seltsame Landkarte aus der Schublade und breitete sie vor seinen Gästen aus. Die Karte war eine geopolitische Karte der Welt, auf der alle Orte, wo Cannabis gedeihen kann, mit dem Bild der obigen Pflanze gekennzeichnet waren. Als sie das erblickten, freuten sich die Georgier riesig und brachten ihre Freude sofort zum Ausdruck. Einer von ihnen sagte zu dem Verkäufer, er sei einem solchen Sachverständigen nie zuvor begegnet. Dann wiederholten sie diesen Satz mehrmals. Dasselbe erzählten sie nach der Rückkehr in die Heimat ihren Landsleuten, damit diese auch erfuhren, was sie in der tollen Stadt Amsterdam erlebt hatten.

Amsterdam ist nun tatsächlich eine tolle Stadt, auch wenn es auf der Welt noch Mainz gibt, und in Mainz Johannes Gutenberg im Jahre 1455 das erste Buch gedruckt hat. Aber darauf, wie man eine ganze Auflage von Büchern drucken kann, sind doch die Holländer gekommen (und überhaupt, sie haben im Lauf der Jahrhunderte schon viel Brauchbares erfunden). Außerdem haben sie die größte Zahl von Buchhandlungen. Übrigens hat man die Druckmaschine als Teufelsding bezeichnet und ihren Erfinder als Urheber satanischer Ideen verflucht und verfolgt. Das ist ein weiterer Beweis dafür, daß die Menschen schon immer Angst vor Veränderungen gehabt haben. Von daher ist es nicht verwunderlich, daß man sich bei uns eine Zeitlang auch vor Computern und dem Internet fürchtete. Und ich hätte ohne dieses Zauberding den Geruch von Chewsuretien nicht spüren können. In Ermangelung des Internets kam die Antwort auf den Brief der Liqokelis erst nach 20 Jahren. Der amerikanische Kongreß verabschiedete eine Resolution, die Idee der Unabhängigkeit Georgiens zu unterstützen. Aber was hatte das für einen Sinn – eine mit Verspätung angekommene Resolution, und zwar dann, als Georgien bereits ein Teil des sowjetischen Imperiums war.

Aber es gibt Wichtigeres zu überlegen ... Diese Frau, die mir aus Texel schreibt (sehr unregelmäßig: manchmal jeden Tag, manchmal verschwindet sie für einige Tage) und die mir so blitzgescheit vorkommt, daß ich ihr Alter unmöglich einschätzen kann, hat einen Tumor (wie ich ihrer letzten E-Mail entnommen habe).

Morgen fahre ich auf die Insel Texel.

Ich möchte erst einmal nur ganz kurz hingehen, um diese Dame (oder junge Frau) persönlich kennenzulernen, und gleich wieder zurück nach Amsterdam, wo ich noch vieles zu erledigen habe:

Ich muß unbedingt sehen, wie man einen »Haring« mariniert; ich muß die Stelle in Beverwijk (nicht weit entfernt von Amsterdam) finden, wo die Deutschen am 20. April 1945 Arsen Asnischwili und noch 14 andere Georgier erschossen haben, die den holländischen Partisanen von den Deutschen gestohlene Handgranaten überbracht hatten; ich möchte ein Fahrrad mieten oder es mir von Chris Keulemans borgen und damit in Amsterdam herumfahren; ich möchte das Manuskript sehen, in dem ein Vogel mit einem anderen spricht und mit dem die Geschichte der holländischen Literatur beginnt; ich möchte wissen, ob es in Amsterdam eine Straßenbahn Nr. 8 gibt, mit der mein Großvater Melenty Maschulia vor fast 60 Jahren fuhr; ich möchte die Stelle sehen, wo die Fahnen der bereits voneinander getrennten Staaten Tschechien und Slowakei nebeneinanderstehen und, vor allem, feststellen, ob der Brief, den mein Großvater von seiner holländischen Geliebten bekam (und den Herr Artschil Dschawachadze für mich übersetzt hat), authentisch ist: »Deinen ersten Brief brachte unser Briefträger erst heute morgen, und ich verstand, daß Du noch nicht einmal in Moskau angekommen bist. Du mußt noch mit anderen Georgiern irgendwo unterwegs nach Moskau sein und versprichst mir, sobald Du in Moskau ankommst, zu schreiben, auch wenn Du nicht weißt, wann genau das sein wird. Weil der Krieg vorbei ist, kannst Du mir jeden Tag schreiben, auch wenn Du behauptest, Du seist beschäftigt. Womit kannst Du unterwegs so beschäftigt sein? Wahrscheinlich liegst Du im Zug und denkst an Dein Heimatland, das irgendwo hinter dem Kaukasus liegt, wie Du mir einmal auf der Weltkarte gezeigt und dazu gesagt hast, daß es dort, im Unterschied zu Holland, immer warm ist und die Sonne scheint. Mich interessiert sehr, wie es in Wirklichkeit ist, und ich würde auch den seltsamen Brei gern probieren, den Du hier so vermißt hast. Bis Du zurückkehrst, wird meine Großmutter Marta in der Lage sein, den Käse herzustellen, dessen Namen ich mir zwar gemerkt habe, aber ich werde ihn hier nicht schreiben, damit ich nicht aus Versehen einen Fehler mache. Weißt Du noch, wie Du den Brei mit dem Käse vermißt hast und wie beleidigt Du warst, als ich Dich bat, mich nicht wegen Chartscho zu verlassen. Das Wort Chartscho zu schreiben habe ich keine

Angst, denn ich habe es mir ganz genau gemerkt. Nein, ich sage so etwas nicht mehr, weil ich Dich sehr gut verstehe. Ich verstehe, wie Du Dein Haus, Deine Familie und Deine Verwandten vermißt, besonders nach dieser langjährigen Trennung, und deshalb ließ ich Dich gehen (zumindest für eine kurze Zeit), und ich halte fest an der Hoffnung, daß Du wiederkommst und ich eine so glückliche Frau sein werde wie keine andere auf der ganzen Welt …«

42 Bitte verzeih mir, wenn ich Dich damit erschrecke, aber ich möchte, daß Du es weißt: Einer von den vielen Beweggründen, Georgien zu verlassen, war mein Gesundheitszustand, und die endgültige Entscheidung zu emigrieren habe ich erst getroffen, nachdem man bei mir einen Tumor diagnostiziert hatte. Ja, man teilte mir mit, daß ich einen Tumor hätte, und damit Schluß. Die georgische Medizin war ratlos. So landete ich zuerst in Istanbul, wo ich in einer onkologischen Klinik viele andere Georgier traf. Am wichtigsten war es, das Geld für die OP und die Behandlung aufzutreiben, und ich hatte, im Unterschied zu vielen anderen dort anwesenden Georgiern, kein Haus zu verkaufen. Ich bin überzeugt, meine Mutter wie auch mein Vater hätten ihre Wohnungen verkauft und mir das Geld gegeben, wenn ich es mir gewünscht hätte, aber aus mehreren Gründen wollte ich das nicht. Statt dessen traf ich die Entscheidung, in die Niederlande zu emigrieren, obwohl ich als Krebskranke damals auch in einigen anderen europäischen Ländern eine kostenlose Behandlung bekommen hätte. Dafür reichte es, auf die eigene Staatsbürgerschaft zu verzichten. Warum ich mich ausgerechnet für Holland entschied, habe ich Dir (glaube ich) bereits geschrieben.

Als ich hierherkam, hat man mich wirklich kostenfrei untersucht und an einer speziellen Studie teilnehmen lassen. Nach der OP war ich lange unter ärztlicher Kontrolle, und eigentlich bin ich es immer noch. Ich beobachte mich auch selbst und habe mit Hilfe des Internets so viel über meine Krankheit gelernt, daß ich leicht ein Medizinstudium absolvieren könnte, wenn ich genug Zeit dafür hätte.

Zeit allerdings habe ich, glaube ich, nicht mehr viel ...

Unabhängig davon, wie bösartig oder fortgeschritten ein Tumor ist, der Mensch bleibt immer noch bis zuletzt hoffnungsvoll, daß er Glück haben, ein Wunder geschehen und er überleben wird. Ich gebe es auch nicht auf zu hoffen, obwohl die Statistik für diesen konkreten Tumor keine Hoffnung mehr läßt. Aber ich fürchte mich nicht. Ich fürchte mich nicht, weil ich mich längst damit abgefunden habe. Wenn ich Dich damit nicht erschrecke, sage ich Dir, was ich entdeckt habe, als ich über meine Krankheit recherchierte: Die Tumorzellen werden durch sehr hohe Temperaturen vernichtet. Ich beschloß die Tumorzellen, die mein Leben vernichtet haben, wenigstens nach meinem Tode zu besiegen und zu vernichten. Ja, das sieht sehr nach Rache aus, aber es ist mir bisher nichts Besseres eingefallen. Leider gibt es auf dieser Insel kein Krematorium, und deshalb muß ich Texel bald verlassen. Ich habe mir einige Städte herausgesucht. Für welche Stadt und welches Krematorium ich mich entscheide, werde ich Dich noch rechtzeitig wissen lassen. Du mußt in jene Stadt kommen, und ich bitte Dich schon jetzt um Verzeihung, weil Du (abgesehen von allen Unannehmlichkeiten) für die Reisekosten selbst aufkommen mußt. Gott sei Dank sind die Niederlande ein kleines Land. Ich versuche meine Tumorzellen in einer Stadt zu vernichten, die so nahe wie möglich bei

Amsterdam liegt. Die Einäscherungskosten werden bereits beglichen sein (ich bitte Dich nochmals um Verzeihung, daß ich Dich mit solchen Details belästige, und überhaupt, daß ich Dir eine solche Aufgabe aufhalse). Ich hoffe, daß Du zu jener Zeit immer noch in Holland sein und mir meine letzte Bitte erfüllen wirst, aber natürlich nur, wenn meine Asche von Amsterdam nach Tiflis zu bringen für Dich psychisch machbar ist. Was Du mit meiner Asche in Georgien tun sollst, werde ich Dir sogleich schreiben.

Ich möchte, daß Du meine Asche im Vera-Park verstreust, dort, wo es früher einen Friedhof gab, aber jetzt nur noch wenige Gräber übriggeblieben sind. Eins davon gehört dem Junker Eristavi (der im Jahre 1921 in Tabachmela gefallen ist). Mein Wunsch ist, daß meine Asche irgendwo in der Nähe dieses Grabes verstreut wird. Wenn kein Wind herrscht, puste sie an. Das sollte reichen.

Wenn Du Dich daran erinnern kannst (natürlich kannst Du Dich daran erinnern, Du bist ja älter als ich), in unserer sowjetischen Kindheit hieß der Vera-Park noch Kirov-Park, aber als mein Geliebter mich zum ersten Mal auf den Mund küßte, hieß er bereits (schon wieder) Vera-Park. Wir saßen nicht weit von dem Grab entfernt, bei dem Du mir meinen letzten Wunsch erfüllen sollst. In unmittelbarer Nähe liegt übrigens auch das Grab von Daniel Tschonkadze.

Du wirst diese Stelle schon finden.

Obwohl, zum allerersten Mal küßte er mich nicht im Vera-Park, sondern auf der Straße. Das war ein Zufall. Wir wollten uns voneinander verabschieden (nach dem ersten oder vielleicht auch zweiten Date), und er wollte mir einen Kuß auf die Wange drücken, aber ich drehte mein Gesicht so rasch zu ihm, daß er mit seinem Mund meinen Mund erwischte. Ich habe mich in Grund und Boden geschämt. Damals war ich wohl noch sehr jung, auch wenn ich mich für eine erwachsene und unabhängige Frau hielt. Meine wahre Unabhängigkeit begann erst, als wir uns wirklich küßten. Ich kann mich bis heute erinnern, wie ich es genoß, die Berührung seiner Lippen. Dabei war er es, der mich küßte. Ich habe ja diesen Kuß nicht erwidert. Ich schämte mich immer noch, aber ich mußte ihm trotzdem sagen, daß ich den Kuß sehr angenehm fand. Er küßte mich nochmals, und ich küßte ihn zurück, und es kam mir vor, als ob ich den Himmel berührte ...

Und wenn man so sehr liebt, daß man den Himmel berührt, bekommt man Angst vor so einer großen Liebe, weil man (vielleicht) denkt, daß man für eine große Liebe selbst noch zu klein, zu jung sei und noch eine Zeitlang ein Kind bleiben möchte. Ja, ich denke schon, daß das der Grund für den Verlust eines so feinen Jungen war. Ah, ich glaube, ich habe Dir das bereits geschrieben ...

Ja, ich habe Dir davon mehrmals geschrieben. Bitte sei mir nicht böse. Man kann über die Liebe nie genug schreiben. Es gibt doch Menschen, die meinen, daß sie dazu geboren sind, Mediziner, Sportler, Pädagogen, Journalisten zu sein. Ich bin geboren, um zu lieben und geliebt zu werden.

Nein, korrekter wäre es zu schreiben, daß ich dafür geboren war. Bis zu meinem allerletzten Atemzug werde ich an jenen Jungen und an die Liebe denken, die mein Unglück war, ist und sein wird. Ich bin sicher, daß auch Du einen Song von Nick Cave, den ich sehr mag, kennst, in dem er singt, daß der Tod nicht das Ende sei und der Mensch nach dem Tode nicht spurlos verschwinde. Spurlos verschwindet in der Natur überhaupt nichts, und das ist einer der Gründe, warum ich mich vor dem Tod nicht fürchte. Besonders jetzt, da ich weiß, daß

Du meine Asche nach Georgien bringen und genau so vorgehen wirst, wie ich Dich gebeten habe. Auf Deine Antwort und Zustimmung werde ich deshalb nicht mehr warten und mich schon jetzt verabschieden, wie es seinerzeit Chuck Berry machte: »Goodnight sweetheart, well, it's time to go ...«

PS: Siehst Du, zum Dank habe ich Dich in diesem Schreiben an zwei großartige Musiker erinnert.

43 Ich habe den nächsten Zug genommen und bin nach genau einer Stunde und fünfzehn Minuten in Den Helder angekommen. Dort habe ich eine Fähre bestiegen, bin auf Texel gelandet, und dann mußte ich noch mit einem Bus in Richtung Den Burg fahren. Die Fähre glich nicht derjenigen, die wir von Niko Pirosmanis Bildern kennen, und Texel war auch nicht so klein wie die Insel im Fluß Kura.

Die Adresse hatte ich in der Tasche. Unterwegs habe ich sie mehrmals herausgeholt. Ich fand das Haus ohne Mühe. Ein Mann mittleren Alters öffnete die Tür. Mit ruhiger Stimme teilte er mir mit, daß die Frau, die ich suchte, nicht mehr bei ihm wohne. Als er merkte, wie verdutzt ich war, erklärte er mir, sie habe alle ihre Sachen mitgenommen und die Miete beglichen.

Ich habe ihn nicht mehr gefragt, ob sie vorhabe zurückzukehren. Ihm diese Frage zu stellen hatte keinen Sinn. Als ich mich von ihm verabschiedete, bot er mir an, mir den Weg zum georgischen Friedhof zu zeigen, falls ich mich dafür interessieren würde. Natürlich interessierte ich mich dafür, aber ich bin nicht lange dort geblieben: Der Friedhof sah genau so aus, wie ich ihn von den Fotos kannte, und es fing an zu regnen. Mir war schon sehr kalt, aber als ich nach

Den Helder zurückfuhr, kam noch ein starker Wind auf, und auf der Fähre fror ich so, daß ich drinnen saß, die anderen Fahrgäste beobachtete und dachte, ob sie vielleicht unter ihnen wäre, meiner Ratlosigkeit zusah und lächelte.

Im Zug nach Amsterdam wärmte ich mich etwas auf und versuchte in dem Buch zu lesen, das ich mitgenommen hatte, aber ich konnte mich nicht aufs Lesen konzentrieren. Zum ersten Mal, seit ich aufgehört hatte zu rauchen, bekam ich den plötzlichen Wunsch nach einer Zigarette, und hätte ihm bestimmt nachgegeben, wenn es in holländischen Zügen nicht strengstens verboten wäre. Sobald ich zu Hause war, suchte ich auf YouTube die Songs, die die Georgierin in ihrer letzten E-Mail erwähnt hatte. Erst hörte ich Nick Cave, dann Chuck Berry und sah gleichzeitig vom Fenster aus auf die Demo, die auf der Spui stattfand. Auch damals, als ich nach Amsterdam kam, war es ein verregneter Tag, und auch damals sah ich auf der Spui Holländer, die mit einer Demo ihre Unterstützung für Palästina ausdrücken wollten, und ich dachte an das Buch, das ich in meiner Kindheit gelesen hatte und das mit demselben Satz begann und endete: In Kutaissi regnete es schon wieder ...

Ich hätte alles vergessen können, was ich noch erledigen wollte. Ich hätte mein Rückflugticket umtauschen und noch am selben Tag nach Tiflis fliegen können, aber ich mußte erst noch einen, den letzten Brief von der Georgierin bekommen, die so plötzlich verschwunden war.

Ich wußte nicht, in welcher Form ich ihr letztes Schreiben erhalten würde: ob als E-Mail oder diesmal per Post, weil mir plötzlich eingefallen war, daß sie mich vor einigen Tagen um die Adresse meiner Amsterdamer Wohnung gebeten und ich ihr diese selbstverständlich gegeben hatte.

Ich saß am Fenster und spürte, wie mir die Tränen die Wangen herunterrollten, wie die Regentropfen an den Fensterscheiben. Ich hörte zum wer weiß wievielten Mal das musikalische Geschenk aus ihrer letzten E-Mail und wünschte mir, das Ganze wäre eine große Lüge gewesen, ein böser Witz, und ich würde ihren allerletzten Brief nie bekommen ...

Die Originalausgabe, სხვა ამსტერდამი, erschien 2014.

Published under the agreement with
Bakur Sulakauri Publishing, Tbilisi, Georgia

Die Übersetzung aus dem Georgischen wurde
von der Kunststiftung NRW gefördert

Kunststiftung
NRW

The book is published with the support
of the Writers' House of Georgia

Writers' House
of Georgia

Dank an Neustart Kultur!

Beethovenplatz 4, 53115 Bonn
www.weidle-verlag.de
Lektorat: Madeline Bause
Korrektur: Kim Lüftner
Gestaltung und Satz: Friedrich Forssman
Schriften: Cassia und Lota Grotesque
Druck: Ph. Reinheimer GmbH, Darmstadt
Bindung: Schaumann, Darmstadt

Die Deutsche Bibliothek – CIP-Einheitsaufnahme
Ein Titeldatensatz für diese Publikation ist bei
Der Deutschen Nationalbibliothek erhältlich.
Dieses Buch wurde klimaneutral gedruckt.
natureOffice.com | DE-077-134232
978-3-938803-99-8